中经金课会计专业精品课程

新时代高等教育创新型教材

财务大数据分析

Financial big data analysis

主　编　李正伟　徐孝刚　肖　芳

参　编　刘晓静　林成喜　王玉华

　　　　张亚鑫　储　玲

中国经济出版社
CHINA ECONOMIC PUBLISHING HOUSE

图书在版编目（CIP）数据

财务大数据分析 / 李正伟，徐孝刚，肖芳主编. -- 北京：中国经济出版社，2023.9
中经金课会计专业精品课程
ISBN 978-7-5136-7441-6

Ⅰ.①财… Ⅱ.①李…②徐…③肖… Ⅲ.①财务管理-数据处理-教材 Ⅳ.①F275

中国国家版本馆CIP数据核字（2023）第167441号

选题策划　雷　生
责任编辑　彭　欣
责任印制　马小宾
封面设计　牧野春晖

出版发行	中国经济出版社
印 刷 者	北京富泰印刷有限责任公司
经 销 者	各地新华书店
开　　本	889 mm×1194 mm　　1/16
印　　张	15
字　　数	423 千字
版　　次	2023 年 9 月第 1 版
印　　次	2023 年 9 月第 1 次
定　　价	59.00 元

广告经营许可证　京西工商广字第 8179 号

中国经济出版社　网址 www.economyph.con　社址 北京市东城区安定门外大街 58 号　邮编 100011
本版图书如存在印装质量问题，请与本社销售中心联系调换（联系电话：010-57512564）

版权所有　盗版必究（举报电话：010-57512600）
国家版权局反盗版举报中心（举报电话：12390）　　服务热线：010-57512564

前言 PREFACE

随着大数据、云计算和人工智能时代的到来,会计职能由核算型向管理型转变,"财务报表分析"课程的作用与地位越发重要。本书系统介绍了企业财务大数据、财务分析技术方法、手段和评价,具有操作性和应用性。学习本课程可以使学生理解财务分析的基本理论,掌握财务报表分析的基本方法,并结合财务大数据对公司财务状况、经营成果、现金流量进行分析和判断,以提高学生实际分析问题和解决问题的能力。通过对苏州瑞华云有限公司的真实账务、真实流程进行举一反三的演练,让学生掌握财务分析技能,为企业相关利益者进行决策提供数据支撑。

本书共有10个项目,分别为:财务大数据分析认知、资产负债表阅读与分析、利润表阅读与分析、现金流量表与股东权益变动表阅读与分析、企业营运能力分析、企业盈利能力分析、企业偿债能力分析、企业发展能力分析、综合财务分析、财务报表的"粉饰"与识别。

在编写过程中,本书突出了以下特点。

1. 任务驱动,项目导向

本书以典型岗位工作过程为主线,采用教学项目设计方式对教学内容进行整合,从典型的职业工作任务中提炼、开发教学内容,设计核心实践项目,创新教学思路,按照项目化教学方式将财务大数据分析所需的能力、知识融入其中。在每个实训任务中,明确实训内容,采用先操作再总结理论的思路,设计每个模块的学习内容,强调会计知识与技能的结合,融"岗、课、赛、训、创、服"于一体,以实现高校会计职业教育的目标。

2. 系统性强,强调思政教育

本书内容结构完整、前后连贯,实训内容具有实践性、启发性、应用性的特点,难度和强度适中,突出知识的落实和技能的掌握,力求做到学以致用,并运用网络资源等现代信息化教学手段,培养学生的综合能力,满足学生就业与发展的需要。同时,本书开展了诚信精神和工匠精神专题思政教育,以提升学生职业素养。

3. 教学资源多元化

为方便教师教学，本书除了配有丰富的教学资源——每项任务都有二维码导学视频（共有30多个导学视频）外，还配有教学课件、电子教案、思考与练习的答案等。为提升学习效果，增强学生学习的积极主动性，书中还增加了知识链接。

4. 博采众长，校企合作开发

本书选择具有代表性的会计专业校外紧密型实训基地为合作方，认真咨询了校外专家的指导意见，同时听取了从事会计工作的往届毕业生的建议，使本书更具实用性和针对性。

本书由李正伟、徐孝刚、肖芳担任主编；刘晓静、林成喜、王玉华、张亚鑫、储玲担任参编。

本书在编写过程中得到了苏州瑞华云有限公司总经理金文龙及中国经济出版社的大力支持，在此表示诚挚的感谢！

由于编者水平有限，书中难免存在疏漏之处，敬请广大读者批评指正。

编　者

2023 年 3 月

目录 CONTENTS

项目一　财务大数据分析认知··················001
　　任务一　大数据认知··················002
　　任务二　财务大数据分析··················007
　　任务三　财务大数据分析的基本方法··················013
　　任务四　财务大数据分析的基本步骤··················017

项目二　资产负债表阅读与分析··················022
　　任务一　资产负债表结构分析··················023
　　任务二　资产负债表水平分析··················037
　　任务三　资产负债表垂直分析··················041
　　任务四　资产负债表主要项目分析··················043

项目三　利润表阅读与分析··················063
　　任务一　利润表结构分析··················064
　　任务二　利润表水平分析··················067
　　任务三　利润表垂直分析··················069
　　任务四　利润表主要项目分析··················070

项目四　现金流量表与股东权益变动表阅读与分析··················076
　　任务一　现金流量表结构分析··················077
　　任务二　现金流量表主要项目分析··················083
　　任务三　股东权益变动表结构分析··················086

项目五　企业营运能力分析··················108
　　任务一　总资产周转率分析··················109

任务二　流动资产周转率分析 ································· 111
　　　任务三　应收账款周转率分析 ································· 114
　　　任务四　存货周转率分析 ······································· 117
　　　任务五　固定资产周转率分析 ································· 121

项目六　企业盈利能力分析 ·· 132
　　　任务一　净资产收益率分析 ···································· 133
　　　任务二　总资产收益率分析 ···································· 138
　　　任务三　销售净利率分析 ······································· 142
　　　任务四　销售毛利率分析 ······································· 144
　　　任务五　销售收入现金含量分析 ······························ 146
　　　任务六　净利润现金含量分析 ································· 149

项目七　企业偿债能力分析 ·· 160
　　　任务一　短期偿债能力分析 ···································· 161
　　　任务二　长期偿债能力分析 ···································· 171

项目八　企业发展能力分析 ·· 182
　　　任务一　企业发展能力分析认知 ······························ 184
　　　任务二　企业发展能力分析指标 ······························ 185

项目九　综合财务分析 ··· 202
　　　任务一　综合财务分析认知 ···································· 204
　　　任务二　综合财务分析方法 ···································· 206
　　　任务三　财务分析报告的撰写 ································· 214

项目十　财务报表的"粉饰"与识别 ······························· 222
　　　任务一　财务报表"粉饰"的动机 ··························· 223
　　　任务二　财务报表"粉饰"的手段 ··························· 225
　　　任务三　财务报表"粉饰"的识别 ··························· 227

参考文献 ·· 234

项目一 财务大数据分析认知

ITEM 1

📋 任务描述

○ 本项目的任务是了解大数据的概念、特点、发展历程和应用场景，掌握财务大数据分析的概念、意义、要求和目的，掌握财务大数据分析的程序和基本方法，了解财务大数据分析的信息种类及其来源渠道，为以后各项目学习奠定基础。

🎯 学习任务

○ 了解大数据概念及特点；
○ 熟悉大数据应用场景；
○ 掌握财务大数据分析概念；
○ 理解财务大数据分析意义；
○ 掌握财务大数据分析要求；
○ 知道财务大数据分析内容；
○ 理解财务大数据分析服务对象；
○ 掌握财务大数据分析常用方法。

👥 技能目标

○ 学会财务大数据思维；
○ 熟悉获取大数据的来源途径；
○ 学会区分传统数据和大数据；
○ 学会财务大数据的收集与整理；
○ 学会利用大数据技术分析财务报表；
○ 学会透过三张表获取会计信息；
○ 洞察企业利益相关者各自关心的问题；
○ 学会利用大数据思维分析解决财务问题。

📄 知识目标

○ 大数据的概念及特点；
○ 财务大数据分析概念；
○ 财务大数据分析意义；
○ 财务大数据分析内容；

○ 财务大数据分析要求；
○ 财务大数据分析目的；
○ 财务大数据分析程序；
○ 财务大数据分析基本方法。

项目导入

针对一份苏州瑞华云有限公司财务报表，各主体通过财务大数据分析其关心的目的和重心各不相同。
1. 政府职能部门：统计、监管、税收。
2. 上级公司：计划、预算、决策。
3. 本企业：总结、检讨、调整。
4. 金融机构：评估、信贷。

任务一　大数据认知

一、大数据的概念

大数据，是指无法在一定时间范围内用常规软件工具进行捕捉、管理和处理的数据集合，是需要新处理模式才能具有更强的决策力、发现洞察力和流程优化能力的海量、高增长率和多样化的信息资产。大数据处理模式有大数据获取技术、大数据存储和管理技术、大数据分析和挖掘技术、大数据可视化展现技术等。

二、大数据的特点

与传统数据特征相比，大数据具有下述"4V"特性（如图1-1所示）。

（一）数据量大（Volume）

大数据的起始计量单位是PB（1024TB）、EB（1024PB，约100万TB）或ZB（1024EB，约10亿TB），未来甚至会达到YB（1024ZB）或BB（1024YB）。

1PB是多大？假设1首音乐占用的空间约为10M，1PB的存储空间就可以存储约1亿首这样的音乐。若听1首音乐需要4分钟，则听完1PB存储空间里的音乐约需要7 158 278小时。也就是说，即使7×24小时不间断地听，也需要约298 261天才能听完，即需要约817年才能听完。全球每秒发送290万封电子邮件，如果1分钟读1篇，那么足够一个人昼夜不停地读5.5年；推特上每天发布5 000万条消息，假设10秒浏览1条消息，足够一个人昼夜不停地浏览16年。

（二）数据多样（Variety）

大数据类型繁多，包括数字、文本、图片、音频、视频、地理位置、网络日志等各种结构化、非结构化和半结构化的数据。结构化数据，是指存储在数据库里，可以用二维表结构实现表达的数据；非结构化数据，是指数据结构不规则或不完整，没有预定义的数据，包括所有格式的办公文档、文本、图片、报表、图像、音频、视频等；半结构化数据，是指介于结构化数据和非结构化数据之间的数据,具有一定的结构性,例如,员工简历,有的简历只有教育情况信息,有的简历包括教育、婚姻、户籍、出入境情况等很多信息。

(三)数据价值(Value)密度低

大数据价值密度的高低与数据总量的大小成反比。以视频为例,在连续不间断的监控中,有用数据可能仅有一两秒。原始零散、复杂多样,甚至可能有数据噪声和污染的数据需要经过价值"提纯",才能得出信息、获取知识。因此,大数据价值密度相对较低,数据分析结果的商业价值很高。

(四)数据生成和处理高速(Velocity)

大数据的智能化和实时性要求越来越高,对处理速度也有极严格的要求,一般要在秒级时间范围内给出分析结果,超出这个时间数据就可能失去价值,即大数据的处理要符合"1秒定律"。

图1-1 大数据的特点

三、大数据的发展历程

(一)大数据萌芽阶段(1980—2008年)

1980年,未来学家阿尔文·托夫勒所著的《第三次浪潮》将"大数据"称为"第三次浪潮的华彩乐章"。1997年,美国宇航局研究员迈克尔·考克斯和大卫·埃尔斯沃斯首次使用"大数据"这一术语描述20世纪90年代的挑战:模拟飞机周围的气流——是不能被处理和可视化的。数据集之大通常超出了主存储器、本地磁盘,甚至远程磁盘的承载能力,称为"大数据问题"。2002年,在"911"事件后,美国政府为阻止恐怖主义涉足大规模数据挖掘,美国前国家安全顾问约翰·波因德克斯特领导美国国防部整合现有政府的数据集,组建了一个用于筛选通信、犯罪、教育、金融、医疗和旅行等记录来识别可疑人物的大数据库。一年后,国会因担忧公民自由权而停止了这一项目。2004年,"911"委员会呼吁反恐机构应统一组建"一个基于网络的信息共享系统",以便能快速处理应接不暇的数据。直到云计算出现后,"大数据"才凸显其真正价值,谷歌在2006年首先提出云计算的概念。2007—2008年,随着社交网络的激增,技术博客和专业人士为"大数据"概念注入新的生机。"当前世界范围内已有的一些其他工具将被大量数据和应用算法所取代。"2008年9月,英国《自然》杂志推出了名为"大数据"的封面专栏。

(二)大数据热门阶段(2009—2011年)

2009—2010年,"大数据"成为互联网技术行业中的热门词汇。2009年,印度建立了用于身份识别管理的生物识别数据库;联合国全球脉冲项目研究了如何利用手机和社交网站的数据源分析预测从螺旋价格到疾病暴发之类的问题;美国政府通过启动Data.gov网站的方式进一步开放了数据的大门,该网站超过4.45万量的数据集被用于保证一些网站和智能手机应用程序跟踪信息,这一行动激发了从肯尼亚到英国范围内的政府相继推出类似举措;欧洲一些领先的研究型图书馆和科技信息研究机构建立了伙伴关系，致力于改善在互联网上获取科学数据的简易性。2010年，肯尼斯·库克尔发表大数据专题报告《数据，无所不在的数据》。2011年2月，扫描2亿年的页面信息，或兆兆字节磁盘存储，只需要几秒即可完成。IBM的沃森计算机系统在智力竞赛节目《危险边缘》中打败了两名人类挑战者。后来，《纽约时报》配音这一刻为一个"大数据计算的胜利"。"大数据时代已经到来"出现在2011年6月麦肯锡发布的关于"大数据"的报告，正式定义了大数据的概念，后逐渐受到了各行各业的关注。2011年12月，我国工业和信息化部发布的物联网"十二五"规划中，把信息处理技术作为4项关键技术创新工程之一提出来，其中，包括海量数据存储、数据挖掘、图像视频智能分析，这些是大数据的重要组成部分。

（三）大数据成为时代特征阶段（2012—2016年）

2012年1月，在瑞士达沃斯召开的世界经济论坛上，大数据是主题之一，会上发布的报告《大数据，大影响》，宣称数据已经成为一种新的经济资产类别。2012年，美国奥巴马政府在白宫官方网站发布了《大数据研究和发展倡议》，这一倡议标志着大数据已经成为重要的时代特征；3月22日，奥巴马政府宣布2亿美元投资大数据领域，这是大数据技术从商业行为上升到国家科技战略的分水岭。2012年，美国颁布了《大数据的研究和发展计划》，英国发布了《英国数据能力发展战略规划》，日本发布了《创建最尖端IT国家宣言》，韩国提出了"大数据中心战略"；另外，一些国家也制定了相应的战略和规划。2012年7月，联合国在纽约发布了一份关于大数据政务的白皮书《大数据促发展，挑战与机遇》，总结了各国政府如何利用大数据更好地服务和保护人民；同时，为挖掘大数据的价值，阿里巴巴在管理层设立"首席数据官"一职，负责全面推进"数据分享平台"战略，并推出大型的数据分享平台——"聚石塔"，为天猫、淘宝平台上的电商及电商服务商等提供数据云服务。2015年2月，我国工业和信息化部将贵阳正式列为全国唯一的大数据产业发展试点示范区；4月，国内首个大数据交易所在贵阳挂牌成立。2015年8月，我国政府通过了《关于促进大数据发展的行动纲要》；2015年10月26—29日党的十八届五中全会召开，提出要实施"国家大数据战略"，这是大数据第一次被写入党的全会决议，标志着大数据战略正式上升为国家战略。2016年2月，经国家发展改革委、工业和信息化部、中央网信办批复，同意贵州省建设国家大数据（贵州）综合试验区，这是首个国家级大数据综合试验区。2016年12月18日，工业和信息化部《大数据产业发展规划（2016—2020年）》正式印发。《中国大数据发展调查报告》称，2016年，中国大数据市场规模为168.0亿元，增速达到45%；预计2017—2020年增速保持在30%以上。

（四）大数据爆发阶段（2017年至今）

到2017年，大数据已经渗透到人们生活的方方面面，我国大数据产业的发展也进入爆发期。2017年2月8日，贵阳市向首批16个具有引领性与标志性的大数据产业集聚区和示范基地进行授牌，作为国家大数据综合试验区核心区。2017年11月，我国首个由行业主管协会起草的大数据人才培养发展方向通识性标准——《中国大数据人才培养体系标准》正式发布；11月22日，贵阳市委、市政府出台《关于加快建成"中国数谷"的实施意见》，贵阳成为全国大数据创新策源地；12月8日，中共中央政治局就实施国家大数据战略进行第二次集体学习，习近平总书记在主持学习时强调，实施国家大数据战略加快建设数字中国。2018年，达沃斯世界经济论坛等全球性重要会议把"大数据"作为重要议题，进行讨论和展望。2018年，在拉斯维加斯消费电子展（CES）上，美国消费技术协会总裁兼首席执行官加里·夏皮罗、英特尔首席执行官布莱恩·克尔扎尼奇等都表示，大数据将对人类生活产生深远影响，大数据是未来科技浪潮发展不容忽视的巨大推动力量。2018年，欧盟在大数据方面的活动主要涉及四个方面内容：研究数据价值链战略因素、资助"大数据"和"开放数据"领域的研究与创新活动、实施开放数据政策、促进公共资助科研实验成果和数据的使用及再利用。

四、大数据应用场景

(一)"大数据+民生"

基于大数据开放应用的"互联网+民生服务"项目,将通过民生大数据共享应用,推进民生领域商业化应用模式创新,培育产业新业态,发展城乡民生服务新形态,形成新的经济增长点,为打造创新型中心城市奠定基础。例如,贵阳的"大数据+民生"工程,按照"1+N"的总体框架进行建设,打造一个融N项领域民生服务的综合平台。综合平台包括"一张网、一个号、一扇窗"。"一张网"即"大数据+民生"综合平台的物理基础支撑,依托"云上贵州·贵阳平台"搭建,通过连接互联网、电子政务外网、专线/VPN、Wi-Fi网络,实现N项民生服务应用的接入和运行。"一个号"明确了民生服务供需双方唯一、合法和真实身份信息,实现数据采集和挖掘,提供所需标准的可用数据,并推送相关民生服务产品。"一扇窗"整合线上、线下服务渠道,接入各领域民生服务应用,让需求者快捷享受各类服务内容,并进行打分评价。N项民生服务主要针对目前贵阳市存在的民生问题痛点、难点。一期工程涉及教育、卫计、交通、民政、政务办理、扶贫等多个领域,将提供100多项民生融合服务(如图1-2所示)。

图1-2 贵阳的"大数据+民生"工程

(二)"大数据+交通"

通过大数据了解城市的车辆通行情况,并通过对道路上车流量的分析,对各路段的拥堵时间和拥堵情况进行预测,利用这些预测结果对城市公共交通进行安排以及制定缓解交通拥堵的方案,还能通过大数据了解市民出行数据,使交通服务自动化程度越来越高,现场人工执法越来越少,交通通行效率越来越高,交通决策越来越科学,用户服务内容越来越精准(如图1-3所示)。

图1-3 "大数据+交通"工程

(三)"大数据+金融"

金融行业是与数据高度相关的行业,每天都会有大量数据在其中产生,包括交易、报价、业绩报告、消费者研究报告、各类统计数据、各种指数等。通过大数据技术确定目标客户,实现精准营销，实时风险管控，有助于银行等金融机构运营优化，提升金融机构在服务、营销和风控方面的能力（如图 1-4 所示）。

图 1-4 "大数据 + 金融"工程

（四）"大数据 + 安全"

一是运用大数据助力公共安全。新形势下，新问题不断涌现，社会治理难度加大，特别是当前社会流动性增强，人流、物流、资金流、信息流交错融合，形成了巨大而复杂的流动空间。流动既带来了社会活力，也加剧了公共安全风险。在这种情况下，仅靠人的管理和监控显然不行，而大数据的优势却能得到充分发挥，每一次、任何形式的流动都不可避免地要在大数据中留痕，根据这些痕迹我们既可以查找线索，又可以对数据进行分析处理，形成预警、预判，为维护公共安全提供有效的信息数据支撑。二是大数据助力移动互联网安全。大数据技术的应用是解决网络安全问题的一种有效手段，可以通过分析网络数据，找出潜在威胁，及时采取应对措施。同时，大数据技术的应用还可以帮助政府和企业加强对信息安全的保护，有效地防范各种网络攻击和恶意软件。

（五）数据自身安全

近年来，关于大数据安全的问题层出不穷：2014 年 2 月 17 日，淘宝爆出重大安全漏洞；2015 年 5 月，美国国税局宣布其系统遭受攻击；2016 年 9 月 22 日，全球互联网巨头雅虎证实，在 2014 年至少有 5 亿用户的账户信息被黑客窃取；2017 年 3 月，我国公安部破获一起盗卖公民信息的特大案件；2018 年 6 月，圆通 10 亿条快递数据，被以 1 比特币的价格打包出售；2019 年 7 月，微软的 Window10 操作系统过度搜集用户数据被警告；2020 年初，我国公安部破获了一起特大窃取贩卖公民个人信息案。显然，如何确保网络数据的完整性、可用性和保密性，不受信息泄露和非法篡改的安全威胁影响，已成为政府机构、事业单位信息化健康发展要考虑的核心问题。大数据安全的防护技术有：数据资产梳理（梳理敏感数据、数据库等）、数据库加密（核心数据存储加密）、数据库安全运维（防运维人员恶意和高危操作）、数据脱敏（敏感数据匿名化）、数据库漏扫（数据安全脆弱性检测）等。

五、大数据思维

大数据思维包括全样思维、容错思维和相关思维。

（一）全样思维

大数据与小数据的根本区别在于，大数据采用全样思维方式，小数据强调抽样。抽样是数据采集、数据存储、数据分析、数据呈现技术达不到实际要求，或成本远超预期的情况下的权宜之计。随着科学技术的发展，过去不可能获取全样数据，不可能存储和分析全样数据的情况，将一去不复返。

（二）容错思维

对数据质量进行近乎疯狂的追求，是小数据年代的必然要求。一方面，极大地增加了数据预处理的代价，一大堆数据清洗算法和模型被提出，导致系统逻辑十分复杂。另一方面，不同的数据清洗模型可能会造成清洗后数据差异大，进一步加大数据结论的不稳定性。只有 5% 的数据是结构化且能适用于传统数据库的，如果不接受不精确性，那么剩下的 95% 非结构化数据都无法利用。大数据时代，思维方式要从精确思维转向容错思维，当拥有海量即时数据时，绝对的精确不再是追求的主要目标，适当忽略微观层面上的精确度，容许一定程度的错误与混杂，反而在宏观层面拥有更多的知识和更强的洞察力。

（三）相关思维

在小数据世界中，人们往往执着于现象背后的因果关系，试图通过有限的样本数据剖析其中的内在机理。而在大数据时代，则可以通过大数据技术挖掘出事物之间隐蔽的相关关系，获得更多的认知和洞见。因果关系根源于数据抽样理论，是一种非常脆弱的关系，只要存在一个反例，因果关系就会失败。在大数据时代，我们不是追求抽样，而是追求全样。当全部数据都加入分析时，只要有一个反例，因果关系就不成立，所以在大数据时代，因果关系变得几乎不可能。大数据的出现让人们放弃对因果关系的渴求，转而关注相关关系，通过关注线性和非线性的相关关系，可以帮助人们看到很多以前不曾注意的联系。人们只需要知道"是什么"即可，而不用知道"为什么"。

任务二　财务大数据分析

一、财务大数据分析概念

财务大数据分析，是指利用大数据技术解析企业财务数据，从而提供有关财务和会计方面的洞察与见解。通过大数据技术，可对企业的偿债能力、营运能力、盈利能力、发展能力以及其内在价值进行分析，综合评价企业生产经营的财务状况、经营成果和现金流量情况。该项技术可以帮助企业在财务衡量、经营绩效和对竞争环境的理解等方面做出更加客观和准确的决策。

二、财务大数据分析的意义

财务大数据能全面反映企业的财务状况、经营成果和现金流量情况，但是单纯财务大数据中的数据不能直接或者全面说明企业的财务状况，特别是不能说明企业经营状况的好坏和经营成果的高低。只有将企业的财务指标与有关数据进行比较才能说明企业财务的实际状况究竟如何，因此，要进行财务大数据分析工作。做好财务大数据分析工作，可以正确评价企业的财务状况、经营成果和现金流量情况，揭示企业未来的报酬和风险；检查企业预算的完成情况，考核经营管理人员的业绩，为建立健全合理的激励机制提供帮助。具体来说，财务大数据分析的意义主要包括以下内容：

（1）与财务部门进行卓有成效的沟通，有利于企业内部的经营管理。企业的管理人员可以利用财务大数据提供的资料，检查、分析企业财务计划的完成情况，找到经营管理上的薄弱环节，制定改进措施；同时，企业的管理人员可以利用财务大数据提供的实际数据，预测未来，为企业决策提供必要的数据，为编制下期财务计划提供必要的参考资料。

（2）可以对企业管理人员的经营绩效做出正确的评估。一般而言，投资者投入企业的经济资源由专职的经营管理人员控制和使用，投资者往往不直接管理企业的生产经营活动，但其可以通过考核和监督经营管理人员的业绩与受托责任的履行情况维护自身的经济利益，这就需要借助财务大数据了解企业的资产是否发生减值和毁损、资本是否实现保值和增值、盈利能力是否达到预定目标等问题。财务大数据可以揭示企业的财务状况和会计期间的经营业绩、现金流量的有关信息，从而对企业管理人员的经营绩效做出正确评估。

（3）从财务角度出发，为决策者提供支持，帮助其进行投资和信贷决策。在市场经济条件下，企业生产经营所需的各项资金主要来自投资者的投资和债权人的贷款，投资和信贷伴随着与其收益相当的风险。投资者在做出投资决策前，必须了解企业的资金运用情况，合理预测企业的经营前景与盈利能力，保证获得合理的投资回报。债权人在做出贷款决策前，必须预测企业的短期和长期偿债能力与支付能力，保证到期能及时、全额收回本息。投资者和债权人获得上述信息最有效的方法就是利用企业编制的财务报表。

（4）可以快速识别财务数据中可能存在的造假成分，加强对企业的领导和监督。企业的主管部门可以利用财务大数据掌握企业的经营情况，检查企业对国家有关法规、方针政策的执行情况，引导企业发展，适度地对企业进行间接调控；财税部门可以利用财务大数据检查企业税款的计算是否正确，是否及时、足额上缴国家；银行部门可以利用财务大数据检查、分析企业贷款的使用情况，判断企业能否到期足额偿还本息。

（5）通过现金流量表分析企业的利润水平，可以了解、评价公司获取现金和现金等价物的能力，并据以预测公司未来的现金流量。

（6）通过分析资产负债表，可以了解公司的财务状况，对公司的偿债能力、资本结构是否合理、流动资金是否充足等做出判断。

（7）通过分析损益表，可以了解公司的盈利能力、盈利状况、经营效率，对公司在行业中的竞争地位、持续发展能力做出判断。

三、财务大数据分析的内容

（一）财务大数据分析

财务大数据是企业财务状况、经营成果和现金流量的结构性描述，提供了最重要的财务信息，但财务大数据分析绝不是直接使用大数据中的数据计算一些比率，然后得出分析结论，而是应当先尽力阅读财务大数据及其附注，明确每个项目数据的含义和编制过程，掌握大数据的特性和结构。对财务大数据的分析一般分为三个部分：

（1）财务大数据质量分析。财务大数据质量分析就是对财务状况质量、经营成果质量和现金流量质量进行分析，关注大数据中数据与企业实际经营状况的吻合程度、不同期间数据的稳定性、不同企业数据总体的分布状况等。

（2）财务大数据趋势分析。在取得多期比较财务大数据的情况下，可以进行趋势分析。趋势分析是企业依据其连续期间的财务报表，以某一年或某一期间（称为"基期"）的数据为基础，计算每期各项目相对基期同一项目的变动状况，观察该项目数据的变化趋势，揭示各期企业经济行为的性质和发展方向。

（3）财务大数据结构分析。财务大数据结构，是指大数据各内容之间的相互关系。通过结构分析，可以整体了解企业财务状况的组成、利润形成的过程和现金流量的来源，深入探究企业财务结构的具体构成因素及原因，有利于更准确地评价企业的财务能力。例如，通过观察流动资产在总资产中的比率，可以了解企业当前是否面临较大的流动性风险，是否对长期投资投入过少，是否影响了资产整体的盈利能力等。

（二）偿债能力分析

企业偿债能力是关系企业财务风险的重要内容。企业使用负债融资，可以获得财务杠杆利益，提高净资产收益率，但随之而来的是财务风险的增加，如果陷入财务危机，企业相关利益人就会受到损害，因此应当关注企业偿债能力。企业偿债能力分为短期偿债能力和长期偿债能力，两者的衡量标准不同，企业既要关注即将到期的债务，还要对未来的远期债务有一定的规划。另外，企业的偿债能力不仅与债务结构相关，而且与企业的未来收益能力联系紧密，因此，应结合其他部分的能力进行分析。

（三）盈利能力分析

企业盈利能力也称"获利能力"，是指企业赚取利润的能力。首先，利润的大小直接关系到企业所有相关利益人的利益，企业存在的目的就是最大限度地获取利润，因此盈利能力分析是财务报表中最重要的一个部分；其次，盈利能力是评估企业价值的基础，可以说企业价值的大小取决于企业未来的盈利能力；最后，企业盈利能力指标可以用于评价内部管理层业绩。在企业盈利能力分析中，应当明确企业盈利的主要来源和结构、盈利能力的影响因素、盈利能力的未来可持续状况等。

（四）营运能力分析

企业营运能力，是指企业资产运用、循环效率高低。如果企业资产运用效率高、资产循环快，则企业可以以较少的投入获取较多的收益，减少资产的占用和积压。企业营运能力分析不仅可以影响企业的盈利能力，还可以反映企业生产经营、市场营销等方面的情况，通过营运能力分析，可以发现企业资产利用效率的不足，挖掘资产潜力。一般而言，营运能力分析包括流动资产营运能力分析、固定资产营运能力分析和总资产营运能力分析。

（五）发展能力分析

企业发展能力是企业创造价值的潜力，是企业通过自身的生产经营，不断扩大积累形成的发展潜能。企业的发展不仅仅是规模的扩大，更重要的是收益能力的提升，一般认为是净收益的增长。同时，企业发展能力还受到企业的经营能力、制度环境、人力资源、分配制度等诸多因素的影响。在分析企业发展能力时，还需要测度这些因素对企业发展的影响，将其变为可量化的指标进行表示。总之，对企业发展能力的评价是一个全方位、多角度的评价过程。

（六）财务综合分析

在对企业各个方面进行深入分析的基础上，应当给企业相关利益人提供一个总体的评价结果，否则仅仅凭借某个方面的优劣难以评价一个企业的总体状况。财务综合分析就是解释各种财务能力之间的相互关系，得出企业整体财务状况及效果的结论，说明企业总体目标的事项情况。财务综合分析采用的具体方法有杜邦分析法等。

四、财务大数据分析的要求

企业财务信息是进行财务大数据分析的基础，如果没有及时、完备、准确的信息，那么要保证财务分析的正确性是不可能的。为了保证财务大数据分析的质量与效果，企业财务信息必须满足以下要求：

（一）财务信息的真实性、可靠性

企业应当以实际发生的交易或者事项为依据进行会计确认、计量和报告，如实反映符合确认和计量要求的各项会计要素及其他相关信息，保证会计信息真实可靠、内容完整。

企业提供的会计信息应当与财务报告使用者的经济决策需要相关，有助于财务报告使用者对企业过去、现在的情况做出评价，对企业未来的情况做出预测。企业提供的会计信息应当清晰明了，便于财务报告使用者理解和使用。企业提供的会计信息应当具有可比性：对于同一企业不同时期发生的相同或者相似的交易或者事项，应当采用相同的会计政策，不得随意变更，确需变更的，应当在附注中说明；不同企业发生的相同或者相似的交易或者事项，应当采用规定的会计政策，确保会计信息口径一致、相互可比。企业应当按照交易或者事项的经济实质进行会计确认、计量和报告，不应仅以交易或者事项的法律形式为依据。企业提供的会计信息应当反映与企业财务状况、经营成果和现金流量等有关的所有重要交易或者事项。企业在对交易或者事项进行会计确认、计量和报告时，应当保持应有的谨慎，不应高估资产或者收益，低估负债或者费用。

（二）财务信息的完整性、系统性

所谓财务信息的"完整性"，是指财务信息必须在数量上和种类上满足财务大数据分析的需要。如果缺少分析需要的某方面信息，则势必影响分析结果的正确性。财务信息的系统性，一方面是指财务信息要具有连续性，尤其是定期财务信息，一定不能当期分析结束后就将信息丢掉，而应保持信息的连续性，为趋势分析奠定基础；另一方面是指财务信息的分类和保管要有科学性，以满足不同目的的财务分析需要。

（三）财务信息的准确性、及时性

财务信息的准确性是保证财务分析结果正确性的关键，分析者基本上不可能从不准确的财务信息中得出正确的分析结论。财务分析的正确性既受财务信息本身准确性的影响，又受资料整理过程准确性或财务信息使用准确性的影响。分析者尤其要对企业外部信息的范围、计算方法等有全面准确的了解，在分析时应结合企业具体情况进行数据处理，否则可能影响分析的质量。财务信息的及时性，是指根据不同的财务分析目的和要求，能及时提供分析所需的信息。定期财务信息的及时性决定着定期财务分析的及时性。企业对于已经发生的交易或者事项，应当及时进行会计确认、计量和报告，不得提前或者延后。只有及时编报财务报表，才能保证财务大数据分析的及时性。对于不定期财务信息也要注意及时收集和整理，以便在需要时能及时提供，满足临时财务分析的需要。特别是，对有关决策性的分析而言，财务分析的及时性尤其重要，如果错过了时机，分析就失去了意义。

（四）财务信息披露的充分性、相关性

企业对外披露的财务信息具有某些类似"公共产品"的性质，而公共产品往往存在市场供给不足或市场短缺的问题，解决这一问题的途径便是通过监管加以干预。在财务信息披露过程中，居于主导地位、常为人们所关注的是作为供给方的企业，但在规范企业财务报告行为的同时，也不能忽视财务信息使用者的需求。来自需求方的反馈信息不但为强制披露指明了方向，而且会影响企业自愿披露的财务信息的内容和数量。只有把供给方和需求方联合起来加以考虑，才能使输出的财务信息成为有效信息，也就是说，会计信息披露的第一要求是解决财务信息的供给与需求，会计信息披露的第二要求是考虑有效信息的收益与成本原则。有效信息的收益，一是针对资本市场，也就是说，有效信息能改善资本配置的效果，使用户重新快速地配置资源，从而提高整个社会的福利；二是保护消费者和公众的利益，有利于社会，有利于考核一个企业对受托社会责任的履行情况。有效信息的成本，是指披露信息的企业成本，包括处理和提供信息的成本、诉讼成本、劣势竞争的影响等。完善的信息披露制度、体制是做好财务大数据分析的重要前提条件，因此，要建立、健全信息市场，完善信息网络，使财务信息使用者能充分、及时地取得各种会计信息。

财务信息的相关性包括两层含义：一是知道各种财务信息的用途，如资产负债表能提供哪些信息，用这些信息可进行什么分析，利润表的信息可用于何种分析等；二是知道要达到一定的分析目的需要什么信息，如进行企业偿债能力分析需要的主要信息是资产负债表，进行企业盈利能力分析需要的主要信息是利润表。只有明确了这两点，才能保证财务信息收集与整理的准确性、及时性。

五、财务大数据分析的目的

财务大数据分析的主要对象是财务报表，因此，受益主体是报表使用者，即企业的利益关系人。他们拿到报表后，要进行分析，获得对自己有用的信息。财务报表的使用者很多，包括权益投资人、债权人、经理人员、政府机构和其他与企业有利益关系的人。他们使用财务报表的目的不同，因而需要不同的信息，采用不同的分析程序。

（一）投资者分析财务报表的目的

这里的投资者是指企业的权益投资人，即普通股股东。企业对权益投资人并不存在偿还的承诺。普通股股东投资于企业的目的是增加自己的财富，他们的财富表现为股东权益的价格，即股价。影响股价的因素很多，都是他们关心的，包括偿债能力、收益能力以及风险等。按照企业法的规定，普通股股东是剩余权益的所有者，企业偿付各种债务之后的一切收益都属于普通股股东。正因如此，企业要由普通股股东或其代理人来管理和控制。与此同时，普通股股东也是企业风险的最后承担者。在正常经营过程中，企业只有在支付债权人的利息和优先股股利后，才能分配普通股股利。企业清算时，其资产必须首先清偿债务及保障优先股股东的权益，其次分配给普通股股东。普通股股东不但要承担企业的一切风险，而且是债权人和优先股股东的屏障。

权益投资人的主要决策包括：决定是否投资于某企业，决定是否转让已经持有的股权，考查经营者业绩以决定是否更换主要的管理者，决定股利分配政策。由于普通股股东的权益是剩余权益，他们对财务报表分析的重视程度会超过其他利益关系人。权益投资人进行财务报表分析，是为了在竞争性的投资机会中做出选择。他们进行财务报表分析，主要是了解企业当前和长期的收益水平高低，企业收益是否容易受重大变动的影响，企业当前的财务状况如何，企业资本结构决定的风险和报酬如何，与其他竞争者相比企业处于何种地位，等等。

（二）债权人分析财务报表的目的

债权人，是指借款给企业并得到企业还款承诺的人。借款都是有时间限制的，或者说借款只是"暂时"的融资来源。债权人期望企业在一定期限内偿还其本金和利息，自然关心企业是否具有偿还债务的能力。债权人有多种提供资金的方式，其提供贷款的目的也不尽相同。债权人大体上可以分为两种：一种是提供商业信用的赊销商，另一种是提供融资服务的金融机构。

商业债权人在向企业提供商品或服务时，往往为了增加销售量允许企业在一个合理的期限内延期付款。这个期限根据行业惯例确定。为了尽早收回款项，商业债权人可以为企业提供现金折扣，如果企业延期还款，商业债权人就会经常得不到延期的利息。商业债权人的利润来源于销售的毛利，而不是借款的利息，因此他们只关心企业是否有到期支付货款的现金，而不关心企业是否盈利。

提供融资服务的债权人也叫"非商业债权人"。他们向企业提供融资服务，并得到企业的承诺——在未来的特定日期偿还借款并支付利息。融资服务的主要形式是贷款，包括短期贷款和长期贷款。企业也可以通过在证券市场公开发行债券获得长期借款，但目前我国企业发行债券受到严格限制，并非经常可以采用这种方式。此外，还有租赁等筹资方式。

债权人可以分为短期债权人和长期债权人。短期债权，是指授信期不超过1年的信用，如银行短期贷款、商业信用、短期债券等。长期债权，是指授信期在1年以上的信用，如银行长期贷款、长期债券、融资租赁等。短期债权人主要关心企业当前的财务状况和企业流动资产的流动性、周转率。他们希望企业的实物资产能顺利地转换为现金，以便偿还到期债务。长期债权人主要关心企业的长期收益能力和资本结构。企业的长期收益能力是其偿还本金和利息的决定性因素，资本结构可以反映长期债务的风险。

短期信用和长期信用的共同特点是，企业需要在特定的时间支付特定数额的现金给债权人，偿付的金额和时间不因企业经营业绩的好坏而改变。但是，一旦企业运营不佳或发生意外，陷入财务危机，债权人的利益就会受到威胁。因此，债权人必须事先审慎分析企业的财务报表，并且给予企业持续性的关注。

债权人的主要决策包括决定是否给企业提供信用，以及决定是否提前收回债权。债权人要在财务报表中寻找借款企业有能力定期支付利息和到期偿还贷款本金的证明。他们进行财务报表分析，主要是了解企业为什么需要额外筹集资金，企业还本付息所需资金的可能来源是什么，企业对于以前的短期借款和长期借款是否按期偿还，企业将来在哪些方面还需要借款。

（三）经营者分析财务报表的目的

经营者，是指被所有者聘用、对企业资产和负债进行管理的人。经营者关心企业的财务状况、盈利能力和持续发展能力。他们管理企业，要随时根据变化的情况调整企业的经营，而财务分析是他们监控企业运营的有力工具之一。他们可以根据需要随时获取各种会计信息和其他数据，因而能全面、连续地进行财务报表分析。

经营者可以获取外部使用人无法得到的内部信息。但是，他们对于公开财务报表的重视程度并不低于外部使用人。由于存在被解雇的威胁，他们不得不从外部使用人（债权人和权益投资人）的角度看待企业。他们通过分析财务报表发现有价值的线索，设法改善业绩，使财务报表能让投资者和债权人满意。他们分析财务报表的主要目的是改善财务报表。经营者的财务分析属于内部分析，他们可以获得财务报告之外的企业内部各种信息；其他人员的财务分析属于外部分析。

（四）监管部门分析财务报表的目的

政府机构也是企业财务报表的使用人，包括税务部门、国有企业管理部门、证券监管机构、会计监管机构和社会保障部门等。它们使用财务报表是为了履行自己的监督管理职责。我国的政府机构既是财务报表编制规范的制定者，又是财务信息的使用者。税务部门通过分析财务报表，可以审查企业纳税申报数据的合法性；国资委通过财务报表分析，可以评价国有企业政策的合理性；证券监管机构通过分析财务报表，可以评价上市公司遵守政府法规和市场秩序的情况；财政部门通过分析财务报表，可以审查企业遵守会计法规、财务报表编制规范的情况；社会保障部门通过财务报表分析，可以评价职工的收入和就业情况。

股民通过分析资产负债表，可以了解公司的财务状况，对公司的偿债能力、资本结构是否合理、流动资金是否充足做出判断；股民通过分析损益表，可以了解公司的盈利能力、盈利状况、经营效率，对公司在行业中的竞争地位、持续发展能力做出判断；股民通过分析现金流量表，可以了解公司营运资金管理能力，判断公司合理运用资金的能力以及支持日常周转的资金来源是否充分并且有可持续性。

六、大数据对财务人员带来的挑战

（一）对财务人员能力提出更高要求

1. 数据采集能力

在大数据时代背景下，各类业务信息都能及时地在网上进行更新，财务人员必须通过互联网、智能系统或云端等提取信息，这对专业知识与信息技术提出更高要求。

2. 数据分析能力

技术进步和大数据的普遍使用增加了财务分析的难度，这对财务人员处理半结构化、非结构化信息的能力提出更高要求。

3. 数据呈现能力

财务转型要求财务人员利用财务信息优势更多地参与决策，这需要财务人员选择合适的可视化呈现技术，有效传递财务信息。

（二）增加信息保密难度

1. 数据集成

蚁群算法存在固有缺陷，导致大数据技术在数据集成的拓扑领域面临保密性的挑战。

2. 数据控制

数据控制依赖各类交易密码，而密码本质也是数据的组合，只是阻挡"盗窃"的暂时性举动，未超出技术本身的惰性存在。

黑客在掌握了源代码的介质性接洽技术后，剩下的只是数据收集工作，信息安全之门大开。

（三）增加财务安全考验

1. 外部黑客攻击

现阶段，财务软件侧重于功能开发，较少顾及安全问题，会面临黑客攻击后出现系统瘫痪、数据丢失等财务风险。

2. 内部能力不足

财务人员信息能力参差不齐，任何一个环节的失误都会对财务安全造成威胁；财务转型过程中，很可能存在内部控制的漏洞，企业内控存在失效的可能性。

任务三　财务大数据分析的基本方法

财务大数据分析的主要依据是财务报表提供的数据资料，但是以金额表示的各项会计资料并不能说明除本身以外更多问题。因此，必须采用一定的方法，将这些会计资料加以适当的重新组合或搭配，剖析其相互之间的因果关系或关联程度，观察其发展趋势，推断其可能导致的结果，从而达到分析的目的。

一、比重法

比重法是在同一财务报表的同类项目之间，通过计算同类项目在整体中的权重或份额以及同类项目之间的比例，揭示它们之间的结构关系。它通常反映财务报表各项目的纵向关系。应注意，比重法只在同类性质的项目之间使用，即进行比重计算的各项目具有相同的性质。性质不同的项目进行比重分析既没有实际意义，也不能计算。例如，计算某一负债项目与总资产的比重。首先，负债不是资产的构成要素，因而理论上讲，不能说资产中有多少负债，也不能计算负债占资产的权重。只有同类性质的项目才能计算权重。其次，即使以某一负债项目除以总资产，也很难说明这一负债的偿债能力。总资产不仅要用于偿还这一负债，而且要偿还所有负债。最终这一负债能否偿还，还要看资产与它的对称性。如果资产用于偿还其他债务后没有剩余，或虽有剩余，但在变现时间上与偿债期不一致，那么这一负债也是不能被偿还的。

在财务报表结构分析中，比重法可以用于计算：各资产占总资产的比重，各负债占总负债的比重，各股东权益占总股东权益的比重，各项业务或产品利润、收入、成本分别占总利润、总收入和总成本的比重，单位成本各构成项目占单位成本的比重，各类存货占总存货的比重，利润分配各项目占总分配额或总利润的比重；资金来源或资金运用各项目占总资金来源或总资金运用的比重，等等。

二、相关比率法

相关比率法是通过计算两个不同类但具有一定依存关系的项目之间的比例，揭示它们之间的内在结构关系。它通常反映财务报表各项目的横向关系。在财务报表结构分析中，有两个场合适用相关比率法：同一张财务报表的不同类项目之间，如流动资产与流动负债；不同财务报表的有关项目之间，如销售收入与存货。

整体而言，相关比率法中常用的比率有以下几种。

（1）反映企业流动状况的比率，也称"短期偿债能力比率"。它主要通过流动资产和流动负债的关系来反映，包括流动比率和速动比率。

流动比率是流动资产与流动负债的比值，其计算公式为

$$流动比率 = \frac{流动资产}{流动负债}$$

流动比率表明公司每一元流动负债有多少流动资产作为偿付保证，比率越大，说明公司对短期债务的偿付能力越强。

比流动比率进一步地体现有关变现能力的比率指标为速动比率，也称"酸性测试比率"。速动比率是从流动资产中扣除存货部分，再除以流动负债的值。速动比率的计算公式为

$$速动比率 =（流动资产 - 存货）\div 流动负债$$

速动比率也是衡量公司短期债务清偿能力的指标。速动资产，是指那些可以立即转换为现金用于偿付流动负债的流动资产，因此速动比率比流动比率更能表明公司的短期债务偿付能力。

（2）反映企业资产管理效率的比率，也称"资产周转率"，是通过周转额与资产额的关系反映的，主要包括应收账款周转率、存货周转率、固定资产周转率等。

（3）反映企业权益状况的比率。企业的权益主要是债权权益和股东权益。债权权益使企业所有者能够以有限的资本金取得对企业的控制权；而股东权益资本越多，其债权就越有保证，否则债权人就要承担大部分的经营风险。因此，对于债权权益的拥有者来说，最关心的是总资产中负债的比率；对于股东权益的拥有者来说，最关心的是其投资收益状况，主要包括价格与收益比率、市盈率、股利分配率、股利与市价比率、每股市价与每股账面价值比率等。

（4）反映企业经营成果的比率，也称"盈利能力比率"，是通过企业的利润与周转额和投入成本或占用资产关系来反映的。

（5）反映企业偿付债务费用的比率，也称"资金来源和资金运用的比率"。它通过企业长期资金来源数与相应的运用数，以及短期资金来源数与相应的运用数的比较，评估两方的相称性，揭示营运资本增加的结构性原因。

三、比较分析法

比较分析法是通过主要项目或指标数值的变化对比确定差异，分析和判断企业的经营及财务状况；通过比较发现差距，寻找产生差异的原因，进一步判定企业的经营成绩和财务状况；通过比较确定企业生产经营活动的收益性和企业资金投向的安全性，说明企业是否在健康地向前发展；通过比较既看到企业的不足，也看到企业的潜力。比较的对象一般有计划数、上一期数、历史最高水平、国内外先进行业水平、主要竞争对手情况等。比较分析法在财务报表分析中的作用主要表现在：通过比较分析可以发现差距，找出产生差异的原因，进一步判定企业的财务状况和经营成果；通过比较分析可以确定企业生产经营活动的收益性和资金投向的安全性。按比较对象的不同，比较分析法可以分为绝对数比较分析法、绝对数增减变动比较分析法、百分比增减变动分析法。

（1）绝对数比较分析法。绝对数比较分析法是将各有关财务报表项目的数额与比较对象进行比较。绝对数比较分析一般通过编制比较财务报表进行，包括比较资产负债表和比较资产损益表。比较资产负债表是将两期或两期以上的资产负债表中的项目予以并列，以直接观察资产、负债及股东权益中的每个项目增减变化的绝对数。比较资产损益表是将两期或两期以上的损益表各有关项目的绝对数予以并列，直接分析损益表内每个项目的增减变化情况。

（2）绝对数增减变动比较分析法。仅通过上述绝对数对资产负债表、利润表和现金流量表进行比较，财务报表的使用者很难获得各项目增减变动的明确概念，为了使比较结果进一步明晰化，可以在财务报表内增添绝对数"增减金额"一栏，以便计算比较对象各有关项目之间的差额，帮助财

务报表使用者获得比较明确的增减变动数。

（3）百分比增减变动分析法。通过计算增减变动百分比，并列示于财务报表中，可以反映其不同年度增减变动的相关性，使财务报表使用者一目了然，能更好地了解有关财务情况。

在使用比较分析法时，要注意对比指标之间的可比性，这是用好比较分析法的必要条件，否则就不能正确地说明问题，甚至得出错误的结论。所谓对比指标之间的可比性，是指相互比较的指标必须在指标内容、计价基础、计算口径、时间长度等方面保持高度的一致性。如果是企业之间进行同类指标比较，则要注意企业之间的可比性。此外，计算相关指标变动百分比虽然能在一定程度上反映企业相关财务指标的增长率，但是有其局限性，主要是因为变动百分比的计算受基数的影响，具体表现在以下几个方面：①如果基数的金额为负数，就会出现变动百分比的符号与绝对增减金额的符号相反的情况。②如果基数的金额为零，则不管实际金额是多少，变动百分比都是无穷大。③如果基数的金额太小，则绝对金额较小的变动可能会引起较大的变动百分比，容易引起误解。解决变动百分比上述问题的办法有：如果基数为负数，则取按公式计算出的变动百分比的相反数；如果基数为零或太小，则放弃使用百分比增减变动分析法，仅分析其绝对金额变动情况。

四、趋势分析法

趋势分析法是根据企业连续几年的财务报表比较有关项目的数额，以求出其金额与百分比增减变化的方向和幅度，并通过进一步分析预测企业的财务状况和经营成果的变动趋势。趋势分析法是财务报表分析中一种比较重要的分析方法。趋势分析法的主要目的是了解引起变动的主要项目，判断变动趋势的性质是有利还是不利，预测未来的发展趋势。

五、水平分析法

水平分析法，是指仅就同一会计期间的有关数据资料所做的财务分析，其作用在于客观评价当期的财务状况、经营成果以及现金流量的变动情况。但是，这种分析法依据的资料和所得的结论并不能说明企业各项经营业务的成绩、能力和发展变化情况。

六、垂直分析法

垂直分析法，是指将当期的有关会计资料和上述水平分析中所得的数据，与本企业过去时期的同类数据资料进行对比，以分析企业各项业务、绩效的成长及发展趋势。进行垂直分析可以了解企业的经营是否有发展及其发展的程度和速度。因此，只有把水平分析法与垂直分析法结合起来，才能充分发挥财务分析的积极作用。

七、连环替代法

连环替代法是将分析指标分解为各个可以计量的因素，并根据各个因素之间的依存关系，依次用各个因素的实际值（通常为比较值）代替基准值（通常为标准值或计划值），据以测定各因素对分析指标的影响。

连环替代法一般可以分为以下5个步骤：

（1）确定分析对象，求出实际值与基准值的差异数。

（2）确定分析对象指标与其影响因素之间的数量关系，建立函数模型。

（3）按照从基准值到实际值的顺序依次替换各个变量，并计算出替代结果。

（4）根据各因素替代的结果进行比较分析，得出各个因素的影响程度。

（5）检验。将各因素分析指标的影响变动额相加，其代数和应等于分析对象的差额。如果二者相等，则说明分析结果是正确的；如果二者不相等，则说明分析结果是错误的。

连环替代法的计算步骤是连环性的，不能跳跃，否则会影响计算结果。下面构建函数计算模型。

假定某财务指标 N 由 A、B、C 3 个因素的乘积构成，其基准指标与实际指标关于 3 个因素的关系为

$$基准指标：N_0 = A_0 \times B_0 \times C_0$$
$$实际指标：N_1 = A_1 \times B_1 \times C_1$$

首先，确定分析对象为

$$实际指标 - 基准指标 = N_1 - N_0$$

其次，将基准指标中的所有影响因素依次用实际指标进行替换，计算过程如下：

$$基准指标：N_0 = A_0 \times B_0 \times C_0 \quad ①$$
$$第一次替换：N_2 = A_1 \times B_0 \times C_0 \quad ②$$

②－①＝ $N_2 - N_0$，即 A_0 变为 A_1 对财务指标 N 的影响值。

$$第二次替换：N_3 = A_1 \times B_1 \times C_0 \quad ③$$

③－②＝ $N_3 - N_2$，即 B_0 变为 B_1 对财务指标 N 的影响值。

$$第三次替换：N_1 = A_1 \times B_1 \times C_1 \quad ④$$

④－③＝ $N_1 - N_3$，即 C_0 变为 C_1 对财务指标 N 的影响值。

将以上各个因素变动的影响加以综合，其影响值等于实际指标与基准指标的差异数，即

$$(N_2 - N_0) + (N_3 - N_2) + (N_1 - N_3) = N_1 - N_0$$

【例 1-1】 苏州瑞华云有限公司本年度生产甲产品的原材料消耗情况见表 1-1。

表 1-1 甲产品原材料费用　　　　　　　　　　　　　　　　金额单位：元

项目	产品产量 / 件	单位产品消耗量 /（千克 / 件）	材料单价 /（元 / 千克）	材料费用总额
基准数	1 600	34	20	1 088 000
实际数	1 700	32	22	1 196 800
差异数	＋100	－2	＋2	＋108 800

（1）确定分析对象：

$$实际数 - 基准数 = 1\,196\,800 - 1\,088\,000 = 108\,800（元）$$

（2）建立分析对象与影响因素之间的函数关系式：

$$材料费用总额 = 产品产量 \times 单位产品消耗量 \times 材料单价$$

（3）计算各个因素对分析对象的影响程度：

$$基准数：1\,600 \times 34 \times 20 = 1\,088\,000（元）\quad ①$$
$$替换一：1\,700 \times 34 \times 20 = 1\,156\,000（元）\quad ②$$
$$替换二：1\,700 \times 32 \times 20 = 1\,088\,000（元）\quad ③$$
$$替换三：1\,700 \times 32 \times 22 = 1\,196\,800（元）\quad ④$$

式②－①＝ 1 156 000 － 1 088 000 ＝ 68 000（元），表示产品产量增加的影响；

式③－②＝ 1 088 000 － 1 156 000 ＝－ 68 000（元），表示单位产品消耗量下降的影响；

式④－③＝ 1 196 800 － 1 088 000 ＝ 108 800（元），表示材料单价上升的影响。

3 个因素共同的影响值＝ 68 000 － 68 000 ＋ 108 800 ＝ 108 800（元）。

上述分析表明，原材料费用的变动受 3 个因素影响，其中，产品产量增加使原材料费用增加 68 000 元，单位产品消耗量下降使原材料费用下降 68 000 元，材料单价上升使原材料费用增加

108 800元。这里，产品产量增加导致原材料费用增加属于正常情况；单位产品消耗量下降使原材料费用下降是利好消息，说明企业要么进行了技术革新，要么在节支方面颇有成效；材料单价上升是不利因素，企业应进行进一步分析，找出影响原材料单价上升的主客观因素，以便更好地控制原材料费用的增加。

运用连环替代法必须注意以下几个问题。

（1）因素分解的关联性。确定各经济指标因素必须在客观上存在因果关系，经济指标体系的组成因素要能够反映形成该指标差异的内在构成原因，只有在将相关因素与分析对象建立关系时才有意义，否则就失去了其存在的价值，不仅分析无法进行，即使有分析结果，也不能对生产经营活动起到指导作用。也就是说，经济意义上的因素分解与数学意义上的因素分解不同，不是在数学算式上相等就可以，而是要看其经济意义。例如，将影响材料费用的因素分解为下面两个等式，从数学上看都是成立的。

$$材料费用 = 产品产量 \times 单位产品材料费用 \quad ①$$
$$材料费用 = 工人人数 \times 每人消耗材料费用 \quad ②$$

但从经济意义上说，只有式①是正确的，式②在经济上没有任何意义。因为，工人人数和每人消耗材料费用到底是增加有利还是减少有利，式②无法说清楚。

（2）因素替代的顺序性。如前所述，因素分解不仅要确定因素准确，而且因素排列顺序不能改变，这里要特别强调的是，不存在乘法交换律问题。如何确定正确的替代顺序，是一个在理论上和实践中都没有得到很好解决的问题。传统的方法是先数量指标，后质量指标；先实物量指标，后价值量指标；先主要因素，后次要因素；先分子，后分母。但需要说明的是，无论采用哪种排列方法，都缺乏坚实的理论基础。一般地说，替代顺序在前的因素对经济指标影响的程度不受其他因素影响或影响较小，排在后面的因素含有其他因素共同作用的成分。从这个角度看，为分清责任，将对分析指标影响较大并能明确责任的因素放在前面可能会好一些。

（3）顺序替代的连环性。在运用连环替代法进行因素分析时，计算每个因素变动的影响都是在前一次计算的基础上进行的，并且是采用连环比较法确定因素变化的影响结果。因为，只有保持在计算程序上的连环性，才能使各个因素影响之和等于分析指标变动的差异，也就是每次替代形成的新结果要与前次替代的结果比较（环比）而不能都与基期指标相比（定基比），否则不仅各个因素的影响程度之和不等于总差异，计算出的各个因素的影响也与现实相去甚远，这是因为每次替代的结果都掺杂了其他因素的影响。

（4）计算结果的假定性。由于因素分析法计算的各个因素变动的影响数会因替代计算顺序的不同而有一定的差别，计算结果难免带有假定性。即它不可能使每个因素的计算结果都绝对准确，而且现实中各个因素是同时而不是先后产生影响的。我们确定的顺序只是假定某个因素先变化，某个因素后变化，是在某种假定前提下的影响结果，离开了这种假定前提条件，就不会有这种影响结果。为此，在进行分析时，应力求使这种假定合乎逻辑，并具有实际的经济意义。这样，计算结果的假定性才不至于妨碍分析的有效性。

任务四　财务大数据分析的基本步骤

财务大数据分析的关键是搜寻到足够的、与决策相关的各种财务资料，进行分析并解释这些资料间的关系，发现报表异常的线索，做出准确的判断，得出正确的分析结论。根据这一思路，财务报表分析的步骤可以概括为：

（1）收集与决策相关的各项重要财务资料，包括定期财务报告、审计报告、招股说明书、上市公告书和临时报告、相关产业政策、行业发展背景、税收政策等；

（2）整理并审查收集的资料，通过一定的分析手段揭示各项信息间隐含的重要关系，发现分析的线索；

（3）研究重要的报表线索，结合相关资讯，分析内在关系，解释现象，推测经济本质；

（4）做出判断，为决策提供依据。

项目小结

思考与练习

一、单项选择题

1. 财务分析的总体评价内容应当是（ ）。
   A. 资产负债表分析　　　　　　　　B. 现金流量表分析
   C. 利润表分析　　　　　　　　　　D. 财务综合分析

2. 财务报表趋势分析的主要依据是（ ）。
   A. 企业连续期间的财务报表　　　　B. 财务报表财务状况质量的分析
   C. 企业财务结构的分析　　　　　　D. 报表各内容之间的相互关系分析

3. 财务报表结构分析是指（ ）。
   A. 财务报表财务状况质量的分析　　B. 报表各内容之间的相互关系分析
   C. 企业连续期间的财务报表　　　　D. 企业财务报表的趋势分析

4. 分析企业连续数期财务报告采用的方法是（ ）。
   A. 结构分析法　　B. 比率分析法　　C. 连环替代法　　D. 趋势分析法

5. 财务报表分析的最终目的是（ ）。
   A. 阅读财务报表　　B. 做出某种判断　　C. 决策支持　　D. 解析报表

6. 可以考察企业未来财务状况的分析方法是（ ）。
   A. 垂直分析法　　B. 趋势分析法　　C. 对比分析法　　D. 比率分析法

7. 趋势分析属于（　　）。
   A. 内部分析　　　　B. 外部分析　　　　C. 动态分析　　　　D. 静态分析
8. 通过主要项目指标或指标值的对比分析以确定指标之间差异的方法是（　　）。
   A. 比率分析法　　　B. 比较分析法　　　C. 因素分析法　　　D. 平衡分析法
9. 财务报表质量分析是指（　　）。
   A. 企业财务报表的趋势分析
   B. 报表各内容之间的相互关系分析
   C. 企业连续期间的财务报表分析
   D. 财务报表财务状况质量、经营成果质量和现金流量表质量的分析
10. 一般来说，企业成熟期的债务融资比率（　　）。
    A. 较高　　　　　　　　　　　　　　B. 与其他时期没有差异
    C. 较低　　　　　　　　　　　　　　D. 不确定
11. 下列方法中，常用于趋势分析的是（　　）。
    A. 比较分析法　　　B. 比率分析法　　　C. 连环替代法　　　D. 定比动态分析

二、多项选择题

1. 财务分析评价基准的种类包括（　　）。
   A. 经验基准　　　　B. 计划基准　　　　C. 行业基准　　　　D. 历史基准
   E. 目标基准
2. 按照是否由企业会计系统提供，财务信息可以分为（　　）。
   A. 会计信息　　　　B. 外部信息　　　　C. 非会计信息　　　D. 内部信息
   E. 市场信息
3. 按照信息来源不同，财务信息可以分为（　　）。
   A. 会计信息　　　　B. 外部信息　　　　C. 非会计信息　　　D. 内部信息
   E. 市场信息
4. 财务分析常用的基本方法包括（　　）。
   A. 比较分析法　　　B. 比率分析法　　　C. 因素分析法　　　D. 趋势分析法
   E. 指标分析法
5. 比较分析法按照比较基准的不同可分为（　　）。
   A. 与竞争对手比较　　　　　　　　　　B. 与目标基准比较
   C. 与历史基准比较　　　　　　　　　　D. 与行业基准比较
   E. 与计划基准比较

三、计算分析题

苏州瑞华云有限公司生产传感器产品，产品产量、单位产品材料消耗量、材料单价及材料费用总额的有关资料见表1-2。

表1-2　传感器产品材料消耗情况

项目	上月数	本月数
产品产量/件	100	120
单位产品材料消耗量/（千克/件）	30	25
材料单价/（元/千克）	20	22
材料费用总额/元	60 000	66 000

要求：运用连环替代法分析产品产量、单位产品材料消耗量以及材料单价对材料费用总额的影响。

四、综合实践训练题

1. 财务报表的一般编制要求有哪些？
2. 财务报表分析实例。

【案例思考题】

财务分析人员应具备哪些能力

现在，很多公司设置了财务分析职位，以下结合笔者做财务分析工作几年的体会，谈一下做好财务分析工作需要哪些技能、思考方法和行为习惯。

1. 熟悉公司的业务。

从全局角度来看，公司的业务包括市场战略、长短期目标、客户、供应商、产品、竞争对手、营销方式与渠道；从公司内部角度来看，公司的业务包括公司的组织结构、人员、流程、政策、制度、生产工艺步骤、研发和服务等。财务分析人员要经常与各业务部门的同事沟通和合作，对业务的熟悉程度让我们在与其沟通时不说外行话，让人感觉我们很专业、很明白；对业务的熟悉程度决定了对业务控制的参与深度和对业务支持的力度，是财务分析人员需要长期学习和积累的能力。

2. 对会计系统和公司会计政策的掌握。

财务分析最主要的信息来源是会计数据，为了用好这些数据，我们要对数据的搜集、整理和加工过程及标准有一定的了解。财务分析人员有时也扮演损益控制者的角色，需要向财务部门提供一些特殊业务费用计提或冲销依据，对记账科目、收入、成本、费用的确认原则、政策的充分理解是支持这项工作所需的主要能力。另外，作为业务控制的一部分，财务分析人员还要经常检查会计记账的合理性和准确性，这都需要了解会计工作的系统、流程和方法。

3. 掌握各种分析所需的软件工具和系统。

财务分析的很大一部分工作是搜集数据和出具报告，我们可以向数据的生产部门索要数据，但更多时候，我们是通过共享的系统和实用的工具自己获取数据。我们只需要安装能够查询数据的系统或软件工具，就可以按需要自己获取数据。比如，公司会计用的ERP系统，我们可以自己进系统查询报告运行来获取会计数据；又如，所有的销售预测和过程数据都在CRM里面，我们可以用通用的商业智能（BI）软件定义和读取需要的销售数据。在很多情况下，财务分析人员是公司里仅次于IT部门的信息系统专家。

4. 独立思考能力。

因为财务分析每天都与数据和信息打交道，对这些数字的理性思考和判断成为做好财务分析工作的必备能力之一。能否运用积累的业务常识和具有职业敏感性判断数字的真实性与可靠性是决定一个财务分析人员水平高低的重要因素。比如，老板会经常一眼看出你所做报告的错误之处，然后告诉你为什么会是错的，这是因为老板对数字太敏感了。所以，对某项重要的数据，财务分析人员要对其合理性和真实性进行思考和分析，必要时追索原始文件，如合同、发票。对于一些重要的、基础性的数据，财务分析人员要熟记在心，如预算的收入、毛利、主要客户和产品的收入与盈利情况、主要产品价格、标准成本以及一些重要的费用，如推广费、广告费、工资等。在其他部门或老板询问你相关问题时，自信而准确地说出这些数据以及你对其理解会给人以非常专业的印象。

5. 叙述的能力。

财务分析是信息的中转站，在搜集到零散的信息后，要把它们加工整合后传递给需要的人。这个工作需要很强的叙述能力，主要包括说和写的能力：说，是指把一件事说清楚、说明白；写，是指用书面语言把一件事表达清楚。财务分析人员有时更像一个讲故事的人，高层的决策者依据财务分析人员讲的故事做出判断和行动，财务分析人员说得是否清楚、准确、明白，决定了别人对其工作能力的印象。

6. 解决问题的能力。

财务分析工作有时会面临很多临时或突发性的事件及要求，并且有很多是以前没接触过或没处理过的，财务分析人员需要了解情况、掌握信息、提出解决方案、跟踪落实情况。其中，提出解决方案是对一个人分析问题和决策能力的考验。笔者初做财务分析工作时，遇到拿不准的事情经常到上司那里去请示。一般，上司都会和笔者一起了解情况、分析问题、共同处理，后来再有这种情况时，上司先问笔者："你有什么想法和办法？"这一下就把笔者问住了，因为笔者没有仔细研究和充分思考过这个问题。他就说，每个人都是自己专业领域的专家，自己经过思考和研究得出的方案也许就是最好的解决方案。现在，再遇到问题时，笔者都是先做好充分的调研并拿出自己的方案后再去找上司请示。

7. 全局观或大局观的能力。

有时，对于老板做的事情或决定，下属很难理解，经他一解释才明白为什么会这样想和这样做。这一方面与老板掌握的信息有关；另一方面与老板看问题的角度和方向有关，站得越高，看问题就越全面，他会把与此事相关的点一一考虑到，然后分析什么是最重要的，做这个决定会影响到什么。当然，这也有一部分是其经验积累的结果，但如果我们在考虑问题时站在更高的高度去想，就会发现很多原来没有考虑到的东西，我们的全局观也就此培养形成。

8. 使用 Excel 工具的能力。

尽管现在越来越多的公司使用更高级的办公系统以实现信息共享，但 Excel 在相当的时期和范围内是用得最多也是最好用的分析和信息交流工具，用好 Excel 会在很大程度上提高我们的工作效率，让我们从数字的事务中解脱出来，做更有价值的事。另外，我们的报告大多以 Excel 表格的形式出现，熟练使用 Excel 工具会让我们的报告更准确、更快速、更完美地送到用户手中，从而使用户的满意度大大提升。

思考：

（1）文中的财务分析人员做财务分析时主要的服务对象是谁？要站在谁的立场上分析问题？

（2）对于公司会计系统和公司会计政策的掌握对财务分析有何意义？

（3）为什么说熟悉公司的业务是财务分析的基础？熟悉公司业务应掌握哪些方面的内容？

（4）财务分析人员应具备的职业道德有哪些？

（5）要想做好财务分析工作，应具备什么样的能力？

ITEM 2

项目二 资产负债表阅读与分析

任务描述

○ 掌握阅读企业资产负债表的方法，熟悉资产负债表结构分析和趋势分析方法，学会利用报表附注信息理解财务报告数据的经济含义，调节资产负债表提供的信息内容，能够透过报表数据了解企业的经济活动。

学习任务

○ 掌握资产负债表结构分析、水平分析和垂直分析的方法；
○ 掌握资产负债表主要项目分析的内容；
○ 掌握阅读资产负债表的方法；
○ 理解财务报表之间的内在联系。

技能目标

○ 能进行财务报表结构分析、水平分析和垂直分析；
○ 能正确分析资产负债表主要项目的内容。

知识目标

○ 资产负债表的基本结构与内容；
○ 资产负债表结构分析；
○ 资产负债表水平分析；
○ 资产负债表垂直分析；
○ 资产负债表主要项目分析。

项目导入

苏州瑞华云有限公司2021—2022年的资产负债表见表2-1。

表2-1 2021—2022年苏州瑞华云有限公司资产负债表

编制单位：苏州瑞华云有限公司　　　　　　　　　　　　　　　　　　　　　金额单位：元

项目	2021年	2022年
货币资金	85 732	93 290

续表

项目	2021年	2022年
交易性金融资产	7 600	8 200
应收票据	6 590	5 900
应收账款	16 800	16 500
预付账款	17 000	13 400
存货	122 381	130 550
其他流动资产	25 202	32 179
流动资产合计	281 305	300 019
长期投资	3 437	5 000
固定资产净额	541 900	533 950
无形资产及其他	67 220	68 600
非流动资产合计	612 557	607 550
资产总额	893 862	907 569
短期借款	86 000	70 000
应付账款	46 500	36 400
应付职工薪酬	15 400	12 600
应交税费	8 462	4 600
流动负债合计	156 362	123 600
长期借款	100 000	150 000
实收资本	500 000	500 000
资本公积	26 481	28 963
盈余公积	15 874	16 894
未分配利润	95 145	88 112
负债及股东权益合计	893 862	907 569

【请思考】

1. 苏州瑞华云有限公司2022年度与2021年度相比，资产总额有何变化？

2. 苏州瑞华云有限公司2022年度变化最大的资产项目是什么？变化最小的资产项目是什么？

3. 苏州瑞华云有限公司的资产构成以什么资产为主？说出最主要的3个资产项目。

4. 苏州瑞华云有限公司的存货项目2022年度与2021年度相比有何变化？

5. 苏州瑞华云有限公司的资金来源中，占比最大的项目是什么？2022年度变化最大的权益项目是什么？

6. 结合资产负债表中的信息，对苏州瑞华云有限公司的财务状况做简要评述。

任务一　资产负债表结构分析

在初步了解企业的行业背景之后，需要仔细阅读企业的财务报表。阅读财务报表是趋势分析、结构分析、比较分析3种方法的综合应用过程，也是主表阅读与附注阅读相结合的分析过程。只有具备了这一基础性认识，对企业的各项财务指标分析才能深入透彻。

一、资产负债表的基本结构与内容

资产负债表是反映企业某一时点财务状况的财务报表,是根据"资产=负债+股东权益"的会计等式,依照一定的分类标准和一定的次序,对企业一定日期的资产、负债和股东权益项目予以适当安排,按一定的要求编制而成的。我国新会计准则规定的企业资产负债表的基本格式见表2-2。

为方便起见,本书基本都以苏州瑞华云有限公司为示例加以说明。苏州瑞华云有限公司成立于1989年,于1993年10月向社会公开发行股票,并于同年11月在上海证券交易所上市交易。上市30多年来,公司取得了长足的发展,主营业务收入由上市初的6.8亿元增长到2022年的165.09亿元。在股本大比例扩张的情况下,公司在2022年实现每股收益0.20元。同时,公司由原先只生产电冰箱一个产品扩展到目前涉及电冰箱、空调、冷柜、系列小家电、滚筒洗衣机、电脑板、注塑件等业务。公司良好的业绩也渐为广大投资者所认同,连续多年入选"上市公司50强""中证亚商中国最具发展潜力上市公司50强",是证券市场蓝筹绩优股的典型代表。

公司上市之前,生产用资金主要靠企业自身积累及银行贷款。但随着公司的快速发展,自身积累及银行贷款提供的资金已不能满足公司正常发展的需要。公司抓住1993年国家大力发展证券市场之机,通过公开发行股票募集资金3.69亿元,分别投资于出口冰箱技术改造项目、出口冰箱配套设施改造项目、无氟冰箱技术引进项目、多规格定尺料精密冲裁中试基地项目、大型精密注塑中试基地项目等。这些项目的实施使公司的生产能力及技术含量有了大幅提高,为以后冰箱生产上规模奠定了基础。

公司在公开发行股票后,又分别在1996年、1997年、1998年、2001年进行了4次再融资,整合了市场资源,极大地促进了公司的发展。

公司在保持高速增长的同时狠抓产品质量,整合经营产品。目前,空调、冰箱、冰柜是其主要经营产品。

从表2-2可以看出,资产负债表的结构左右平衡,左方反映企业的各类资产,即企业的资产总额及各项资产的分布;右方反映企业的负债及股东权益,即谁对企业的资产拥有权利和利益,左右双方总额相等。简单地说,资产负债表左方反映资产的存放形式,右方反映资产的来源渠道。左右双方按照不同分类反映同一事物。因此,双方处于平衡的状态。

资产负债表的项目数据很多,怎样才能从中归纳分析出对决策有用的信息呢?通常的阅读步骤是由粗到细,先了解总括结构,再了解大类项目,然后逐层分解,最后到具体项目。

表2-2 资产负债表

编制单位:苏州瑞华云有限公司　　　　2022年12月31日　　　　金额单位:百万元

资产	年末余额	年初余额	负债及股东权益	年末余额	年初余额
流动资产:			流动负债:		
货币资金	670.23	715.08	短期借款	7.00	0.00
交易性金融资产	0.00	0.00	交易性金融负债	0.00	0.00
应收票据	1 063.35	896.51	应付票据	0.00	0.00
应收账款	1 012.35	958.04	应付账款	333.08	324.64
预付款项	148.63	375.61	预收账款	29.57	138.74
应收股利	0.04	0.01	应付职工薪酬	23.19	34.01
应收利息	0.00	0.00	应交税费	7.73	123.20
其他应收款	71.87	161.32	应付利息	0.00	0.00

续表

资产	年末余额	年初余额	负债及股东权益	年末余额	年初余额
存货	878.11	851.21	应付股利	72.09	50.22
1年内到期的非流动资产	0.00	0.00	其他应付款	110.70	112.64
其他流动资产	0.00	0.00	1年内到期的非流动负债	138.36	0.00
			其他流动负债	0.00	0.00
流动资产合计	3 844.58	3 957.78	流动负债合计	721.72	783.45
非流动资产：			非流动负债：		
可供出售金融资产	0.00	0.00	长期借款	0.00	138.36
持有至到期投资	0.00	0.00	应付债券	0.00	0.00
长期应收款	68.41	74.54	长期应付款	455.70	458.22
长期股权投资	1 259.78	1 379.99	专项应付款	1.37	8.51
投资性房地产	0.00	0.00	预计负债	0.00	0.00
固定资产	1 506.54	1 597.26	递延所得税负债	0.00	0.00
在建工程	29.77	22.94	其他非流动负债	0.00	0.00
工程物资	0.00	0.00	非流动负债合计	457.07	605.09
固定资产清理	0.00	0.00	负债合计	1 178.79	1 388.54
无形资产	67.16	73.40	股东权益：		
开发支出	0.00	0.00	股本	1 196.46	1 196.46
商誉	0.00	0.00	盈余公积	1 223.14	1 197.96
长期待摊费用	1.24	1.14	减：库存股	0.00	0.00
递延所得税资产	0.00	0.00	盈余公积	1323.14	1197.96
其他非流动资产	0.00	0.00	其中：公益金	547.95	486.46
非流动资产合计	2 932.90	3 149.27	未分配利润	145.37	390.36
			股东权益合计	5 598.69	5 718.51
资产总计	6 777.48	7 107.05	负债及股东权益总计	6 777.48	7 107.05

在阅读表 2-2 时，我们可以先抓住最主要的信息，即资产总额、负债总额和股东权益（也称股东权益）总额。资产总额反映企业的生产结构和经营规模，是企业生产经营能力的集中反映。负债总额表明企业承担债务的多少，是企业运用自有资本金利用外部资金情况的反映。股东权益总额是企业的自有资金，是企业自主经营、自负盈亏能力的反映。财务分析要先对企业这三个方面的总量有一个基本的了解，弄清楚企业资产有多少，负债有多少，自有资金有多少，了解这三个方面的组成是掌握企业财务状况的起点，也是我们进一步分析企业资金结构、偿债能力的基础。因此，可以将表 2-2 进行简化，见表 2-3。

表 2-3　苏州瑞华云有限公司简单资产负债表　　　　　　　　　　　金额单位：百万元

项目	年末余额	年初余额	项目	年末余额	年初余额
资产总计	6 777.48	7 107.05	负债合计	1 178.79	1 388.54
			股东权益合计	5 598.69	5 718.51

因此，我们得到了苏州瑞华云有限公司[①]的第一印象：2022年初，苏州瑞华云有限公司资产总计约为71亿元，其中，来自债权人的权益约为14亿元，来自股东的权益约为57亿元，年末比年初资产总额下降了约3.3亿元，这是由负债和股东权益分别减少约2.1亿元和1.2亿元造成的。为了深入了解公司资产规模的变化情况，我们还可以多收集几年的数据，见表2-4。

表 2-4　2018—2022年苏州瑞华云有限公司资产与权益情况　　　　　金额单位：百万元

项目	2018年	2019年	2020年	2021年	2022年
资产总计	6 942.41	7 394.14	7 372.71	7 107.05	6 777.48
负债合计	2 010.23	2 304.19	1 983.74	1 388.54	1 178.79
股东权益合计	4 932.18	5 089.95	5 388.97	5 718.51	5 598.69

从表2-4可以看出，公司自2019年起资产总额就一直呈缓慢下降的趋势，这主要是由于负债规模在逐渐减小，而股东权益除2022年略有下降之外，其他年份都在逐年增加。结合前面的公司背景资料，可以看出：公司在经历了上市后的连续股本扩张之后，自2018年起进入了稳定发展阶段；公司近5年来经营条件基本稳定，债务逐渐减少，自有资金略有增加，但自有资金的增加额小于负债的减少额，所以公司的资产总额出现了下降的趋势。自有资金的逐年增加说明公司的资本实力增强，公司发展前景广阔。2022年股东权益的突然减少应是下面具体分析的重点。

二、资产负债表的结构分析

企业的行业特点，是指企业资产和负债由于行业不同，表现出的区别于其他行业的组成特点；企业的经营管理特点，是指通过企业的资金占用和资金来源反映出的企业在产销、投资和筹资等方面的特点。企业的发展重点，是指企业资金重点投入的环节和负债来源的主渠道。这些特点都通过企业的资产负债结构表现出来。而企业的支付能力和偿债能力，则由企业资金结构即企业资产、负债和股东权益的结构所决定。通常，在进行企业现金支付和偿债等能力分析之前，要对企业资金的组成和结构进行分析。

（一）资产负债表总括结构分析

1. 资产结构分析

资产，是指由企业过去的交易或者事项形成的、由企业拥有或控制的、预期会给企业带来经济利益的资源。一项经济资源要被确认为资产，在符合资产定义的同时，还应满足：①与该资源有关的经济利益很可能流入企业；②该资源的成本或价值能够可靠地计量。只有同时满足以上两个条件，才能确认为资产，并在资产负债表内列示。

资产负债表中的资产项目是按照其流动速度自上而下排列的，流动性越强的越靠上。所谓资产的流动性，是指资产转变为现金的难易程度，转变越容易，流动性越强；转变越困难，流动性越弱。

[①] 为分析方便，本书在部分指标项目的分析中选取了多期数据，这些数据均来自苏州瑞华云有限公司历年的财务报表，此后不再一一说明。

根据流动性，资产可以分为流动资产和非流动资产。流动资产是企业在生产经营过程中必不可少的资产。如果缺少货币资金，企业难以购买材料、发放工资、购置设备等；如果缺少原材料，企业生产经营就会停工待料。所以，流动资产犹如企业的血液，必须充足、流动畅通，这样企业才能健康发展。除流动资产外，企业的其他资产被统称为"非流动资产"，主要包括可供出售金融资产、持有至到期投资、投资性房地产、长期股权投资、长期应收款、固定资产、在建工程、工程物资、固定资产清理、无形资产、递延所得税资产和其他非流动资产。非流动资产的形成往往需要投入大量资金，并且发挥作用的时间较长，不会在短时间内变现，一旦形成就不易调整或变换。一般情况下，我们应根据各类资产的特点和作用以及它们的构成做初步的结构分析。通过这种分析，我们能大致了解企业资产的基本构成情况，认识企业生产经营与管理的优势和不足，并为进一步分析这些优势和不足形成的原因提供资料。2020—2022年苏州瑞华云有限公司资产构成基本情况分析见表2-5。

表2-5　2020—2022年苏州瑞华云有限公司资产构成基本情况分析　　　　　金额单位：百万元

项目	2020年		2021年		2022年	
	金额	比重/%	金额	比重/%	金额	比重/%
流动资产合计	4 000.43	54.26	3 957.78	55.69	3 844.58	56.73
非流动资产合计	3 372.28	45.74	3 149.27	44.31	2 932.90	43.27
资产总计	7 372.71	100.00	7 107.05	100.00	6 777.48	100.00

由表2-5可以看出，苏州瑞华云有限公司的资产结构3年来基本稳定，流动资产以每年近1%的速度逐年上升，说明公司3年来，整体生产经营条件基本稳定，资产的流动性增强，风险降低。但这种变动情况是否与公司的生产环境相适应，详细的资产项目又是怎样的变动情况，还需进一步深入阅读资产负债表。

资产的基本构成情况因公司所处行业的不同而呈现出不同的结构特点。例如，选取2022年15家不同行业上市公司，简单分析其资产构成情况后会发现其中存在明显的行业特点，见表2-6。

表2-6　2022年15家上市公司资产构成基本情况分析　　　　　金额单位：百万元

公司名称	所属行业	非流动资产		流动资产		资产总计
		绝对数	占总资产比重/%	绝对数	占总资产比重/%	
美的电器（000527）	电器机械及器材制造业	3 241.60	33.74	6 367.83	66.27	9 609.43
万科A（000002）	房地产开发与经营业	2 107.47	9.58	19 884.93	90.42	21 992.40
浦发银行（600000）	银行业	148 821.75	25.97	424 244.87	74.03	573 066.62
南玻A（000012）	非金属矿物制品业	4 576.58	82.86	946.75	17.14	5 523.33
格力电器（000651）	电器机械及器材制造业	2 833.02	22.34	9 848.18	77.66	12 681.20

续表

公司名称	所属行业	非流动资产		流动资产		资产总计
		绝对数	占总资产比重/%	绝对数	占总资产比重/%	
鞍钢股份（000898）	黑色金属冶炼及压延加工业	9 749.05	68.22	4 540.77	31.78	14 289.82
上海机场（600009）	交通运输辅助业	8 349.79	87.23	1 222.90	12.77	9 572.69
一汽轿车（000800）	交通运输设备制造业	2 775.59	34.88	5 182.38	65.12	7 957.97
中兴商业（000715）	零售业	778.83	81.71	174.35	18.29	953.18
苏宁易购（002024）	零售业	468.16	10.82	3 859.05	89.18	4 327.21
沈阳机床（000410）	普通机械制造业	1 358.76	25.76	3 915.36	74.24	5 274.12
中技贸易（600056）	商业经纪与代理业	311.12	18.59	1 362.77	81.41	1 673.89
东阿阿胶（000423）	医药制造业	484.31	38.69	767.39	61.31	1 251.70
晨鸣纸业（000488）	造纸及纸制品业	12 301.11	68.46	5 668.30	31.54	17 969.41
中捷股份（002021）	专用设备制造业	272.75	22.75	926.19	77.25	1 198.94

由表 2-6 可以看出，非流动资产占总资产的比重从 9.58% 到 87.23% 不等，房地产开发与经营业的非流动资产占总资产比重最低，这是因为房地产开发与经营企业最大的资产是其开发出的地产和储备的土地，而这部分地产和土地在房地产开发与经营企业是作为流动资产核算的；制造业的非流动资产占总资产比重相对高些，但也因具体行业不同而有所区别，如造纸及纸制品业和非金属矿物制品业的非流动资产占总资产比重就比较高，这是因为这两个行业中制造产品的生产设备价值较高，而其他的一般制造业的非流动资产占总资产比重基本上保持在 20%～30%；黑色金属冶炼及压延加工业的非流动资产也因为其生产设备的特性表现出较高的比重；交通运输辅助业的非流动资产占总资产的比重是最高的，因为这一行业的经营特点是先修好机场、高速公路、港口再运营，这些价值较高的机场、高速公路、港口成为企业的非流动资产；而以资金融通为主业的银行业，其流动资产自然要占总资产较高的比重。同一行业中，由于经营方式的不同，表现出的资产结构也有所不同，如同为零售业的中兴商业和苏宁易购则表现出截然不同的资产结构，原因是苏宁易购的经营店铺都是通过租赁取得的，其固定资产数量少，大量的资金投入经营周转中，所以其流动资产比重高；而中兴商业的经营店铺是自己的固定资产。

在企业实际经营过程中，资产的基本构成还受到企业的经营规模、经营策略、盈利模式等众多因素影响，这需要分析者结合具体情况来分析。

2. 资本结构分析

资本结构通常是指企业的全部资金来源中负债和股东权益所占的比重大小。企业的资金来源于两个方面：一是借入资金，即负债，包括流动负债和长期负债；二是自有资金，即企业的股东权益。负债，是指由企业过去的交易或者事项形成的、预期会导致经济利益流出企业的现时义务。一项现时义务要确认为负债，除了符合负债的定义，还应满足：①与该义务有关的经济利益很可能流出企业；②未来流出的经济利益的金额能够可靠地计量。只有同时满足以上两个条件，才能确认为负债，并在资产负债表内列示。股东权益，是指企业资产扣除负债后由所有者享有的剩余权益，公司的股东权益又称股东权益。

对于债权人、投资者和企业经营者来说，资本结构是十分重要的。企业资本结构不同，面临的偿债压力、财务风险就有所不同。对于债权人来说，通过资本结构分析，可以了解负债和股东权益在企业全部资金来源中所占的比重，判断企业债权的保障程度，评价企业的偿债能力，从而为决策提供依据。对于投资者来说，通过资本结构分析，可以了解企业负债在全部资金来源中所占的比重，评价企业偿债能力，判断其投资所承担的财务风险大小，以及负债对投资报酬的影响，从而为投资决策服务。对于企业经营者来说，通过资本结构分析，可以评价企业偿债能力和承担风险能力的大小，发现企业经营中存在的问题，采取措施调整资本结构，实现资本结构最优化。

资本结构分析，可简单地通过资本结构分析表来实现。表 2-7 是 2020—2022 年苏州瑞华云有限公司资本结构分析表。由表 2-7 可以看出，公司全部资金来源以股东权益为主，且所占比重逐年上升，从 2020 年的 73.09% 上升至 2022 年的 82.61%，说明公司的自有资金充足，财务风险低，筹措资金能力很强。

表 2-7　2020—2022 年苏州瑞华云有限公司资本结构分析表　　金额单位：百万元

项目	2020 年		2021 年		2022 年	
	金额	比重 /%	金额	比重 /%	金额	比重 /%
负债合计	1 983.74	26.91	1 388.54	19.54	1 178.79	17.39
股东权益合计	5 388.97	73.09	5 718.51	80.46	5 598.69	82.61
负债及股东权益总计	7 372.71	100.00	7 107.05	100.00	6 777.48	100.00

3. 资产结构与资本结构适应性分析

资产结构与资本结构适应性，是指企业资产结构与资本结构同企业当前以及未来经营和发展活动相适应的情况。

从企业资金来源的期限构成角度来看，企业资金来源中的股东权益部分，基本属于永久性资金来源；企业资金来源中的负债部分，则有流动负债与非流动负债之分。一般情况下，企业筹集资金的用途决定筹集资金的类型：企业增加永久性流动资产或增加非流动资产，应当通过长期资金来源（包括股东权益和非流动负债）解决；企业由季节性、临时性原因造成的流动资产中的波动部分，则应由短期资金来源解决。当企业的资金来源不能与资金的用途相配比时，在用长期资金来源支持短期波动性流动资产的情形下，由于企业长期资金来源的资金成本相对较高，企业的效益将会下降；在用短期资金来源支持长期资产和永久性流动资产的情形下，由于企业的长期资产和永久性流动资产周转时间相对较长，企业可能会经常出现急迫的短期偿债压力。也就是说，当企业资金来源的期限构成与企业资产结构相适应时，企业的资本结构质量较好；反之，企业的资本结构质量较差。

企业资产与资本结构可以分为保守结构、稳健结构、平衡结构和风险结构4种类型。

（1）保守结构。在这一结构形式中，无论资产负债表左方的资产结构如何，资产负债表右方的资金来源方式都是长期资金，长期负债与股东权益的比例高低不影响这种结构形式。其形式见表2-8。

表2-8　资产负债表（一）

流动资产	临时性占用流动资产	长期负债
	永久性占用流动资产	股东权益
长期资产		

由表2-8可以看出，保守结构的主要标志是企业全部资产的资金来源依靠长期资金来满足。其结果是：①企业风险极低；②较高资金成本；③筹资结构弹性弱。

（2）稳健结构。在这一结构形式中，长期资产的资金需要依靠长期资金解决，短期资产的资金需要通过长期资金和短期资金共同解决，长期资金和短期资金在满足短期资产资金需要方面的比例不影响这一形式。其形式见表2-9。

表2-9　资产负债表（二）

流动资产	临时性占用流动资产	流动负债
	永久性占用流动资产	长期负债
长期资产		股东权益

由表2-9可以看出，稳健结构的主要标志是企业流动资产的一部分资金需要通过流动负债满足，另一部分资金需要通过长期负债满足。其结果是：①足以使企业保持相当优异的财务信誉，通过流动资产的变现足以满足偿还短期债务的需要，企业风险较小；②企业可以通过调整流动负债与长期负债的比例，使负债成本达到企业目标标准，相对于保守结构形式而言，这一形式的负债成本较低，并具有可调性；③无论是资产结构还是资本结构，都具有一定的弹性，特别是当临时性资产需要降低或消失时可通过偿还短期债务或进行短期证券投资调整，当临时性资产需要再产生时可重新举借短期债务或出售短期证券满足其所需。这是一种能为所有企业普遍采用的资产与资本结构。

（3）平衡结构。在这一结构形式中，以流动负债满足流动资产的资金需要，以长期负债及股东权益满足长期资产的资金需要，长期负债与股东权益之间的比例如何不是判断这一结构形式的标志。其形式见表2-10。

表2-10　资产负债表（三）

流动资产	流动负债
长期资产	长期负债及股东权益

由表2-10可以看出，平衡结构的主要标志是流动资产的资金需要全部依靠流动负债来满足。其结果是：①同样高的资产风险与筹资风险中和后，使企业风险均衡；②负债政策要依据资产结构变化进行调整；③存在潜在的风险。这一结构形式以资金变现时间和数量与偿债时间和数量相一致为前提，一旦二者出现时间上的差异或数量上的差异，如销售收入未能按期取得现金、应收账款没能足额收回、短期证券以低于购入成本出售等，就会使企业资金周转困难，并有可能陷入财务危机。

这一结构形式只适用于经营状况良好、具有较好成长性的企业，但要特别注意这一结构形式的非稳定性特点。

（4）风险结构。在这一结构形式中，流动负债不仅被用于满足流动资产的资金需要，而且被用于满足部分长期资产的资金需要，其不因流动负债在多大程度上满足长期资产的资金需要而改变。其形式见表2-11。

表 2-11　资产负债表（四）

流动资产	流动负债
长期资产	长期负债及股东权益

由表2-11可以看出，风险结构的主要标志是流动负债需要满足部分长期资产的资金需要。其结果是：①财务风险较大，较高的资产风险与较高的筹资风险不能匹配，这是因为流动负债和长期资产在流动性上并不对称，要是通过长期资产的变现来偿还短期的债务，必然会给企业带来沉重的偿债压力，从而要求企业极大地提高资产的流动性；②相对于其他结构形式，其负债成本最低；③企业存在"黑字破产"的潜在危险，由于企业时刻面临偿债压力，一旦市场发生变动，或有意外事件发生，就可能引发企业资产经营风险，使企业资金因周转不灵而陷入财务困境，造成企业因不能偿还到期债务而"黑字破产"。这一结构形式只适用于处在发展壮大时期的企业，而且只能在短期内采用。

结合表2-2、表2-5、表2-7的数据来看，苏州瑞华云有限公司的资产结构与资本结构适应性良好，公司流动资产的资金来源大概有20%来自流动负债，其他则来源于永久性的资金，一般不会出现短期偿债压力，说明公司资本结构的财务风险较低，属于上述稳健型资产与资本结构，这也显现出公司资本结构的安排相对较为保守。

（二）资产负债表大类项目结构分析

1. 流动资产结构分析

流动资产，是指可以在1年或超过1年的1个营业周期内变现、出售或耗用的资产。在资产负债表中，流动资产项目包括货币资金、交易性金融资产、应收票据、应收账款、预付账款、应收股利、其他应收款、存货、1年内到期的非流动资产等。

在流动资产中，各类资产的功用和变现能力也是不同的，要想深入了解企业的财产状况，还需要进一步分析流动资产的构成情况。

（1）货币资金，是指企业在生产经营过程中拥有的、以货币形式存在的资金。货币资金可立即作为支付手段并被普遍接受，因而最具有流动性。货币资金一般包括企业的库存现金、银行结算户存款、外埠存款、银行汇票存款、银行本票存款、信用卡存款和信用证保证金存款等。

交易性金融资产，是指企业打算通过积极管理和交易以获取利润的债权证券和权益证券。企业通常会频繁买卖这类证券以期在短期价格变化中获取利润。它包括企业以赚取差价为目的从二级市场购入的股票、债券、基金等。

（2）应收票据，是指企业因销售商品、产品、提供劳务等收到的商业汇票，包括商业承兑汇票和银行承兑汇票。

（3）应收账款，是指企业在生产经营过程中因销售商品、提供劳务而应向购货单位或接受劳务单位收取的款项。

（4）预付账款，是指购货单位根据购货合同的规定，预先付给供货单位的货款。预付的货款既可以是部分货款，也可以是全部货款。预付账款的支付是购货单位履行购货合同义务的行为，债务人需用商品偿还该项债权。

（5）应收股利，是指企业因股权投资应收取的现金股利以及应收其他单位的利润，如企业购入股票实际支付的款项中包括的已宣告发放但尚未领取的现金股利和企业因对外投资应分得的现金股利。

（6）其他应收款，是指除应收票据、应收账款和预付账款以外的其他各种应收、暂付款项。

（7）存货，是指企业在生产经营过程中为销售或耗用而储存的各种有形资产，包括各种原材料、燃料、包装物、低值易耗品、委托加工材料、在产品、产成品和商品等。凡在企业盘点日法定所有权属于企业所有的一切物品，不论其存放地点或处于何种状态，都应被视为企业的存货。不同行业的企业，存货的内容和分类有所不同。比如，制造业的存货一般包括原材料、委托加工材料、包装物、低值易耗品、在产品、自制半成品以及产成品等；商品流通企业存货一般包括商品、材料物资、低值易耗品以及包装物等。作为企业资产的重要组成部分，存货一般在1年内或1个营业周期内可以出售或被生产耗用，因此被视为流动资产。适量的存货对维持企业生产经营的正常进行具有重要意义，但是过多的存货会使企业积压资金，增加仓储保管费；而存货不足又往往造成企业开工不足或失去销售机会。

流动资产各项目的作用可用企业资金循环过程（见图2-1）说明（图2-1中虚线部分是固定资产的循环）。

图2-1　企业资金循环过程

由图2-1可知，存货的销售导致了现金和应收账款项目的增加。当应收账款实际收到时，现金会再次增加。随后，这笔资金又被用于购买新货，支付生产费用（如工资、租金、保险费、水电杂费等）。企业维持日常生产，不仅要拥有适当的流动资产，而且要保证资金循环的顺利进行。在其他条件不变的情况下，如果应收账款收回太慢，企业就会因财力不足而不能按时购买存货或支付费用；如果存货销售过慢，资金就会大量积压，企业也会因现金短缺而陷入困境。企业不同的生产经营特点，表现出不同的流动资产结构，分析时应结合企业的经营特点判断流动资产构成与企业经营的协调性。

一般情况下，我们可以编制流动资产结构分析表进行具体分析。在编制分析表时，一般可选择以流动资产合计数为基数，如苏州瑞华云有限公司流动资产结构分析表，见表2-12。

表2-12　2020—2022年苏州瑞华云有限公司流动资产结构分析表　　　　金额单位：百万元

项目	2020年		2021年		2022年	
	金额	比重/%	金额	比重/%	金额	比重/%
货币资金	829.60	20.74	715.08	18.07	670.23	17.43
应收票据	957.95	23.95	896.51	22.65	1 063.35	27.66

续表

项目	2020年		2021年		2022年	
	金额	比重/%	金额	比重/%	金额	比重/%
应收账款	613.15	15.33	958.04	24.21	1 012.35	26.33
预付账款	750.55	18.76	375.61	9.49	148.63	3.87
应收股利	0.00	0.00	0.01	0.00	0.04	0.00
其他应收款	247.17	6.18	161.32	4.08	71.87	1.87
存货	602.00	15.05	851.21	21.51	878.11	22.84
流动资产合计	4 000.42	100.00	3 957.78	100.00	3 844.58	100.00

由表2-12可以看出，苏州瑞华云有限公司的流动资产以货币资金、应收票据、应收账款、预付账款和存货为主，2020—2022年结构稍有变化。货币资金和预付账款的比重逐年降低，应收账款和存货的比重逐年上升，结合公司的其他资料可知，公司近几年的营业收入是逐年上升的，营业收入的上升带来应收账款的上升属于正常现象。预付账款降低，一种原因可能是：由于近几年总是从固定的几家供应商采购原材料，在与供应商之间的博弈中，企业占了上风，在生产规模逐步扩大的情况下，采购规模扩大，而预付账款规模却缩小。另一种原因可能是：公司产品的主要原材料近年来价格逐渐上涨，公司可能采取了降低原材料采购量的经营策略。总之，预付账款的变化说明企业的经营环境有所改变。下一步详细分析的重点应是货币资金、应收票据、应收账款、预付账款和存货等项目。

2. 非流动资产结构分析

非流动资产，主要包括可供出售金融资产、持有至到期投资、投资性房地产、长期股权投资、长期应收款、固定资产、在建工程、工程物资、固定资产清理、商誉、无形资产、递延所得税资产和其他非流动资产。

（1）固定资产，包括公司的厂房、机器设备、仓库、运输工具等，是企业用来生产商品与提供劳务的资本商品，使用期限通常在1年以上。

（2）可供出售金融资产、持有至到期投资，属于企业的非生产经营性长期资产，持有时间在1年以上，会给企业带来投资收益，不直接参与企业的生产经营活动。

（3）投资性房地产，是指为赚取租金或资本增值，或两者兼有而持有的房地产，包括已出租的土地使用权、持有并准备增值后转让的土地使用权、已出租的建筑物。

（4）长期股权投资，是指企业为了使资产多样化，扩大企业规模或兼并其他企业进行的、期限超过1年的投资。

（5）长期应收款，是指企业融资租赁产生的应收账款和采用递延方式分期收款、实质上具有融资性质的销售商品、提供劳务等经营活动产生的应收账款。

（6）商誉，特指企业合并所形成的拥有独特的优势而具有高于一般水平的获利能力的资产。对因合并形成的商誉，企业应至少在每年度终了时进行减值测试。对商誉测试的减值部分，应计入当期损益。

（7）无形资产，是指企业拥有或控制的、无实物形态的、可辨认的非货币资产。可辨认，是指可分离出用于出售、转移、授予许可、租赁、交换，或者源自合同或其他法定权利。无形资产的确认必须同时满足：①与该无形资产有关的经济利益很可能流入企业；②该无形资产的成本能够可靠地计量。只有同时满足以上两个条件，才可确认为无形资产，并在资产负债表内列示。

一般情况下，我们可以编制非流动资产结构分析表进行具体分析。在编制分析表时，一般选择以非流动资产合计为基数，如2020—2022年苏州瑞华云有限公司非流动资产结构分析表，见表2-13。

表2-13　2020—2022年苏州瑞华云有限公司非流动资产结构分析表　　　　金额单位：百万元

项目	2020年		2021年		2022年	
	金额	比重/%	金额	比重/%	金额	比重/%
长期应收款	101.52	3.01	74.54	2.37	68.41	2.33
长期股权投资	1 446.55	42.90	1 379.99	43.82	1 259.78	42.95
固定资产	1 704.48	50.54	1 597.26	50.72	1 506.54	51.37
在建工程	37.74	1.12	22.94	0.73	29.77	1.02
无形资产	80.56	2.39	73.40	2.33	67.16	2.29
长期待摊费用	1.43	0.04	1.14	0.04	1.24	0.04
非流动资产合计	3 372.28	100.00	3 149.27	100.00	2 932.90	100.00

由表2-13可以看出，2020—2022年苏州瑞华云有限公司的非流动资产结构基本稳定，占比较大的是公司的长期股权投资和固定资产。长期股权投资是公司为实现多元化经营对其他同类企业的控股投资，2020—2022年，投资数额逐渐减少。固定资产总额虽有所减少，但比重基本稳定，说明公司近几年没有大规模的新投资，注重内涵发展。具体情况还应该结合财务报表附注信息详细了解公司的股权投资和固定资产投资情况。公司没有投资性房地产、持有至到期投资等非生产性资产，说明公司经营致力于主业，以生产主营产品为主。公司的无形资产占比在2%左右，且资产数额呈逐年下降趋势，说明无形资产价值随着逐年摊销减少，可能近几年公司在无形资产方面没有更多的投入。长期股权投资和固定资产项目应是下一步分析的重点。

3．负债结构分析

负债结构，是指各项负债占总负债的比重。通过对负债结构进行分析，可了解各项负债的数量，进而判断企业负债主要来自何方，偿还的紧迫程度如何，揭示企业抵抗破产风险以及融资的能力。

流动负债占总负债的比重，可以反映一家企业依赖短期债权人的程度。流动负债占总负债比重越高，说明企业对短期资金的依赖性越强，企业的偿债压力也就越大，这必然要求企业营业周转或资金周转也随之加快，企业要想及时清偿债务，只有加快周转；相反，流动负债占总负债比重越低，说明企业对短期资金的依赖性越弱，企业面临的偿债压力也就越小。对流动负债占总负债比重的分析，短期债权人最为重视。如果企业持有太多的流动负债，则有可能使短期债权人面临到期难以收回资金的风险，从而使短期债权人的债权保障程度降低；而如果企业不会遇到因短期债务到期不能偿还本息而破产清算的问题，企业保持较高的流动负债，则可以使所有者获得杠杆利益，降低融资成本。

应对流动负债占总负债比重确定一个合理的水平。其衡量标志是在企业不发生偿债风险的前提下，尽可能多地利用流动负债融资，因为流动负债融资成本通常低于非流动负债。同时，还应考虑资产的流动性。如果企业的流动资产回收快，流动负债的融资就可以多一些；相反，流动负债的融资则应少一些。

非流动负债占总负债的比重，表明企业在经营过程中借助外来长期资金的程度。根据2020—

2022年苏州瑞华云有限公司资产负债表的有关资料，编制负债结构分析表（见表2-14）。

表2-14 2020—2022年苏州瑞华云有限公司负债结构分析表　　　　　金额单位：百万元

项目	2020年		2021年		2022年	
	金额	比重/%	金额	比重/%	金额	比重/%
流动负债合计	1 392.26	70.18	783.45	56.42	721.73	61.23
非流动负债合计	591.48	29.82	605.09	43.58	457.07	38.77
负债合计	1 983.74	100.00	1 388.54	100.00	1 178.80	100.00

由表2-14可以看出，2020—2022年苏州瑞华云有限公司的负债中以流动负债为主，流动负债占总负债的比重为60%～70%，长期负债基本稳定而且比重较小，说明公司近几年没有举借新的长期负债，这与前面分析的公司资产结构比较稳定相辅相成，说明公司确实处于一个扩张之后的相对稳定的发展时期。

4. 流动负债结构分析

通过流动负债结构分析，可以了解企业流动负债各项目的结构变动情况，进而分析企业流动负债的构成及其变动是否合理，以及对企业的生产经营活动有哪些影响。在流动负债中，一般借入的款项有明确的偿还期，到期必须偿还，具有法律上的强制性；而所欠供应商的款项，大多没有明确的支付期，对于何时支付、支付多少，并不具有强制性，分析时，应根据负债的性质及前述流动资产结构分析确定企业的支付能力，判断企业的财务状况。例如，2020—2022年苏州瑞华云有限公司流动负债结构分析表，见表2-15。

表2-15 2020—2022年苏州瑞华云有限公司流动负债结构分析表　　　　金额单位：百万元

项目	2020年		2021年		2022年	
	金额	比重/%	金额	比重/%	金额	比重/%
短期借款	645.00	46.33	0.00	0.00	7.00	0.97
应付票据	20.00	1.44	0.00	0.00	0.00	0.00
应付账款	239.86	17.23	324.64	41.44	333.08	46.15
预收账款	51.41	3.69	138.74	17.71	29.57	4.10
应付职工薪酬	44.37	3.19	34.01	4.34	23.19	3.21
应交税费	102.35	7.35	123.20	15.73	7.73	1.07
应付股利	70.29	5.05	50.22	6.41	72.09	9.99
其他应付款	218.98	15.73	112.64	14.38	110.70	15.34
1年内到期的非流动负债	0.00	0.00	0.00	0.00	138.36	19.17
流动负债合计	1 392.26	100.00	783.45	100.00	721.72	100.00

由表2-15可以看出，2020—2022年苏州瑞华云有限公司的流动负债以应付账款为主，2022年应付账款占流动负债总额的46.15%，较前两年有上升的趋势。公司的短期借款在2020年曾经达到6.45亿元，到了2021年就全部还清了，但2022年有一笔即将到期的非流动负债1.383 6亿元需要偿还，还有一笔700万元的新短期借款。总的来说，公司的短期偿债压力不是很大。公司的应付账

款、预收账款是下一步分析的重点。

5. 非流动负债结构分析

非流动负债的利率高、期限长，一般适用于购建固定资产、进行长期投资等，不适用于流转经营中的资金需要。固定资产、长期投资的周转周期长，变现速度慢，需要可以长期使用的资金。而流转经营中的资金只能用来购置流动资产、支付工资等，其周转速度快，而且资金占用的波动比较大，有时资金紧张需要通过举债筹集，有时资金闲置需要通过交易性金融资产的投资加以充分利用。将非流动负债当作短期流转使用，会使资金成本上升，得不偿失。但是，利用非流动负债购置固定资产，可以提升企业的生产能力，提高产品质量，降低产品成本，增强企业的市场竞争力，为企业带来更多的利润。

非流动负债的构成分析，可以通过编制分析表进行。例如，2020—2022年苏州瑞华云有限公司非流动负债构成分析表，见表2-16。

表2-16　2020—2022年苏州瑞华云有限公司非流动负债构成分析表　　金额单位：百万元

项目	2020年		2021年		2022年	
	金额	比重/%	金额	比重/%	金额	比重/%
长期借款	38.36	7.80	138.36	22.86	0.00	0.00
长期应付款	446.87	90.92	458.22	75.73	455.70	99.70
专项应付款	6.25	1.27	8.51	1.41	1.37	0.30
非流动负债合计	491.48	100.00	605.09	100.00	457.07	100.00

由表2-16可以看出，2020—2022年苏州瑞华云有限公司的非流动负债以长期借款和长期应付款为主，2022年长期借款比期初减少了1.3836亿元，主要原因是此笔长期借款在1年内到期，将其转入了1年内到期的非流动负债。长期应付款，是指企业除长期借款和应付债券以外的其他各种长期应付款项，如采用补偿贸易方式引进国外设备的价款、从国外进口大型设备的价款、应付融资租入固定资产的租赁费等。公司的长期应付款占非流动负债的比重一直较高，下一步应重点分析。

6. 股东权益结构分析

股东权益包括企业投资人对企业的投入资本以及形成的资本公积金、盈余公积金和未分配利润等。引起股东权益变动的主要原因有：增加（或减少）注册资本、资本公积发生增减变化、留存收益的增减变动等。通过股东权益构成及增减变动分析，可进一步了解企业对负债偿还的保证程度和企业自己积累资金及融通资金的能力与潜力。例如，2020—2022年苏州瑞华云有限公司股东权益结构分析表，见表2-17。

表2-17　2020—2022年苏州瑞华云有限公司股东权益结构分析表　　金额单位：百万元

项目	2020年		2021年		2022年	
	金额	比重/%	金额	比重/%	金额	比重/%
股本	797.65	14.80	1 196.46	20.92	1 196.46	21.37
资本公积	3 173.01	58.88	2 933.72	51.30	2 933.72	52.40
盈余公积	1 071.70	19.89	1 197.96	20.95	1 323.14	23.63
其中：公益金	469.57	8.71	486.46	8.51	547.95	9.79

续表

项目	2020年		2021年		2022年	
	金额	比重/%	金额	比重/%	金额	比重/%
未分配利润	346.60	6.43	390.37	6.83	145.37	2.60
股东权益合计	5 388.97	100.00	5 718.51	100.00	5 598.69	100.00

由 2-17 可以看出，2020—2022 年苏州瑞华云有限公司股东权益结构基本稳定。股本在 2021 年增加近 4 亿元后，占股东权益的比重由原来的 14.80% 上升到 20.92%；资本公积则一直是股东权益的主体，占比维持在 50% 以上；盈余公积的比重维持在 20% 左右；公司的未分配利润占比由 2020 年的 6.43% 降至 2022 年的 2.60%，具体变化原因，可以到股东权益变动表或财务报表附注中寻找答案。股东权益结构显示出公司有较强的资本实力。

任务二　资产负债表水平分析

资产负债表水平分析就是通过水平分析法，将资产负债表的实际数与选定的标准进行比较，编制出资产负债表水平分析表，并在此基础上进行评价。资产负债表水平分析的目的就是从总体上概括了解资产、权益的变动情况，揭示资产、负债和股东权益变动的差异，分析其差异产生的原因。

资产负债表水平分析要根据分析的目的选择比较的标准（基期）。若分析的目的在于揭示资产负债表的实际变动情况，分析产生实际差异的原因，那么比较的标准应选择资产负债表中上年实际数；若分析的目的在于揭示资产负债表的预算或计划情况，分析影响资产负债表预算或计划执行情况的原因，那么比较的标准应选择资产负债表的预算数或计划数。

资产负债表水平分析需要计算某项目的变动率。

$$某项目的变动率 = \frac{某项目的变动额}{某项目基期数额} \times 100\%$$

资产负债表水平分析除了要计算某项目的变动额和变动率外，还应计算该项目变动对总资产或总负债和股东权益总额的影响程度，以便确定影响总资产或总负债和股东权益总额的重点项目，为进一步分析指明方向。

$$某项目变动对总资产（总权益）的影响 = \frac{某项目的变动额}{基期总资产（总权益）数额} \times 100\%$$

苏州瑞华云有限公司 2021 年 12 月 31 日—2022 年 12 月 31 日的资产负债表变动情况见表 2-18。

表 2-18　2021—2022 年苏州瑞华云有限公司资产负债表变动情况　　金额单位：百万元

项目	2021年	2022年	2022年比2021年	
			增减额	增减率/%
流动资产：				
货币资金	715.08	670.23	−44.85	−6.27
应收票据	896.51	1 063.35	166.84	18.61

续表

项目	2021年	2022年	2022年比2021年	
			增减额	增减率/%
应收账款	958.04	1 012.35	54.31	5.67
预付款项	375.61	148.63	−226.98	−60.43
应收股利	0.01	0.04	0.03	300.00
其他应收款	161.32	71.87	−89.45	−55.45
存货	851.21	878.11	26.90	3.16
流动资产合计	3 957.78	3 844.58	−113.20	−2.86
非流动资产：				
长期应收款	74.54	68.41	−6.13	−8.22
长期股权投资	1 379.99	1 259.78	−120.21	−8.71
固定资产	1 597.26	1 506.54	−90.72	−5.68
在建工程	22.94	29.77	6.83	29.77
无形资产	73.40	67.16	−6.24	−8.50
长期待摊费用	1.14	1.24	0.10	8.77
递延所得税资产	0.00	0.00	0.00	
非流动资产合计	3 149.27	2 932.90	−216.37	−6.87
资产总计	7 107.05	6 777.48	−329.57	−4.64
流动负债：				
短期借款	0.00	7.00	7.00	
应付票据	0.00	0.00	0.00	
应付账款	324.64	333.08	8.44	2.60
预收账款	138.74	29.57	−109.17	−78.69
应付职工薪酬	34.01	23.19	−10.82	−31.81
应交税费	123.20	7.73	−115.47	−93.73
应付股利	50.22	72.09	21.87	43.55
其他应付款	112.64	110.70	−1.94	−1.72
1年内到期的非流动负债	0.00	138.36	138.36	
流动负债合计	783.45	721.72	−61.73	−7.88
非流动负债：				
长期借款	138.36	0.00	−138.36	−100.00

续表

项目	2021 年	2022 年	2022 年比 2021 年	
			增减额	增减率 /%
长期应付款	458.22	455.70	−2.52	−0.55
专项应付款	8.51	1.37	−7.14	−83.90
递延所得税负债	0.00	0.00	0.00	
非流动负债合计	605.09	457.07	−148.02	−24.46
负债合计	1 388.54	1 178.79	−209.75	−15.11
股东权益：				
股本	1 196.46	1 196.46	0.00	0.00
资本公积	2 933.72	2 933.72	0.00	0.00
盈余公积	1 197.96	1 323.14	125.18	10.45
其中：公益金	486.46	547.95	61.49	12.64
未分配利润	390.37	145.37	−245.00	−62.76
股东权益合计	5 718.51	5 598.69	−119.82	−2.10
负债及股东权益总计	7 107.05	6 777.48	−329.57	−4.64

企业的总资产表明企业资产的存量规模，随着企业经营规模的变动，资产存量规模也处在经常变动中。如果资产存量规模过小，就会难以满足企业经营的需要，影响企业经营活动的正常进行；资产存量规模过大，就会造成资产的闲置，使资金周转缓慢，影响资产的利用效率。企业通过举债或吸取投资人的投资来满足对企业资产的资金融通，从而产生了债权人、投资人对企业资产具有两种不同的要求。资产、权益分别列示在资产负债表的左、右两边，反映企业的基本财务状况，对资产负债表变动情况的分析评价也应当从这两方面进行。

一、从投资或资产角度分析评价

从投资或资产角度分析评价主要从以下几个方面进行。

（1）分析总资产规模的变动状况以及各类、各项资产的变动情况，揭示资产变动的主要方面，从总体上了解企业经过一定时期经营后资产的变动状况。

（2）发现变动幅度较大或对总资产变动影响较大的重点类别和重点项目。首先，要发现变动幅度较大的资产类别或资产项目，特别是发生异常变动的项目；其次，要把对总资产变动影响较大的资产项目作为分析重点。某资产项目变动自然会引起总资产发生同方向变动，但总资产变动的程度不仅与该项目本身的变动程度有关，还取决于该项目在总资产中所占的比重。当某项目本身变动幅度较大时，如果该项目在总资产中所占比重较低，则该项目变动对总资产的变动就不会有太大影响；反之，当某项目本身变动幅度较小时，如果该项目在总资产中所占比重较高，则对总资产变动的影响很大。

（3）注意考察资产规模变动与股东权益总额变动的适应程度，进而评价企业财务结构的稳定性和安全性。在资产负债表上，资产总额等于负债和股东权益总额之和，如果资产总额的增长幅度大于股东权益总额增长的幅度，则表明企业债务负担加重，这虽然可能是企业筹资政策变动引起的，却可能导致偿债保障程度下降，偿债压力加重。一般来说，为了保证企业财务结构的稳定性和安全性，资产规模变动应与股东权益总额变动相适应。

根据表2-18，可以对苏州瑞华云有限公司总资产变动情况做出以下分析评价：2022年，苏州瑞华云有限公司总资产减少了32 957万元，下降幅度为4.64%，说明该公司本年资产规模有较大的缩小。进一步分析如下。

（1）流动资产减少了11 320万元，下降幅度为2.86%。如果仅就这一变化来看，该公司资产的流动性有所减弱。货币资金减少了4 485万元，下降幅度为6.27%，这将对企业的偿债能力和满足资金流动性需要有所影响。当然，对于货币资金的这种变化，还应结合该公司的现金需要量，从资金利用效果方面进行分析，做出合理的评价。应收票据增加了16 684万元，增长幅度达18.61%，说明应收票据的质量是可靠的，基本不存在拒付问题。应收账款增加了5 431万元，增长幅度达5.67%，对此应结合该公司的销售规模变动、信用政策和收账政策等进行评价。其他应收款减少了8 945万元，下降幅度高达55.45%，说明该公司内部控制制度执行力度有所加大，不必要的资金占用大幅减少。预付账款减少了22 698万元，下降幅度为60.43%，说明除因商业信用预付部分款项外，企业向其他有关单位提供贷款、非法转移资金或抽逃资本的可能性很小。存货增加2 690万元，增长幅度为3.16%，这可能导致企业资金占用增加，机会成本增加，但结合固定资产原值的变动情况高，可以认为这种变动有助于形成现实的生产能力。

（2）长期股权投资减少了12 021万元，下降幅度为8.71%，说明该公司对内紧缩意图明显。

（3）固定资产减少了9 072万元，下降幅度为5.68%，这是非流动资产中对总资产变动影响较大的项目之一。固定资产规模体现了一家企业的生产能力，固定资产减少说明该公司的未来生产能力会有所下降。

（4）在建工程增加了683万元，增长幅度为29.77%。在建工程项目的增加虽然对本年度的经营成果没有太大的影响，但在建工程完工后，有助于提升该公司的生产能力。

（5）无形资产减少624万元，下降幅度为8.50%，说明该公司对无形资产的重视度不够，这应该引起企业的重视。

二、从筹资或权益角度分析评价

从筹资或权益角度分析评价主要从以下几个方面进行。

（1）分析权益总额的变动状况以及各类、各项筹资的变动状况，揭示权益总额变动的主要方面，总体上了解企业经过一定时期经营后权益总额的变动情况。

（2）发现变动幅度较大或对权益总额变动影响较大的重点类别和重点项目，为进一步分析指明方向。

根据表2-18，可以对苏州瑞华云有限公司2022年权益总额变动情况做出以下分析评价。

（1）负债减少了20 975万元，下降幅度为15.11%。其中，流动负债下降幅度为7.88%，主要表现为预收账款和应交税费的大幅下降。1年内到期的非流动负债大幅增加给企业带来较大的偿债压力。应付账款和应付股利的增加则说明该公司的信用状况不一定值得信赖，当然这还需要结合企业的具体情况进行分析。非流动负债下降幅度为24.46%，主要是由长期借款减少引起的。

（2）股东权益减少了11 982万元，下降幅度为2.10%，主要是由未分配利润较大幅度的下降引起的，资本公积和股本的零增长也是股东权益减少的原因之一。

值得注意的是：权益各项目的变动既可能是由企业经营活动造成的，也可能是由企业会计政策变更造成的，还有可能是由会计的灵动性、随意性造成的。因此，只有结合权益各项目变动情况进行分析，才能揭示权益总额变动的真正原因。

任务三　资产负债表垂直分析

资产负债表结构反映了资产负债表各项目的关系及所占的比重。资产负债表垂直分析，是指通过计算资产负债表中各项目占总资产或权益总额的比重，分析评价企业资产结构和权益结构变动的合理程度。

第一，分析评价企业资产结构的变动情况及变动的合理性。

第二，分析评价企业资本结构的变动情况及变动的合理性。

第三，分析评价企业资产结构与资本结构的适应程度。

$$某项目数额占总资产（总权益）的比重 = \frac{该期某项目的数额}{该期总资产（总权益）数额} \times 100\%$$

资产负债表垂直分析可以从静态和动态两个方面进行。从静态角度分析，就是以本期资产负债表为分析对象，分析评价其实际构成情况。从动态角度分析，就是将资产负债表的本期实际构成与选定的标准进行对比分析，对比的标准可以是上期实际数、预算数和同行业的平均数，或可比企业的实际数，其选择视分析目的而定。

编制2022年苏州瑞华云有限公司资产负债表垂直分析表，见表2-19。

表2-19　2022年苏州瑞华云有限公司资产负债表垂直分析表　　金额单位：百万元

项目	2020年	2022年	期末占资产比重/%	期初占资产比重/%	变动情况
流动资产：					
货币资金	829.60	670.23	9.89	11.25	−1.36
应收票据	957.95	1 063.35	15.69	12.99	2.70
应收账款	613.15	1 012.35	14.94	8.32	6.62
预付款项	750.55	148.63	2.19	10.18	−7.99
应收股利	0.00	0.04	0.00	0.00	0.00
其他应收款	247.17	71.87	1.06	3.35	−2.29
存货	602.00	878.11	12.96	8.17	4.79
流动资产合计	4 000.42	3 844.58	56.73	54.26	2.47
非流动资产：					
长期应收款	101.52	68.41	1.01	1.38	−0.37
长期股权投资	1 446.55	1 259.78	18.59	19.62	−1.03
固定资产	1 704.48	1 506.54	22.23	23.12	−0.89
在建工程	37.74	29.77	0.44	0.51	−0.07
无形资产	80.56	67.16	0.99	1.09	−0.10
长期待摊费用	1.43	1.24	0.02	0.02	0.00

续表

项目	2020 年	2022 年	期末占资产比重 /%	期初占资产比重 /%	变动情况
递延所得税资产	0.00	0.00	0.00	0.00	0.00
非流动资产合计	3 372.28	2 932.90	43.27	45.74	−2.47
资产总计	7 372.70	6 777.48	100.00	100.00	0.00
流动负债：					
短期借款	645.00	7.00	0.10	8.75	−8.65
应付票据	20.00	0.00	0.00	0.27	−0.27
应付账款	239.86	333.08	4.91	3.25	1.66
预收账款	51.41	29.57	0.44	0.70	−0.26
应付职工薪酬	44.37	23.19	0.34	0.60	−0.26
应交税费	102.35	7.73	0.11	1.39	−1.28
应付股利	70.29	72.09	1.06	0.95	0.11
其他应付款	218.98	110.70	1.63	2.97	−1.34
1 年内到期的非流动负债	0.00	138.36	2.04	0.00	2.04
流动负债合计	1 392.26	721.72	10.65	18.88	−8.23
非流动负债：					
长期借款	138.36	0.00	0.00	1.88	−1.88
长期应付款	446.87	455.70	6.72	6.06	0.66
专项应付款	6.25	1.37	0.02	0.08	−0.06
递延所得税负债	0.00	0.00	0.00	0.00	0.00
非流动负债合计	591.48	457.07	6.74	8.02	−1.28
负债合计	1 983.74	1 178.79	17.39	26.91	−9.52
股东权益：					
股本	797.65	1 196.46	17.65	10.82	6.83
资本公积	3 173.01	2 933.72	43.29	43.04	0.25
盈余公积	1 071.70	1 323.14	19.52	14.54	4.98
其中：公益金	469.57	547.95	8.08	6.37	1.71
未分配利润	346.60	145.37	2.14	4.70	−2.56
股东权益合计	5 388.96	5 598.69	82.61	73.09	9.52
负债及股东权益总计	7 372.70	6 777.48	100.00	00.00	0.00

资产负债表垂直结构变动情况的分析评价可以从资产结构和资本结构两个方面展开。

一、资产结构的分析评价

企业资产结构分析评价的思路有以下两个。

第一，从静态角度观察企业资产的配置情况，特别关注流动资产和非流动资产的比重，分析时可通过与行业的平均水平或可比企业的资产结构进行比较，对企业资产的流动性和资产风险做出判断，进而对企业资产结构的合理性做出评价。

第二，从动态角度分析企业资产的变动情况，对企业资产架构的稳定性做出评价，进而对企业资产结构的调整情况做出评价。

由表 2-19 可以看出，从静态角度分析，就一般意义而言，流动资产变现能力强，资产风险较小；而非流动资产变现能力弱，资产风险较大。所以，当流动资产比重较大时，企业资产的流动性强而风险小；当非流动资产比重较大时，企业资产弹性较差，不利于企业灵活调度资金，风险较大。该公司本期流动资产比重为 56.73%，非流动资产比重为 43.27%。根据该公司的资产结构，可以认为该公司资产的流动性较强，资产风险较小。当然，一家企业的流动资产也不宜保持过多，过多的流动资产会降低企业的盈利能力。从动态角度分析，该公司流动资产比重上升了 2.47%，非流动资产比重下降了 2.47%，结合各资产项目的结构变动情况来看，变动幅度不是很大，说明该公司的资产结构相对比较稳定。

二、资本结构的分析评价

企业资本结构分析评价的思路有以下两个。

第一，从静态角度观察企业资本的结构，衡量企业的财务实力，评价企业的财务风险，同时结合企业的盈利能力和经营风险，评价其资本结构的合理性。

第二，从动态角度分析企业资本结构的变动情况，对资本结构的调整情况及对股东权益可能产生的影响做出评价。

从表 2-19 可以看出，从静态角度分析，该公司本期股东权益比重为 82.61%，负债比重为 17.39%，资产负债率较低，财务风险相对较小。这样的资本结构是否合适，仅凭以上分析难以做出判断，必须结合企业盈利能力，通过权益结构优化分析才能予以说明。从动态角度分析，股东权益比重增长了 9.52%，负债比重下降了 9.52%，表明资本结构还是比较稳定的，但财务实力有所减弱。

任务四　资产负债表主要项目分析

上述资产负债表的总括结构分析和大类项目结构分析，为详细分析资产负债表找到了重点，即以下两类项目：一类是在结构分析中占比较大的项目，另一类是占比变化较大的项目。通常，作为重点分析的项目如下。

一、货币资金项目分析

在所有资产类别中，货币资金具有最高的流动性，但同时其收益性最差，通常情况下只能获得银行存款的利息收益，这显然无法满足有进取心的管理者的要求。企业总是存在一个现金存量的最优上界。存储过量现金的企业会被认为过于保守，但同时企业又必须保留一定规模的货币资金，因为现金是经营活动的"血液"，它使日常的支付交易正常进行。更重要的是，现金储备使企业具备了财务灵活性，可以满足预防性和投机性的需要，在遇到未预期的投资机会时有能力去把握，即使遭遇意外事件也能避免陷入困境。

货币资金的风险天然高，这是由货币资金作为最具支付能力的金融工具的特性决定的，所以，国家对货币资金的管理和支付范围做了严格规定，企业内部良好的货币资金内控制度对于保护资产安全完整、防止违法犯罪具有重要意义。此外，由于银行存款是企业对吸收存款机构的债权，同样会存在信用风险。

货币资金项目分析的重点是货币资金规模的合理性。一般而言，决定企业货币资金规模的因素有以下几个。

（1）企业的资产规模、业务规模。企业资产总额越大，相应的货币资金规模越大，业务越频繁，货币资产也会越多。

（2）企业筹集资金能力。企业信誉好，向银行借款或发行股票、债券就会比较顺利，企业就可以适当减少持有的货币资金数量。

（3）企业对货币资金的运用能力。货币资金的运用也存在效率与效益的问题。企业运用货币资金的能力越强，资金在企业内部周转越快，就越没必要保留过多的货币资金。

（4）企业的财务战略。当企业具有较为明确的发展战略时，就会为战略方针的落实进行财务准备，这样存量货币资金的规模就取决于企业所处的不同财务战略阶段。这时，货币资金结构的差异反映的是融资行为的结果，而非经营活动的经济后果。

（5）企业的行业特点。对于不同行业的企业来说，合理的货币资金规模会有差异。比如，选取2022年15家不同行业上市公司，简单分析其货币资金占比情况，会发现不同公司之间存在差异，见表2-20。

表2-20 2022年15家上市公司货币资金占比情况分析　　　　　金额单位：百万元

公司名称	所属行业	货币资金	资产总计	货币资金占总资产比重/%
美的电器（000527）	电器机械及器材制造业	1 243.61	9 609.42	12.94
万科A（000002）	房地产开发与经营业	3 249.03	21 992.39	14.77
浦发银行（600000）	银行业	1 885.09	573 066.62	0.33
南玻A（000012）	非金属矿物制品业	282.22	5 523.32	5.11
格力电器（000651）	电器机械及器材制造业	572.70	12 681.20	4.52
鞍钢股份（000898）	黑色金属冶炼及压延加工业	562.34	14 289.82	3.94
上海机场（600009）	交通运输辅助业	497.95	9 572.69	5.20
一汽轿车（000800）	交通运输设备制造业	2 935.44	7 957.98	36.89
中兴商业（000715）	零售业	78.96	953.17	8.28
苏宁易购（002024）	零售业	703.28	4 327.21	16.25
沈阳机床（000410）	普通机械制造业	603.43	5 274.11	11.44
中技贸易（600056）	商业经纪与代理业	466.77	1 673.88	27.89

续表

公司名称	所属行业	货币资金	资产总计	货币资金占总资产比重/%
东阿阿胶（000423）	医药制造业	290.54	1 251.70	23.21
晨鸣纸业（000488）	造纸及纸制品业	1 006.36	17 969.41	5.60
中捷股份（002021）	专用设备制造业	487.11	1 198.94	40.63

由表 2-20 可以看出，货币资金占总资产的比重由最小的 0.33% 到最大的 40.63% 不等，在不同公司之间差异较大。专用设备制造业的中捷股份货币资金占总资产的比重特别高，从公司的年报中可知，公司货币资金规模增加是其销售规模增加、资金回笼增加及短期借款增加所致；银行业的浦发银行货币资金占总资产的比重是最低的，查看其他几家上市的银行业公司基本也是这种情况，这是因为银行业的资产总额特别大。总体来看，一般制造业的货币资金占比相对高些。

分析货币资金项目，还应该关注附注信息，如 2022 年苏州瑞华云有限公司的货币资金附注信息，见表 2-21。

表 2-21　2022 年苏州瑞华云有限公司货币资金明细　　金额单位：元

项目	2021 年 12 月 31 日	2022 年 12 月 31 日
现金	1 932.81	8 370.77
银行存款	714 828 522.15	670 143 653.39
其他货币资金	254 493.09	81 559.10
合计	715 084 948.05	670 233 583.26

由表 2-21 可知，2022 年苏州瑞华云有限公司无外汇资金，所以不会受外汇汇率变动的影响；公司近期的货币资金相对比较充裕，闲置的货币资金均存了半年期定期存款。

二、应收票据项目分析

应收票据，是指企业持有的、尚未到期兑现的商业票据。商业票据是一种载有付款日期、付款地点、付款金额和付款人的无条件支付的流通证券，也是一种可以由持票人自由转让给他人的债权凭证。票据的法律约束力和兑付力强于一般的商业信用，在结算中为企业广泛使用。

应收票据的分析重点是应收票据占总资产的比重及与其销售规模、销售模式的适应性。

从表 2-22 中 15 家上市公司 2022 年应收票据占总资产比重情况可以看出，电器、钢铁、医药等行业的公司应收票据规模较大，这和其产业销售模式是密不可分的。房地产开发与经营业的万科 A 没有应收票据，因为房地产开发与经营业一般采用预售的方式销售，而银行业也不采用应收票据结算。总的来说，这 15 家上市公司的应收票据占总资产的比重都不是很高，这与我国目前的商业信用体系不健全也有很大的关系。

表 2-22　2022 年 15 家上市公司应收票据占总资产比重比情况分析表　　金额单位：百万元

公司名称	应收票据	资产总计	应收票据占总资产比重/%
美的电器（000527）	175.85	9 609.42	1.83
万科 A（000002）	0.00	21 992.39	0.00

续表

公司名称	应收票据	资产总计	应收票据占总资产比重/%
浦发银行（600000）	0.00	573 066.62	0.00
南玻A（000012）	31.71	5 523.32	0.57
格力电器（000651）	3 887.57	12 681.20	30.66
鞍钢股份（000898）	594.77	14 289.82	4.16
上海机场（600009）	169.23	9 572.69	1.77
一汽轿车（000800）	758.05	7 957.98	9.53
中兴商业（000715）	0.00	953.17	0.00
苏宁易购（002024）	0.18	4 327.21	0.00
沈阳机床（000410）	82.59	5 274.11	1.57
中技贸易（600056）	0.25	1 673.88	0.01
东阿阿胶（000423）	161.28	1 251.70	12.88
晨鸣纸业（000488）	510.13	17 969.41	2.84
中捷股份（002021）	3.01	1 198.94	0.25

三、应收账款项目分析

应收账款，是指企业在生产经营过程中因销售商品、提供劳务而应向购货单位或接受劳务单位收取的款项。

应收账款是无法避免的，因为信用的发展促成了交易的繁荣，从这个角度来说，应收账款对于企业的价值在于支撑其销售规模的扩大。一般来说，应收账款与销售收入规模存在一定的正相关关系，当企业放宽信用限制时，往往会刺激销售，增加应收账款；而当企业紧缩信用时，减少应收账款又会影响销售。但也经常出现例外情况，这意味着企业应收账款的管理可能出现了异常。

应收账款分析的核心是对应收账款流动性的分析，也就是对应收账款的可回收性的分析。应收账款的分析过程就是从结构分析和趋势分析中找出应收账款的变动原因，然后对有异常变化的应收账款的经济实质进行分析，从而对企业资产的真实风险状况进行评价。

应收账款与企业的经济环境和内部管理都有密切的关系。通过对应收账款的结构进行分析，对应收账款占企业流动资产的比重进行测度，我们可以发现企业外部环境以及内部管理、经营策略方面的变化原因。

趋势分析同样重要，不断增加的应收账款，特别是当其增幅显著高于营业收入时，往往意味着产品没有竞争力，企业只能依靠提供自己过量的信用维持销售。

应收账款成为企业资产方一个极大的风险点，因为只有最终能转化为现金的应收账款才是有价值的，而那些预期将无法转化为现金的部分就会成为一纸空文。在会计上，对预期无法收回的应收账款通过提取坏账准备的会计核算方式来反映，而坏账准备的提取对企业当期的利润有很大影响。因此，对应收账款的分析主要从以下几个方面进行。

（一）应收账款账龄分析

应收账款账龄，是指资产负债表中的应收账款从销售实现、产生应收账款之日起，至资产负债表日止所经历的时间，简而言之，就是应收账款在账面上未收回的时间。账龄分析是应收账款的主要分析方法之一，其对企业内部管理的价值在于，通过对销售绩效的测控，加快货款回笼，减少坏账损失；对外部分析师来说，有利于财务报表使用者分析应收账款的质量状况、评价坏账损失核算方法的合理性。

一般来说，1年以内的应收账款尚属正常企业信用期限范围；1～2年的应收账款有一定逾期，但仍属正常；2～3年的应收账款风险较大；3年以上因经营活动形成的应收账款已经与企业的信用状态无关，可回收性极小，解决方法只能是债务重组。

企业一般会在财务报表附注中提供应收账款的账龄信息，如苏州瑞华云有限公司2022年应收账款的附注信息，见表2-23。

表2-23　2022年苏州瑞华云有限公司应收账款明细　　　　金额单位：百万元

账龄	2021年12月31日			2022年12月31日		
	应收账款	比例/%	坏账准备	应收账款	比例/%	坏账准备
1年以内	980.39	97.22	49.02	1 044.98	98.06	52.25
1～2年	0.37	0.04	0.02	19.24	1.81	0.96
2～3年	1.04	0.10	0.05	1.41	0.13	0.07
3年以上	26.66	2.64	1.33	0.00	0.00	0.00
合计	1 008.46	100.00	50.42	1 065.63	100.00	53.28

由表2-23可以看出，苏州瑞华云有限公司应收账款的账龄基本都在1年以内，属正常信用期限范围，但2022年的应收账款比2021年增加了近5 717万元，增加幅度达5.67%。这样的增幅是否合适，还应该结合利润表中营业收入的变动情况进行分析。从苏州瑞华云有限公司的利润表可知，公司2022年的营业收入比2021年增长了7.60%，说明应收账款的增长维持在正常范围内。

（二）债务人构成分析

债务人构成分析是从债务人的信息判断公司应收账款的可回收性。

（1）债务人的区域性分析。由于区域经济发展水平、法治环境以及特定的经济状况等条件的差异，不同地区企业的信用状况会不同。

（2）债务人的财务实力分析。评价债务人的财务实力，需要对债务人的财务状况进行了解。简单的方法是查阅债务人单位的资本实力和交易记录，如此可以识别出一些皮包公司或者虚构的公司。

（3）债务人的集中度分析。应收账款存在集中度风险，即由某个主要债务人支付困难导致较大比例的债权面临回收风险。

（4）债务人的关联性分析。债务人的关联性分析主要针对上市公司。从债权上市公司与债务人的关联状况来看，可以把债务人分为关联方债务人与非关联方债务人。由于关联方之间在债权债务方面的操纵色彩较浓，对关联方债务人对债权上市公司的债务偿还状况应给予足够的重视。对于上市公司而言，还应关注关联方欠款的问题，上市公司被大股东巨额占款拖垮的例子较多，如ST棱光、ST粤金曼、猴王、ST金马等，这些无疑为投资者敲响了警钟。事实上，大股东大肆欠款不仅会削弱上市公司的资金实力，而且会进一步引发错综复杂的关联关系，及其掩饰下的虚造利润、侵害上市公司利益等问题，最终可能导致公司走向衰败。受此影响，证监会检查上市公司催收关联方欠款的力度也日益加大，分析时应对此问题予以关注。

对于此部分信息，苏州瑞华云有限公司在其财务报表附注中的披露为应收账款中无持本公司

5%（含5%）以上股份的主要股东欠款。欠款前五名金额合计为40 232万元，占应收账款期末余额的37.75%。这说明苏州瑞华云有限公司无关联性欠款，债务人的集中度尚可。

（三）坏账准备分析

在对公司计提的坏账准备进行分析时，首先要阅读公司财务报表附注中关于坏账的确认标准和核算方法，其次结合公司的实际情况分析其合理性。以苏州瑞华云有限公司为例，该公司的坏账确认标准是：因债务人破产或者死亡，以其破产财产或者遗产清偿后，仍然不能收回的应收款项；因债务人逾期未履行偿还义务，且有确凿证据表明确实无法收回的债权，经董事会批准，列作坏账损失。苏州瑞华云有限公司坏账损失的核算方法是备抵法，根据公司董事会决议，其按照应收款项（应收账款、其他应收款）余额的5%计提坏账准备；实际发生的坏账按可能损失的金额全额计提坏账准备，待董事会批准后核销。

通过阅读这部分信息，我们了解了苏州瑞华云有限公司的坏账确认标准和坏账核算方法，但公司不同账龄的应收账款统一按5%计提坏账准备，显然失之偏颇。好在公司1年以上的应收账款不是很多，对其盈利能力不会产生大的影响。

应收账款的价值在于能转化为现金，但其在转化的价值上存在不确定性，所以可收回性表达的是应收账款的风险性质，坏账准备是应收账款的风险准备。公司管理层确立的坏账准备计提比例，实质是对公司应收账款风险程度的认识，因此，对坏账准备的分析就不再停留在比较计提比例数字的高低上，而是将注意力集中在评价企业选择的坏账准备计提比例是否表达了企业资产所承担的真实风险程度上。

四、存货项目分析

存货，是指企业在生产经营中为销售或耗用储备的资产。存货在流动资产中所占比重较高，是企业收益形成的基础或直接来源。加强存货管理对加速存货资金周转、减少存货资金占用、提高收益率，有着十分重要的意义。对存货的分析，可以从以下几个方面进行。

（一）存货真实性分析

存货是企业重要的实物资产，资产负债表上列示的存货应与库存的实物相符，待售商品应完好无损，产成品的质量应符合相应的要求，库存的原材料应满足生产所需，等等。对这一项目的分析，应结合财务报表附注信息进行。例如，蓝田股份2022年12月31日存货是279 344 857.29元。蓝田股份2022年财务报告的财务报表附注"（五）财务报表主要项目注释"列示了存货明细资料，见表2-24。

表2-24　2022年12月31日蓝田股份存货结构　　　　　　　　　　　　　金额单位：元

项目	期初余额		期末余额	
	金额	跌价准备	金额	跌价准备
原材料	10 730 985.16	40 085.95	13 875 667.01	41 753.71
库存商品	1 064 540.82	5 725.11	44 460.85	
低值易耗品	183 295.90		2 598 373.02	
产成品	40 215 082.73	160 837.16	9 203 332.90	456 690.13
在产品	212 298 168.51	30 200 000.00	229 742 603.02	42 462 326.73
其他	2 769.70		23 880 420.49	
合计	264 494 842.82	30 406 648.22	279 344 857.29	42 960 770.57

由表 2-24 可知，在蓝田股份 2022 年 12 月 31 日的存货中，在产品是 2 亿多元，占存货总额的 82.24%。

蓝田股份的主营产品是农副产品和饮料。农副产品和饮料的存货不易保存，一旦产品滞销或存货腐烂变质，就会造成巨大损失。从表 2-24 中找到重点分析的问题：为什么蓝田股份有 2 亿多元在产品，在产品的种类有多少，每种在产品的名称是什么，每种在产品的特性和用途是什么，每种在产品的账面价值和数量是多少，如何计算和测量每种在产品的账面价值和数量，每种在产品面临哪些风险，等等。

（二）存货计价分析

存货发出采用不同的计价方法，会对企业的财务状况、盈亏情况产生不同的影响，主要表现在以下三个方面。

（1）存货计价对企业损益的计算有直接影响。表现在：①期末存货计价过低，当期的收益可能因此相应减少；②期末存货计价过高，当期的收益可能因此相应增加；③期初存货计价过低，当期的收益可能因此相应增加；④期初存货计价过高，当期的收益可能因此相应减少。

（2）存货计价对于资产负债表有关项目数额的计算有直接影响，包括流动资产总额、股东权益等项目，都会因存货计价的不同而有不同的数额。

（3）存货计价方法的选择对计算缴纳所得税的数额有一定的影响。因为，不同的计价方法结转当期销售成本的数额会有所不同，从而影响企业当期应纳税利润数额的确定。

在实际工作中，一些企业往往利用不同的存货计价方法实现其操纵利润的目的。因此，在对企业资产和利润进行分析时，应关注存货计价方法。尤其是在企业当期的存货计价方法发生变更时，要注意分析变更的真正原因及变更对当期利润的影响。

（三）存货质量分析

存货质量分析可以从以下几个方面进行。

（1）存货的物理质量分析。存货的物理质量，是指存货的自然质量，即存货的自然状态。例如，商业企业中的待售商品是否完好无损、制造业的产成品质量是否符合相应产品的等级要求等。对存货的物理质量分析可以初步确定企业存货的状态，为分析存货的被利用价值和变现价值奠定基础。

（2）存货的时效状况分析。与时效性相关的企业存货，是指那些被利用价值和变现价值与时间联系较大的企业存货。按照时效性对企业存货进行分类，可以分为三种。①与保质期相关的存货。例如，食品保质期限较长的，时效性相对较弱；食品保质期限较短、即将到达保质期的，时效性相对较强。②与内容相联的存货。例如，出版物内容较为稳定、可利用期限较长的（如数学书籍等），时效性相对较弱；出版物内容变化较快、可利用期限较短的（如报纸、杂志等），时效性相对较强。③与技术相联的存货。这里的技术除了我们熟悉的科学技术以外，也包括配方、诀窍等无形资产。同样是与技术相联，有的存货支持技术进步较快（如电子计算机技术），有的存货支持技术进步较慢（如传统中药配方、药品配方、食品配方等）。支持技术进步较快的存货，时效性较强；支持技术进步较慢的存货，时效性较弱。

（3）存货的品种构成分析。不同行业的存货内容不尽相同。比如，建筑公司的存货包括周转材料、工程施工；房地产公司的存货包括库存设备、开发产品、出租开发产品、周转房、开发成本等。

在企业生产和销售多种产品的条件下，不同品种产品的盈利能力、技术状态、市场发展前景以及产品的抗变能力等都可能有较大的差异。过分依赖某一种产品或几种产品的企业，极有可能因产品出现问题而使企业全局受到重创。上述几种分析，也为进一步在存货项目运用成本与市价孰低规则以及存货报表信息的披露方面奠定了基础。

对苏州瑞华云有限公司存货的分析，要先阅读财务报表附注中关于存货核算的会计方法。①存货的分类。存货包括在途物资、原材料、在产品、产成品、低值易耗品等。②存货计价方法。原材料、在产品、产成品按实际成本计价，发出按加权平均法计算；低值易耗品采用"一次摊销法"进行摊销。生产成本在完工产品和在产品之间的分配方法为按照定额成本分配。③存货的盘存制度。公司的存货盘存制度为永续盘存制。④存货跌价准备的核算方法。公司对期末存货按成本与可变现净值孰低原则计量。因存货遭受毁损、全部或部分过时、销售价格低于成本等原因造成的存货成本不可收回部分，按单个存货项目的成本高于可变现净值的差额提取存货跌价准备。2022年苏州瑞华云有限公司存货明细见表2-25。

表2-25 2022年苏州瑞华云有限公司存货明细　　　金额单位：百万元

项目	2021年12月31日		2022年12月31日		存货跌价准备			
	绝对数	比重/%	绝对数	比重/%	期初数	本期计提	本期转销	期末数
原材料	430.01	50.28	258.60	29.31				
产成品	364.32	42.60	522.02	59.16	4.03	1.17	0.96	4.24
在产品	60.90	7.12	101.73	11.53				
合计	855.23	100.00	882.35	100.00	4.03	1.17	0.96	4.24

由表2-25可以看出，苏州瑞华云有限公司2022年末存货余额比2021年末增长了2 712万元，增长率为3.17%，其中，原材料减少了17 141万元，产成品增加了15 770万元，在产品增加了4 083万元。公司面临的市场环境是家电行业恶性竞争依然激烈，公司产品主要原材料价格持续上涨。公司的原材料比重降低，说明公司适应原材料涨价的市场环境，降低原材料库存，满足生产需要即可。空调的制造成本有很大一部分来自铜。近年来，铜价的大幅上涨压缩了空调企业的利润空间，但原材料市场瞬息万变。例如，2022年底，以LME铜期货为代表的铜价大幅下跌，LME 3个月铜期货价格从10月中旬的7 800美元/吨下跌到6 900美元/吨，上海期货交易所的铜期货曾一度全线跌停，这将改变苏州瑞华云有限公司的经营环境，带来利润的增长，说明这样的存货结构使公司将原材料价格上升带来的损失减少到最小，也从侧面反映出公司较高的经营管理水平。但产成品的增加是否意味着公司的产品滞销，是否存在积压，还需进一步分析。从公司2022年初的销售情况来看，基本可以否定这一猜测，因为2022年公司的销售较上年同期增长了3.17%，呈现出良好的增长势头。

五、长期股权投资项目分析

（一）长期股权投资的目的性分析

一般来说，企业长期股权投资的目的如下。

（1）出于企业战略考虑，形成企业的优势。企业的对外长期投资可能会出于某些战略性考虑，如通过兼并竞争对手消除竞争，通过投资重要原材料供应商使原材料供应得到保证等。

（2）通过多元化经营降低经营风险、稳定经营收益。按财务风险管理理论，企业的投资方向越是多样化，经营风险越小，获取稳定收益的可能性越大。

（3）为将来达到某些特定目的积累资金。例如，西方国家企业为了将来归还发行长期债券的债务建立的偿债基金。在偿债基金专户存款用于清偿债务前，企业往往将其投资于有价证券或其他财产，以获取收益。

（4）为粉饰财务状况而使企业净资产增值。某些企业的对外投资纯粹是为了粉饰其财务状况，如桂林集琦在2018年12月的长期股权转让就存在粉饰业绩之嫌。2017—2022年桂林集琦净利润见表2-26。

表2-26 2017—2022年桂林集琦净利润　　　　　　　　　　　　　　　金额单位：万元

项目	2017年	2018年	2019年	2020年	2021年	2022年
净利润	532	308	107	191	-12 911	5 078

由表2-26可以看到，桂林集琦2017—2020年都是微利，2021年爆出巨额亏损。2022年第三季报披露该公司累计亏损2 602万元，但2022年12月28日该公司发布预盈公告称：公司已于2022年12月27日与北京魏公元鼎房地产开发集团有限公司签署"股权转让合同书"，将公司下属控股子公司桂林集琦中药产业投资有限公司10%的股权转让给北京魏公元鼎房地产开发集团有限公司，双方约定交易价格为7 680万元人民币。鉴于此，桂林集琦2022年度业绩预计为盈利。

（二）长期股权投资的质量分析

长期股权投资的质量分析可以从以下几个方面进行。

（1）对长期股权投资进行构成分析。主要涉及对企业长期投资的方向（投资对象、受资企业）、投资规模、持股比例等进行分析。在企业的年度报告中，一般应披露此类信息。在了解企业长期股权投资构成的基础上，信息使用者可以进一步通过对企业投资对象经营状况以及效益等方面的分析判断企业投资的质量。

（2）对利润表中股权投资收益与现金流量表中因股权投资收益收到的现金之间的差异进行分析。在股权投资收益占企业投资收益比重较高的情况下，企业有可能在其利润表的投资收益中披露股权投资收益的规模。但是，利润表投资收益中股权投资收益的确定，是按照权责发生制的要求分别采用成本法与权益法确定的，并不一定对应企业相应的现金流入量。股权投资收益产生的现金流入量将在现金流量表中以分得股利或利润所收到的现金项目出现。在被持股企业没有分红、分红规模小于可供分配的利润或无力支付现金股利的情况下，利润表中股权投资收益有可能大于现金流量表中分得股利或利润所收到的现金金额。当然，仅凭借此项分析尚不足以做出被持股企业状况不良、企业投资质量较差的结论。

（3）通过某些迹象判断。在许多情况下，企业投资质量的恶化是可以通过某些迹象判断的。

对有市价的长期股权投资，其质量是否恶化可以根据下列迹象判断：①市价持续2年低于账面价值；②该项投资暂停交易1年；③被投资单位当年发生严重亏损；④被投资单位持续2年发生亏损；⑤被投资单位出现清理整顿、清算或其他不能持续经营的迹象。

对无市价的长期股权投资，其质量是否恶化可以根据下列迹象判断：①影响被投资单位经营的政治或法律环境的变化，如税收、贸易等法规的颁布或修订，可能导致被投资单位出现巨额亏损；②被投资单位所供应的商品或提供的劳务因产品过时或消费者偏好改变而使市场的需求发生变化，从而导致被投资单位财务状况严重恶化；③被投资单位所从事产业的生产技术或竞争者数量等发生变化，被投资单位已失去竞争能力，从而导致财务状况严重恶化；④被投资单位的财务状况、现金流量严重恶化，如进行清理整顿、清算等。对那些质量状况正在恶化的投资，应当计提长期投资减值准备。

长期股权投资会计核算方法如下。

（1）公司对外股权投资，按投资时实际支付的价款或确定的价值记账。

（2）公司对其他单位的投资占该单位有表决权资本总额20%或20%以上，或虽投资不足20%但有重大影响的，采用权益法核算。

（3）公司对其他单位的投资占该单位有表决权资本总额 20% 以下，或投资虽占 20% 或 20% 以上但不具有重大影响的，采用成本法核算。

（4）公司对其他单位的投资占该单位有表决权资本总额 50% 以上，或投资虽不足 50% 但具有实际控制权时，编制合并财务报表。

（5）长期股权投资差额摊销方法：合同规定投资期限的，按投资期限摊销；没有规定投资期限的，无论借方还是贷方，差额均采用直线法按 10 年摊销。

自财政部《关于内部会计控制规范——工程项目（试行）》（财会〔2003〕10 号，已失效）发布之后发生的股权投资差额，如初始投资成本高于应享有被投资单位股东权益份额之间的差额，按上述原则摊销；如初始投资成本低于应享有被投资单位股东权益份额之间的差额，记入"资本公积——股权投资准备"科目。

期末，对被投资单位由市价持续下跌或经营状况恶化等原因导致其可收回金额低于长期投资账面价值的，按该项投资可收回金额低于长期投资账面价值的差额计提长期投资减值准备。

在分析苏州瑞华云有限公司的长期股权投资时，可以阅读财务报表附注中有关长期股权投资的附注信息。2021 年 12 月 31 日—2022 年 12 月 31 日苏州瑞华云有限公司长期股权投资分析见表 2-27、表 2-28。

表 2-27　2021 年 12 月 31 日—2022 年 12 月 31 日苏州瑞华云有限公司长期股权投资明细　　金额单位：百万元

项目	2021 年 12 月 31 日	本期增加	本期减少	2022 年 12 月 31 日
股票投资	62.77		61.54	1.23
其他股权投资	628.00	39.79		667.79
股权投资差额	689.22		98.46	590.76
合计	1 379.99	39.79	160.00	1 259.78

本期新增股权投资明细如下。

（1）2022 年 4 月，苏州瑞华云有限公司对 ZQ 电机有限公司增资 793 万元。增资后，苏州瑞华云有限公司投资占 ZQ 电机有限公司注册资本的 98.73%。

（2）2022 年 4 月，苏州瑞华云有限公司以 40 万元的股权转让价购买 HY 海外电器有限公司 20% 的股权。

（3）2022 年 6 月，苏州瑞华云有限公司出资 700 万元组建中外合资企业 ABC 精密制品有限公司，该项投资占 ABC 精密制品有限公司注册资本的 70%。

（4）2022 年 8 月，苏州瑞华云有限公司出资 446 万元组建中外合资企业 ABC 空调制冷设备有限公司，该项投资占 ABC 空调制冷设备有限公司注册资本的 70%。

（5）2022 年 10 月，苏州瑞华云有限公司出资 2 000 万元组建 ABC 医用低温科技有限公司，该项投资占 ABC 医用低温科技有限公司注册资本的 100%。

以上五项投资合计 3 979 万元。

表 2-28 中的股权投资差额系 2022 年 1 月 ZX 公司向苏州瑞华云有限责任公司（股权转让方）溢价收购 ZX 空调器有限总公司 74.45% 股权产生的股权投资差额 9.846 亿元，苏州瑞华云有限责任公司按 10 年摊销。2022 年 1 月 1 日执行新会计，消除了多年来由此差额摊销产生的投资收益亏损因素，对还原公司真实业绩水平有较大的促进作用。

表 2-28 苏州瑞华云有限公司长期股权投资差额　　金额单位：百万元

投资项目	初始金额	期初价值	摊销年限	本期增加	本期摊销额	摊余价值
ZX 空调器有限总公司	984.6	689.22	10		98.46	590.76

期末，苏州瑞华云有限公司长期投资不存在可收回金额低于账面价值的情况，故未计提减值准备。

在分析苏州瑞华云有限公司本期的股权投资活动时，充分体现了公司多元化、国际化的战略思想。从公司股权投资的对象来看，主要集中在制冷业务的相关领域，在空调、冰箱的基础上有所扩展，同时兼顾了海外市场，依此可判断公司对将来有长远的战略准备，有很大的发展潜力。

六、固定资产项目分析

固定资产，是指使用期限较长、单位价值较高并在使用过程中保持其实物形态基本不变的资产项目，包括房屋及建筑物、机器设备、运输设备、工具器具等。

固定资产是企业持续经营必需的投资，主要特点为：①长期拥有并在生产经营过程中发挥作用；②投资数额较大，风险也较大；③反映企业生产的技术水平、工艺水平；④对企业的经济效益和财务状况影响较大；⑤变现能力差。

（一）固定资产基本构成分析

对固定资产基本构成的分析，在新旧会计准则下的侧重点有些差异。在旧准则下，固定资产包含投资性房地产，这部分资产虽然被列在固定资产中，但不参与企业实际的生产活动，一般是等待增值或出租；而按照新准则的规定，这部分固定资产以投资性房地产项目单独列示在资产负债表中，这样在新准则的财务报表中，凡是被列在固定资产中的，都基本上形成公司生产能力。固定资产的构成会因行业不同而呈现不同的结构特征。例如，房地产企业的固定资产占资产总额的比重非常小，主要是一些办公楼、办公设备、运输工具等，没有生产设备；而制造业的固定资产中，生产设备和房屋建筑物就占有相当大的比例，因为必须要有足够的生产设备和厂房，制造企业才能生产产品。

苏州瑞华云有限公司是一家电器制造企业，在其 2022 年资产负债表的附注中，我们得到下列详细信息，见表 2-29。

表 2-29 2021 年 12 月 31 日—2022 年 12 月 31 日苏州瑞华云有限公司固定资产　　金额单位：百万元

类别	2021 年 12 月 31 日	本期增加	本期减少	2022 年 12 月 31 日
房屋建筑物	745.56	10.11	7.25	748.42
生产设备	1 712.98	121.39	53.01	1 781.36
运输设备	14.52			14.52
办公设备	60.26	6.03	4.66	61.63
土地使用权		8.54		8.54
其他	20.12			20.12
合计	2 553.44	146.07	64.92	2 634.59

苏州瑞华云有限公司 2022 年末固定资产原值为 26.35 亿元，生产设备投入金额最大，本年新投入 1.21 亿元，年底生产设备总额达 17.81 亿元，占固定资产原值总额的 68%；其次是房屋建筑物，年底总额达 7.48 亿元，占固定资产原值的 28%，这与该公司所处的制造行业情况相符。

（二）固定资产折旧分析

在固定资产分析中，还要注意分析固定资产的折旧，因为固定资产折旧方式的不同，将直接影响公司的盈利。分析时，要注意阅读财务报表附注。首先，要看固定资产采用哪种折旧法。加速折旧法能较快收回企业的投资，减少固定资产的无形损耗，但这种方法增加了企业成本、费用的支出，在一定程度上减少了同期的企业利润和税收支出。其次，要看固定资产使用年限的确定是否合理。如果人为延长固定资产折旧年限，就意味着减少了每期的折旧额，从而减少了成本、费用的支出，使公司盈利出现虚增。

下面是苏州瑞华云有限公司有关固定资产的计价和折旧方法附注说明。

（1）固定资产标准。使用年限在 1 年以上的房屋及建筑物、生产设备、运输设备、办公设备及其他与生产经营有关的设备、器具、工具，以及单位价值在 2 000 元以上、使用年限在 2 年以上的非生产经营用设备和物品作为固定资产核算。

（2）固定资产计价。①购入的固定资产，按实际支付的价款、包装费、运杂费、安装成本，缴纳的有关税金等入账。②自行建造的固定资产，按该项资产达到预定可使用状态前发生的全部支出入账。③投资者投入的固定资产，按投资各方的确认价值入账。④融资租入的固定资产，按租赁开始日租赁资产的原账面价值与最低租赁付款额的现值较低者入账。

（3）固定资产折旧。固定资产折旧采用直线法计算，残值率为 4%，并按固定资产类别确定其使用年限。苏州瑞华云有限公司固定资产的使用年限及折旧率见表 2-30。

表 2-30　苏州瑞华云有限公司固定资产的使用年限及折旧率

固定资产类别	使用年限 / 年	折旧率 /%
房屋及建筑物	20～40	2.40～4.80
生产设备	10～15	6.40～9.60
运输设备	8～10	9.60～12.00
办公设备	5～8	19.20～12.00
其他	5～10	9.60～19.20

2021 年 12 月 31 日—2022 年 12 月 31 日苏州瑞华云有限公司的固定资产折旧明细见表 2-31。

表 2-31　2021 年 12 月 31 日—2022 年 12 月 31 日苏州瑞华云有限公司固定资产折旧明细　　金额单位：百万元

类别	2021 年 12 月 31 日	本期增加	本期减少	2022 年 12 月 31 日
房屋建筑物	136.13	33.58	0.99	168.72
生产设备	757.75	183.86	45.62	895.99
运输设备	10.71	0.54	0.00	11.25
办公设备	20.07	4.68	4.28	20.47
土地使用权	0.00	0.05	0.00	0.05
其他	16.18	0.05	0.00	16.23
合计	940.84	222.76	50.89	1 112.71

通过阅读以上信息,基本可以判断苏州瑞华云有限公司的折旧方法采用了直线法,折旧年限基本按照国家有关规定确定,折旧费用处于基本合理的范围。

为更客观地判断公司的固定资产折旧问题,还可以找一家类似的公司进行比较,如同样生产空调、冰箱的 GL 公司。GL 公司的固定资产折旧同样采用直线法计算,并按各类固定资产的原值和估计的使用年限扣除残值(原值的 5%～10%)确定其折旧率。GL 公司固定资产的使用年限及折旧率见表 2-32。

表 2-32　GL 公司固定资产的使用年限及折旧率

资产类别	使用年限 / 年	折旧率 /%
房屋建筑物	15～30	3.17～6.33
生产设备	10	9.00～9.50
办公设备	5	18.00～19.00
运输设备	5～6	15.83～19.00
其他设备	5	18.00～19.00

通过比较表 2-30 和表 2-32 可以看出,苏州瑞华云有限公司的年折旧率要比 GL 公司的低一些。因其使用年限都比较长,因此,同行业的两家公司即使采用同样的折旧方法、同样的固定资产,每年的折旧额也会有所差别。相比之下,苏州瑞华云有限公司每年的折旧额少一些,其利润就会相应高一些,在以后比较两家公司的盈利能力时,还需要把这一因素考虑进去。

(三)固定资产减值分析

固定资产减值需要专业性很强的职业判断。分析者在分析企业的固定资产减值问题时,要注意企业对固定资产的使用,绝不是为了将其出售"收回",而是在长期使用过程中逐渐收回。因此,必须考虑固定资产在企业的利用状态,如果固定资产能够按照既定的用途被企业利用,即使其市场价格低于账面价值,也不能认为企业的固定资产质量低劣。

新会计准则规定,固定资产的资产减值损失不得转回,这在一定程度上避免了上市公司利用资产减值操纵利润。同时,新会计准则对可收回金额做了明确解释:可收回金额,是指公允价值减去处置费用后的净额与未来现金流量现值之间较高者;公允价值,综合考虑销售协议价格、市场价格、比较价格;未来现金流量现值,综合考虑未来现金流量、使用寿命、折现率等。把资产可回收金额与资产账面价值相比较,确认资产减值损失,同时计提资产减值准备,在未来调整减值资产的折旧和摊销。

苏州瑞华云有限公司固定资产减值准备的信息如下:期末,公司的固定资产按照账面价值与可收回金额孰低计量,可收回金额低于账面价值的差额按单个项目计提固定资产减值准备。

2021 年 12 月 31 日—2022 年 12 月 31 日苏州瑞华云有限公司固定资产减值准备情况见表 2-33。

表 2-33　2021 年 12 月 31 日—2022 年 12 月 31 日苏州瑞华云有限公司固定资产减值准备　　金额单位:百万元

类别	2021 年 12 月 31 日	本期增加	本期减少	2022 年 12 月 31 日
生产设备	15.35			15.35
合计	15.35			15.35

由表 2-33 可以看出,苏州瑞华云有限公司只在上年度提了 1 535 万元的固定资产减值准备,本年度没有其他提取。因此,基本可以判断公司没有利用固定资产减值准备调节利润;至于减值准备提取是否充分和准确,作为外部的分析者很难对此做出准确的判断。

七、无形资产项目分析

无形资产，是指企业拥有或控制的、无实物形态的、可辨认的非货币资产。与有形资产相比，无形资产的特点有：①虽没有实物形态但具有排他性；②是企业通过转让、购买等方式有偿取得的、不容易变现的账面价值；③它所提供的未来经济利益具有不确定性；④其潜在经济价值与其账面价值之间没有直接的联系。

（一）无形资产规模分析

无形资产虽然没有实物形态，但随着科技进步，特别是知识经济时代的到来，其对企业生产经营活动的影响越来越大。在知识经济时代，企业控制的无形资产越多，其可持续发展能力和竞争能力就越强。

（二）无形资产会计政策分析

我国于2006年出台的《企业会计准则——无形资产》规定：自行开发并依法申请取得的无形资产，依法取得的注册费、聘请律师费等费用，作为无形资产的成本，在研究与开发过程中发生的材料费用，直接参与开发人员的工资及福利费，开发过程中发生的租金、借款费用等，直接计入当期损益。

2013年，新会计准则对研究开发费用的费用化进行了修订：企业内部研究开发项目的支出，应当区分研究阶段支出与开发阶段支出，研究费用依然进行费用化处理；进入开发程序后，对开发过程中的费用如果符合相关条件，就可以进行资本化处理。

开发支出，是指企业内部研究开发项目在开发阶段的支出。内部研究开发项目的开发阶段，是指在进行商业性生产或使用前，将研究成果或其他知识应用于某项计划或设计，以生产出新的或具有实质性改进的材料、装置、产品等。当开发阶段的支出能够证明下列各项时，应当被确认为无形资产并在资产负债表上列示：①从技术上讲，完成该无形资产以使其使用或出售具有可行性；②具有完成该无形资产并使用或出售的意图；③无形资产产生未来经济利益的方式，包括能够证明运用该无形资产生产的产品存在市场或无形资产自身存在市场；④无形资产在内部使用时，应当证明其有用性；⑤有足够的技术、财务资源和其他资源支持，以完成该无形资产的开发，并有能力使用或出售该无形资产；⑥归属于该无形资产开发阶段的支出能够被可靠计量。

（三）无形资产价值分析

由于无形资产提供经济利益的不确定性，无形资产项目的金额往往不能全面反映企业无形资产的经济价值和潜力。在评价企业无形资产质量时，如果对企业的无形资产状况没有较清楚的了解，就要对该项目数据的利用持谨慎的态度。此外，由于无形资产不容易变现的特点，在评价企业的长期偿债能力时，也应该对该项目数据持谨慎的态度。

（1）报表上作为"无形资产"列示的，基本上都是企业外购的无形资产。由于与无形资产自创有密切关系的研究和开发支出基本上已经作为发生会计期间的费用处理，并没有作为无形资产处理，因此作为"无形资产"处理的基本上是企业外购的无形资产。

（2）企业可能存在会计处理原因导致的账外无形资产。研究和开发支出的会计处理并不能影响自创无形资产的成功与否，所以企业已经成功项目的无形资产难以在资产负债表上出现，只能"游离"在资产负债表外。因此，历史较为悠久并重视研究和开发的企业，有可能存在多项已经成功且能为企业未来发展做出积极贡献的无形资产。此外，作为无形资产重要组成部分的人力资源价值也未在资产负债表中体现。

（3）无形资产的质量主要体现在特定企业内部的利用价值和对外投资或转让的价值上。企业现存的无形资产的质量好坏主要体现在以下几个方面：①企业无形资产与其他有形资产相结合获取较好的经济效益的潜力；②企业无形资产被转让或出售的增值潜力；③企业无形资产在用于对外投资上使其增值的潜力。因此，在对企业财务状况进行全面分析与评价时，应当考虑账内无形资产的不充分性以及账外无形资产存在的可能性等因素。

2021年12月31日—2022年12月31日苏州瑞华云有限公司无形资产明细见表2-34，其无形资产的计价和摊销方法如下。

（1）无形资产的计价。

①购入的无形资产按实际支付的全部价款计价。

②投资者投入的无形资产按投资各方确认价值计价。

③自行开发并按法律程序申请取得的无形资产，按依法取得时的注册费、聘请律师费等费用计价。

（2）无形资产的摊销方法。无形资产自取得的当月起在合同或法律、规章规定的受益或有效年限内平均摊销；合同和法律、规章没有明确规定受益或有效年限的，按不超过10年的期限摊销。

（3）无形资产减值准备的核算方法。期末，公司的无形资产对可收回金额低于账面价值的差额按单个项目计提减值准备；如公司的无形资产不存在可收回金额低于账面价值的情况，则未计提减值准备。

表2-34　2021年12月31日—2022年12月31日苏州瑞华云有限公司无形资产明细　　金额单位：百万元

项目	原始金额	2021年12月31日	本期增加	本期减少	2022年12月31日	剩余摊销年限/年
专有技术	5.88	0.78	0.38	0.60	0.56	1.75
土地使用权	120.39	72.50		6.68	65.82	12.00
其他	0.85	0.12	0.72	0.05	0.79	9.9
合计	127.12	73.40	1.10	7.33	67.17	

由表2-34可知，2021年12月31日—2022年12月31日苏州瑞华云有限公司的无形资产只占资产总额的1%左右，且以土地使用权为主；专有技术很少，且摊销年限只剩下1.75年。从其他渠道还可以了解到一些信息：苏州瑞华云有限公司的目标是要把ZX的白色家电做到世界第一，这包括三个方面的内涵：产品开发能力第一，产品制造能力第一，市场开发能力第一。为了实现这个目标，苏州瑞华云有限公司在科技研发和市场渠道开发方面做了大量工作，公司的研发平台和市场开发平台对其自身发展有很大的支持，但这样的无形资产在资产负债表中是看不到的。另外，由于上市公司大部分存在非整体上市的情况，对上市公司的分析还要关注其集团公司的相关情况。

八、短期借款项目分析

短期借款，是指企业从银行或其他单位借入的期限在1年以内的各种借款。这些借款是为了满足日常生产经营的短期需要，其利息费用作为企业的财务费用计入当期损益。应对会计期末短期借款的余额及期末与期初相比短期借款的变动情况进行研究，分析其中有无不正常之处，预测企业未来的现金流量，评价企业偿付短期借款的能力。

2021年12月31日—2022年12月31日苏州瑞华云有限公司的短期借款明细见表2-35。

表2-35　2021年12月31日—2022年12月31日苏州瑞华云有限公司短期借款明细　　金额单位：百万元

借款类别	2021年12月31日	2022年12月31日
保证	0.00	7.00
合计	0.00	7.00

由表 2-35 可知，2022 年苏州瑞华云有限公司取得了 700 万元新借款，借款类型是保证借款。但从前面的货币资金分析中，我们得知公司的银行存款余额中包含半年期存款 2.6 亿元。为什么公司一方面保留大额存款，另一方面又举借新债呢？虽然对一家资产 70 亿元的企业来说，700 万元的借款很少，但也因此看出公司在理财方面的能力欠缺。

九、应付票据及应付账款项目分析

应付票据，是指企业因赊销交易而签发的允诺在不超出 1 年的期限内按票据上规定的日期支付一定金额的银行承兑汇票和商业承兑汇票。资产负债表中应付票据项目反映的是尚未到期付款的应付票据面额。2021—2022 年，苏州瑞华云有限公司资产负债表中没有应付票据项目的列示，说明公司年底没有签发未兑付的商业票据。

应付账款，是指企业因赊购原材料等物资或接受劳务供应而应付给供应单位的款项。它是由购进商品或接受劳务等业务发生时间与付款时间不一致造成的。应付账款项目分析应是短期负债项目分析的重点，要着重分析应付账款的欠款时间和欠款人，观察其中有无异常情况，以测定未来的现金流量。

对应付账款的分析可以从以下几个方面进行。

（1）比较本年与上年的增减变动。

（2）计算存货、营业成本与应付账款之间的比率关系，比较本年与上年数额之间的差异。

（3）结合现金流量，分析实际支付现金、结存余额，以及非现金资产抵债等其他方式结算应付款的现象有无披露。

（4）应付账款的增加、预付款项的减少及存货采购的增加应大致相同。

（5）结合预付账款分析期末结存的前 10 名、全年发生额的前 10 名，比较本年与上年在采购方面有无重大变动。

（6）分析应付账款的账龄情况，注意长期挂账的应付账款。

通常情况下，应付账款及应付票据是因商品交易产生的，其变动原因如下。

（1）企业销售规模的变动。当企业销售规模扩大时，会增加存货需求，使应付账款及应付票据等债务规模扩大；反之，则使应付账款及应付票据等债务规模缩小。

（2）充分利用无成本资金。应付账款及应付票据是因商业信用产生的一种无资金成本或资金成本极低的资金来源，企业在遵守财务制度、维护企业信誉的条件下充分利用，可以减少其他筹资方式的筹资数量，节约利息支出。

（3）提供商业信用企业的信用政策发生变化。如果其他企业放宽信用政策和收账政策，企业应付账款和应付票据的规模就会大些；反之，就会小些。

（4）企业资金的充裕程度。当企业资金相对充裕时，应付账款及应付票据规模小些；而当企业资金比较紧张时，会影响应付账款及应付票据的清欠。

十、预收账款项目分析

预收账款，是指企业按照合同规定向购买单位预收的款项。

对于企业来说，预收账款总是越多越好。因为，预收账款作为企业的一项短期资金来源，在企业发送商品或提供劳务前，可以无偿使用；在企业发送商品或提供劳务后，立即转入企业的收入。在某些特殊行业，分析资产负债表时，应当对预收账款有足够的重视，因为预收账款一般是按收入的一定百分比预交的，通过预收账款的变化可以预测企业未来营业收入的变动，而且预收账款作为一种短期资金来源，成本很低，风险也很小。

苏州瑞华云有限公司的预收账款近几年数额变化很大，2022 年比 2021 年减少了约 1 亿元。公司预收账款的大规模减少,预示着公司未来营业收入的变动或销售环境的改变。

十一、非流动负债项目分析

(一)长期借款分析

长期借款,是指企业向银行或其他金融机构借入的、期限在1年以上的款项。长期借款一般用于企业的固定资产购建、固定资产改扩建工程、固定资产大修理工程以及满足流动资产的正常需要等方面。按偿还方式不同,长期借款可分为定期偿还的长期借款和分期偿还的长期借款,前者是指在规定的借款到期日一次性还清借款;后者是指在借款期限内,分期偿还本息,至到期日全部还清。会计核算上,长期借款的应计未付利息,也计入长期借款。因此,资产负债表中长期借款项目反映的是企业尚未归还的长期借款本金和利息,分析时应注意企业长期借款的数额、增减变动及其对企业财务状况的影响。

(二)应付债券分析

应付债券,是指企业为筹集长期资金发行的偿还期在1年以上的债券。相对于长期借款而言,发行债券需要经过一定的法定程序,但对款项的使用没有过多的限制和约束,分析时,应注意企业应付债券的数额、增减变动及其对企业财务状况的影响。

(三)专项应付款分析

专项应付款,是指企业收到的由国家拨入的具有专项用途的款项,如专项用于技术改革、技术研究以及其他用途的款项。

2021年12月31日—2022年12月31日苏州瑞华云有限公司有关非流动负债的附注说明见表2-36。

表2-36　2021年12月31日—2022年12月31日苏州瑞华云有限公司长期借款　　金额单位:百万元

借款类别	2022年12月31日	2021年12月31日
保证	0.00	138.36
合计	0.00	138.36

表2-36的长期借款是根据××市经济委员会〔2002〕269号文件,针对大容积冰箱的二期技改项目,向中国建设银行××市分行申请的贷款资金,本年度转入1年内到期的非流动负债中。从表2-36得知,苏州瑞华云有限公司2022年12月31日专项应付款1.38亿元,是根据国经贸投资〔2002〕848号文件,给予了上述贷款资金相应的贴息。从中还可以了解到公司长期借款和专项应付款的具体情况,得知公司的技改项目将会给企业的可持续发展提供动力。

(四)长期应付款分析

长期应付款,是指企业还没有偿还的除长期借款和应付债券以外的其他各种长期负债。常见的长期应付款主要有:采用补偿贸易方式发生的应付引进设备款,融资租入固定资产应付款,企业延期付款购买资产。

(1)采用补偿贸易方式发生的应付引进设备款。补偿贸易是由国外企业提供设备、技术,以生产出的产品偿还引进设备款的一种加工贸易方式。通过补偿贸易,外商以贷款方式提供设备,同时承担向企业购买一定数量产品的义务。企业引进设备时,可以暂时不付款,以出口产品的销售收入补偿。当企业拿到设备时,实际上就产生了一笔长期负债。"应付引进设备款"项目中除了应该支付的设备价款外,还包括应该支付的利息和外币折算为人民币的差额。

(2)融资租入固定资产应付款。融资租入固定资产应付款是企业因为融资租入固定资产而形成的应付款,除了应付的租金外,还包括利息和外币折算为人民币的差额。当企业按照融资租赁的方式租入固定资产时，就欠了租赁公司的钱，形成一笔长期负债。与应付引进设备款一样，"融资租入固定资产"项目中除了应付的租金外，还包括应付的利息和外币折算为人民币的差额。

（3）企业延期付款购买资产。如果延期支付的购买价款超过正常信用条件，则实质上具有融资性质，所购资产的成本应当以延期支付购买价款的现值为基础确定。实际支付的价款与购买价款的现值之间的差额，应当在信用期间采用实际利率法进行摊销，并计入相关资产成本或当期损益。

苏州瑞华云有限公司的长期应付款在非流动负债中占比一直处于较高水平，绝对额一直在4.5亿元左右，公司在财务报表附注中对该项目的解释说明，披露了该款项是公司2019年从国外引进的大型设备款项，分10年还清。

项目小结

思考与练习

一、单项选择题

1. 下列属于流动资产的是（　　）。
   A. 存货　　　　　　　　　　　B. 应收账款
   C. 固定资产　　　　　　　　　D. 无形资产

2. 由资产负债表提供的信息有（　　）。
   A. 企业的债权人信息　　　　　B. 企业的利润情况
   C. 企业的资产状况　　　　　　D. 企业的经营性现金流量

3. 某公司2019年12月31日资产负债表显示，资产总额为400万元，负债总额为320万元。假设没有其他资产和负债，则该公司2019年权益乘数为（　　）。
   A. 0.25　　　　　　　　　　　B. 1.25
   C. 5　　　　　　　　　　　　 D. 8

4. 下列各项中，对账户式资产负债表述不正确的是（　　）。
   A. 将资产负债表中的3个项目自上而下依次排列
   B. 将资产项目列在报表的左方
   C. 资产负债表左右两方平衡，且满足会计恒等式
   D. 我国现行的企业资产负债表采用账户式格式

二、多项选择题

1. 资产负债表主要列示的内容有（　　）。
   A. 资产　　　　　　　　　　　B. 负债

C. 股东权益 D. 营业利润

E. 投资活动现金流量

2. 资产负债表列示方法有（　　）。

A. 直接法 B. 账户式

C. 间接法 D. 报告式

E. 垂直式

三、判断题

1. 资产负债表是反映企业在一定会计期间经营成果的财务报表。（　　）

2. 资产负债表趋势分析表是指以资产负债表的某一期数据为基期数据，以多期数据与其进行比较编制出的资产负债表。（　　）

四、计算分析题

甲公司的资产负债表水平分析表，见表 2-37。

表 2-37　甲公司资产负债表水平分析表　　　金额单位：万元

项目	期末余额	期初余额	变动情况		对总资产（总权益）的影响
			变动额	变动 /%	
流动资产：					
货币资金	50 000	40 000			
交易性金融资产	20 000	28 000			
应收账款	25 000	15 500			
存货	85 000	97 000			
其他流动资产	48 510	37 910			
流动资产合计	228 510	218 410			
非流动资产：					
长期股权投资	51 000	42 200			
固定资产	658 500	631 000			
无形资产	94 000	91 000			
非流动资产合计	803 500	764 200			
资产总计	1 032 010	982 610			
流动负债：					
短期借款	55 000	37 600			
应付账款	15 500	13 600			
应交税费	9 530	7 400			
其他流动负债	3 300	4 487			
流动负债合计	83 330	63 087			
非流动负债：					
长期借款	42 000	38 400			

续表

项目	期末余额	期初余额	变动情况		对总资产（总权益）的影响
			变动额	变动/%	
应付债券	181 000	181 000			
非流动负债合计	223 000	219 400			
负债合计	306 330	282 487			
股东权益：					
股本	500 000	500 000			
资本公积	102 640	107 000			
盈余公积	85 320	82 423			
未分配利润	37 720	10 700			
股东权益合计	725 680	700 123			
负债和股东权益总计	1 032 010	982 610			

根据表 2-37 对甲公司进行资产负债表水平分析计算，并做出分析评价。

项目三
利润表阅读与分析

ITEM 3

任务描述

○ 掌握阅读企业利润表的方法，熟悉利润表结构分析和趋势分析方法，学会利用报表附注信息理解财务报告数据的经济含义，理解利润表提供的信息内容，能够透过报表数据了解企业的经济活动。

学习任务

○ 掌握利润表结构分析、水平分析、垂直分析的方法；
○ 掌握阅读利润表的方法；
○ 理解财务报表之间的内在联系。

技能目标

○ 能进行利润表结构分析、水平分析、垂直分析；
○ 能正确分析利润表；
○ 能分析财务报表之间的内在联系。

知识目标

○ 利润表的基本结构与内容；
○ 利润表结构分析；
○ 利润表水平分析；
○ 利润表垂直分析。

项目导入

苏州瑞华云有限公司2021年度与2022年度的利润表见表3-1。

表3-1 2021—2022年苏州瑞华云有限公司利润表

编制单位：苏州瑞华云有限公司　　　　　　　　　　　　　　　　　　　　金额单位：百万元

项目	2021年	2022年
一、营业收入	15 449.48	16 623.43
减：营业成本	13 407.09	14 667.80

续表

项目	2021年	2022年
营业税金及附加	16.00	27.99
销售费用	828.46	915.91
管理费用	562.98	574.44
财务费用	7.29	-2.03
资产减值损失	0.00	0.00
加：公允价值变动收益	0.00	0.00
投资收益	-121.54	-113.21
二、营业利润	506.12	326.11
加：营业外收入	4.33	5.76
减：营业外支出	0.65	6.11
三、利润总额	509.80	325.76
减：所得税费用	140.37	86.65
净利润	369.43	239.11
每股收益		
（一）基本每股收益（12亿股）	0.31	0.20
（二）稀释每股收益（12亿股）	0.31	0.20

【请思考】
1. 与2021年度相比，苏州瑞华云有限公司2022年度利润总额有何变化？
2. 苏州瑞华云有限公司2022年度变化最大的项目是什么？变化最小的项目是什么？
3. 结合表3-1，对苏州瑞华云有限公司的财务状况做简要评述。

任务一　利润表结构分析

一、利润表的基本结构与内容

利润表是反映企业在一定期间经营成果的财务报表。该表作为一种动态财务报表，联系资产负债表和现金流量表提供的情况，揭示了企业的经营活动对该期间内资产、负债和股东权益的有利或不利影响，对投资人、债权人、政府部门以及其他会计资料的使用者全面了解企业的经营业绩，预计企业在现有资源基础上产生现金流量的能力，推测新增资源可能取得的效益，具有十分重要的意义。利润表的主要作用如下。

（1）利润表提供的信息，是企业投资人、债权人及外部信息使用者进行相关经济决策的主要依据。

（2）利润表提供的信息，是考核和评价企业经营管理人员经营业绩和经营管理水平的重要依据。

（3）利润表提供的利润数据，是税收部门课征所得税的依据。

我国新会计准则要求企业采用多步式利润表，以苏州瑞华云有限公司利润表为例（见表3-1）。

由表3-1可以看出，利润包括收入减去费用后的净额、直接计入当期利润的利得和损失，利润金额取决于这三者的计量。苏州瑞华云有限公司 2022 年比 2021 年的净利润有所减少，致使每股收益下降了 0.11 元。

二、利润表结构分析

（一）共同比利润表

利润表结构分析通常需要编制共同比利润表，通过计算各因素或各种财务成果在主营业务收入中所占的比重，分析说明财务成果的结构及其增减变动的合理程度。根据 2021—2022 年苏州瑞华云有限公司的利润表编制的共同比利润表见表 3-2。

表 3-2　2021—2022 年苏州瑞华云有限公司共同比利润表　　　　金额单位：百万元

项目	绝对数		结构百分比 /%		
	2021 年	2022 年	2021 年	2022 年	差异
一、营业收入	15 449.48	16 623.43	100.00	100.00	0.00
减：营业成本	13 407.09	14 667.80	86.78	88.24	1.46
营业税金及附加	16.00	27.99	0.10	0.17	0.07
销售费用	828.46	915.91	5.36	5.51	0.15
管理费用	562.98	574.44	3.64	3.46	−0.18
财务费用	7.29	−2.03	0.05	−0.01	−0.06
资产减值损失	0.00	0.00			
加：公允价值变动收益	0.00	0.00			
投资收益	−121.54	−113.21	−0.79	−0.68	0.11
二、营业利润	506.12	326.11	3.28	1.96	−1.32
加：营业外收入	4.33	5.76	0.03	0.03	0.00
减：营业外支出	0.65	6.11	0.00	0.04	0.04
三、利润总额	509.80	325.76	3.30	1.96	−1.34
减：所得税费用	140.37	86.65	0.91	0.52	−0.39
四、净利润	369.43	239.11	2.39	1.44	−0.95
五、每股收益					
（一）基本每股收益（12 亿股）	0.31	0.20			
（二）稀释每股收益（12 亿股）	0.31	0.20			

由表 3-2 可以看出，企业各项财务成果的构成情况为：2022 年营业成本占营业收入的比重为 88.24%，比 2021 年的 86.78% 增长了 1.46 个百分点；2022 年营业税金及附加占营业收入的比重为 0.17%，比 2021 年的 0.10% 增长了 0.07 个百分点；2022 年销售费用占营业收入的比重也增加了 0.15 个百分点，但管理费用、财务费用占营业收入的比重都有所降低，两个方面相抵的结果是营业利润占营业收入的比重降低了 1.32 个百分点，进而导致净利润占营业收入的比重降低了 0.95 个百分点。由此可以看出，苏州瑞华云有限公司在原材料价格持续上涨的市场环境中不断努力，通过降低管理费用和财务费用的方式来提高公司的盈利水平。但通过前面对苏州瑞华云有限公司资产负债

表的分析可知，该公司2022年的货币资金有所减少，长期借款维持原状，又举借了新的短期借款，按理说财务费用不应该比2021年少很多，可利润表上的财务费用2021年为729万元，2022年却为-203万元，显然不太合理，但这对利润总额的影响不是很大。

（二）利润构成分析

企业利润包括营业利润、利得和损失等。营业利润是企业从事"主业"获得的经营利润。比如，一家公司是商业零售企业，其在开展商品流通经营活动中产生的利润就是公司的营业利润。一般来说，营业利润是利润的"大头"。当营业利润在利润总额中所占比重较高时，一方面能说明公司经营主体的行业与方向；另一方面能说明经营主体盈利水平较高，并具有持续增长的稳定性与抗经济波动能力。

营业利润一般被归入经常性损益概念，相对应的非营业利润就成了非经常性损益，它包括利得、损失两部分。补贴收入除了享受的是中央级政策比较稳定外，其他政府补贴都有受政策调整影响变化的可能。财务分析人员应该仔细查看每股收益与净资产收益率在扣除非经常性损益后的差异大小：差异大的，说明公司主营业务不理想，前景黯淡；差异小甚至出现负差异的，说明公司主营业务理想，收益不错。

2021—2022年苏州瑞华云有限公司的利润构成分析表见表3-3。

表3-3　2021—2022年苏州瑞华云有限公司利润构成分析表　　金额单位：百万元

项目	绝对数		结构百分比/%		
	2021年	2022年	2021年	2022年	差异
营业利润	506.12	326.11	99.28	100.11	0.83
加：营业外收入	4.33	5.76	0.85	1.77	0.92
减：营业外支出	0.65	6.11	0.13	1.88	1.75
利润总额	509.80	325.76	100.00	100.00	0.00

由表3-3可以看出，2021—2022年苏州瑞华云有限公司的利润以经常性营业利润为主，说明公司盈利水平较高，持续增长具有稳定性。

（三）收入构成分析

营业收入是形成公司收入与利润的主力和源泉，财务分析应详细分析营业收入的构成，这种构成分析可以按产品分析，也可以按地区分析。

1. 收入产品构成分析

将2021—2022年苏州瑞华云有限公司的营业收入按产品构成分析，见表3-4。

表3-4　2021—2022年苏州瑞华云有限公司营业收入产品构成分析表　　金额单位：百万元

产品类别	绝对数		比重/%	
	2021年	2022年	2021年	2022年
空调	7 662.75	7 667.47	49.60	46.12
冰箱	4 533.42	5 540.72	29.34	33.33
冰柜	1 093.70	1 280.20	7.08	7.70
小家电	674.41	741.60	4.37	4.46

续表

产品类别	绝对数		比重/%	
	2021年	2022年	2021年	2022年
其他	1 485.20	1 393.44	9.61	8.38
合计	15 449.48	16 623.43	100.00	100.00

由表 3-4 可知，2021—2022 年苏州瑞华云有限公司销售的产品以空调和冰箱为主，这两个产品的销售额占总销售额的 80% 左右。这一信息可帮助确定公司的行业归属，因为同样是家电行业，生产的产品不一样，一些财务分析指标会有不同的表现，只有与生产同类产品的企业进行比较才有意义。另外，影响公司的市场因素也会有不同的影响程度，如影响彩电生产的因素对苏州瑞华云有限公司就不会产生多大的影响，虽然它们都属于家电行业。

2. 收入地区构成分析

将 2021—2022 年苏州瑞华云有限公司的营业收入按地区构成分析，见表 3-5。

表 3-5　2021—2022 年苏州瑞华云有限公司营业收入地区构成分析表　　金额单位：百万元

地区	绝对数		比重/%	
	2021年	2022年	2021年	2022年
境内	12 857.37	12 707.58	83.22	76.44
境外	2 592.11	3 915.85	16.78	23.56
合计	15 449.48	16 623.43	100.00	100.00

由表 3-5 可知，苏州瑞华云有限公司 2022 年在国际市场上的销售情况有所突破，因为公司针对不同区域，贴近市场开发产品，赢得了较多的国际市场订单，公司开拓海外市场的战略得以进一步实施。2022 年境外营业收入的比重比 2021 年增长约 7 个百分点。

营业收入的地区构成分析，还可以根据取得资料的具体情况，如对国内市场可进一步细化等，研究公司产品在国内不同地区的分布情况，从而有助于公司对未来前景的把握。

任务二　利润表水平分析

一、利润表水平分析

利润表水平分析就是以一定时间作为分析期，选择分析期的第一期为基期，以后每期都与基期的指标相对比，得出相对于基期的指数，从而判断利润表中各项目的变动趋势和变动速度。

$$某项目的变动率 = \frac{某项目的变动额}{某项目基期数额} \times 100\%$$

二、利润表水平分析思路

（1）分析利润总额及净利润的变动趋势。结合趋势变化类型，基本判断出企业利润总额和净利润的变化趋势。如没有特殊情况，两者的变化趋势应该一致。

（2）分析利润总额及净利润的主要来源。利润总额与净利润变化一致也可能会有负面的影响因素，若二者变化不一致则要找出具体原因。

（3）分析营业利润的变化趋势及来源。营业利润的变化趋势一般与营业收入的变化趋势是一致的，若不一致则应找出具体原因。

（4）分析一些变化异常的项目。即使营业利润与营业收入变化一致，其中也可能掩盖了许多变化异常的项目，对此我们不能忽视，应结合财务报表附注找出并分析这些变化异常的项目。

三、利润表水平分析注意事项

（1）营业收入分析细化。如果可以取得详细的资料，应进一步分析企业营业收入变化的原因（如产品销售价格变动或产品销售数量变化等），进而依据企业的市场份额分析企业未来竞争力的变化。

（2）营业成本结合存货分析。注意企业主营业务成本的变化原因，是因为原材料价格变动还是其他原因。

（3）与结构分析相结合。定比报表的一个共同缺陷是难以看出哪个项目更加重要，原因是每个项目的基数都是100%。分析人员只能判断每个项目在分析期间内的变动方向和大小，但是某些金额较小的项目往往在此种分析中会引人注目，而这些小金额的项目在整体分析中一般并不重要。

四、编制利润水平分析表

利润水平分析表的编制采用增减变动额和增减变动百分比两种方式。2021—2022年苏州瑞华云有限公司利润水平分析表见表3-6。

表3-6 2021—2022年苏州瑞华云有限公司利润水平分析表　　金额单位：百万元

项目	2021年	2022年	增减额	增减百分比/%
一、营业收入	15 449.48	16 623.43	1 173.95	7.60
减：营业成本	13 407.09	14 667.80	1 260.71	9.40
营业税金及附加	16.00	27.99	11.99	74.94
销售费用	828.46	915.91	87.45	10.56
管理费用	562.98	574.44	11.46	2.04
财务费用	7.29	−2.03	−9.32	−127.85
资产减值损失	0.00	0.00	0.00	
加：公允价值变动收益	0.00	0.00	0.00	
投资收益	−121.54	−113.21	8.33	−6.85
二、营业利润	506.12	326.11	−180.01	−35.57
加：营业外收入	4.33	5.76	1.43	33.03
减：营业外支出	6.11	0.65	5.46	840.00
三、利润总额	509.80	325.76	−184.04	−36.10
减：所得税费用	140.37	86.65	−53.72	−38.27
四、净利润	369.43	239.11	−130.32	−35.28

续表

项目	2021 年	2022 年	增减额	增减百分比 /%
五、每股收益				
（一）基本每股收益（12 亿股）	0.31	0.20	−0.11	−35.48
（二）稀释每股收益（12 亿股）	0.31	0.20	−0.11	−35.48

对苏州瑞华云有限公司的利润表分析应抓住几个关键利润指标的变动情况，相关分析评价如下。

（一）净利润分析

净利润，是指企业所有者最终取得的财务成果，或可供企业所有者分配或使用的财务成果。苏州瑞华云有限公司2022年度实现净利润23 911万元，比上年减少了13 032万元，下降幅度为35.28%，下降幅度较大。从利润水平分析表来看，公司净利润下降主要是利润总额比上年减少18 404万元引起的；而由于所得税费用比上年减少5 372万元，二者相抵，净利润减少了13 032万元。

（二）利润总额分析

利润总额是反映企业全部财务成果的指标，它不仅反映企业的营业利润，而且反映企业的营业外收支情况。苏州瑞华云有限公司2022年利润总额比2021年减少了18 404万元，关键原因是营业外收入比上年增加了143万元，增长率为33.03%。与此同时，营业外支出增加幅度更大，增加了546万元，增长幅度为840.00%。公司营业利润减少的不利影响，使营业利润额减少了18 001万元。增减因素相抵，利润总额减少了18 404万元。必须指出的是，营业外支出的大幅增长是不正常现象。

（三）营业利润分析

营业利润是企业经营活动中营业收入与营业成本、费用的差额与资产减值损失、公允价值变动收益、投资收益的总和，既包括企业的主营业务利润和其他业务利润，又包括企业公允价值变动净收益和对外投资净收益，反映了企业生产经营的财务成果。苏州瑞华云有限公司营业利润减少的主要原因是成本费用过高。2022年，公司的营业收入比上年增长117 395万元，增长幅度为7.60%，财务费用下降增利932万元；投资收益增利833万元，但营业成本、销售费用、管理费用增加了135 962万元。最终导致营业利润减少18 001万元，下降幅度为35.57%。值得注意的是，销售费用、管理费用的大幅度增加是不正常的现象。

任务三　利润表垂直分析

一、利润表垂直分析

利润表垂直分析主要从各项财务成果结构变化的原因入手，如从主营业务利润结构变化、营业利润和利润总额结构变化等角度来分析。另外，还要分析财务费用、管理费用、补贴收入等的变化对营业利润、利润总额和净利润结构的影响。

$$某项目数额占营业收入的比重 = \frac{该期某项目的数额}{该期营业收入数额} \times 100\%$$

二、编制利润垂直分析表

2021—2022 年苏州瑞华云有限公司利润垂直分析表见表 3-7。

表 3-7　2021—2022 年苏州瑞华云有限公司利润垂直分析表　　　单位：%

项目	2021 年	2022 年	变动幅度
一、营业收入	100.00	100.00	—
减：营业成本	89.78	88.24	−1.54
营业税金及附加	0.10	0.17	0.07
销售费用	5.36	5.51	0.15
管理费用	3.64	3.46	−0.18
财务费用	0.05	−0.01	−0.06
资产减值损失			
加：公允价值变动收益			
投资收益	−0.79	−0.68	0.11
二、营业利润	3.28	1.96	−1.32
加：营业外收入	0.03	0.03	0.00
减：营业外支出	0.00	0.04	0.04
三、利润总额	3.30	1.69	−1.61
减：所得税费用	0.91	0.52	−0.39
四、净利润	2.39	1.44	−0.95

对苏州瑞华云有限公司的利润结构变动情况分析评价如下。

（1）由表 3-7 可以看出，苏州瑞华云有限公司 2022 年各项财务成果的构成情况是营业利润占营业收入的比重为 1.96%，与 2021 年相比下降了 1.32 个百分点；利润总额占营业收入的比重为 1.69%，比 2021 年下降了 1.61 个百分点；净利润占营业收入的比重为 1.44%，比 2021 年下降了 0.95 个百分点。由此可见，从企业利润的构成上看，利润总额和净利润占营业收入的结构比重均有所下降，说明 2022 年的盈利能力比 2021 年减弱。同时，营业利润结构下降，说明企业利润质量不容乐观。

（2）各项财务成果结构增减的原因有：从营业利润结构的下降来看，主要是由营业成本、销售费用的比重上升所致。利润总额结构下降的主要原因是，营业外支出的增加大于营业外收入的增长，财务费用的下降对营业利润、利润总额和净利润结构都产生了一定的有利影响。

任务四　利润表主要项目分析

一、营业收入分析

首先，阅读苏州瑞华云有限公司财务报表附注中公司的收入确认原则。

（1）商品销售。公司已将商品所有权的主要风险和报酬转移给买方，不再对该商品实施继续管理权和实际控制权，相关收入已经收到或取得了收款证据，并且在与销售该商品有关的成本能够可靠地计量时，确认营业收入的实现。

（2）提供劳务。劳务在同一年度开始并完成的，在劳务已经提供、收到价款或取得收取款项的证据时，确认劳务收入；劳务的开始和完成分属不同会计年度的，在劳务合同的总收入、劳务的完成程度能够可靠地确定，与交易相关的价款能够流入，已经发生的成本和为完成劳务将要发生的成本能够可靠地计量时，按照完工百分比法确认相关的劳务收入。

（3）让渡资产使用权。让渡现金使用权的利息收入，按让渡现金使用权的时间和适用利率计算确定；让渡非现金使用权的使用费收入，按有关合同或协议规定的收费时间和方法计算确定。

上述收入的确定应同时满足：与交易相关的经济利益能够流入公司，收入的金额能够被可靠地计量。

苏州瑞华云有限公司收入的确认原则符合我国《企业会计准则——收入》的规定。

其次，分析苏州瑞华云有限公司营业收入的构成，见表3-8。

表3-8　2021—2022年苏州瑞华云有限公司营业收入构成分析表　　金额单位：百万元

项目	绝对数		比重/%	
	2021年	2022年	2021年	2022年
主营业务收入	15049.34	16354.80	97.41	98.38
其他业务收入	400.14	268.63	2.59	1.62
合计	15449.48	16623.43	100.00	100.00

由表3-8可知，苏州瑞华云有限公司的主业非常突出，2021—2022年公司主营业务收入占营业收入的比重都在98%左右。

苏州瑞华云有限公司2022年实现营业收入166.23亿元，比上年增加了11.74亿元，增长率为7.60%。由此可以判断，公司净利润下降的主要原因并不是收入规模下降，而是成本费用上升。公司在2022年度报告中称，2022年面临的经营环境是家电行业恶性竞争依然激烈，公司产品主要原材料价格持续上涨。公司坚持开发满足用户需求的创新产品，形成一系列差异化、超越竞争对手、以中高端为主的创新产品，才得以保持营业收入的增长态势，利润表中也体现了这种变化。

最后，分析苏州瑞华云有限公司投资收益的来源。这部分信息也来自财务报表的附注资料，见表3-9。

投资收益，是指企业在一定的会计期间对外投资所取得的回报。投资收益包括对外投资所分得的股利和收到的债券利息，以及投资到期收回或到期前转让债权的款项高于账面价值的差额等。

表3-9　2021—2022年苏州瑞华云有限公司投资收益　　金额单位：百万元

项目	2021年	2022年	项目	2021年	2022年
股票投资收益			期末权益法调整金额	-23.08	-17.11
联营或合营公司分配的利润		2.37	股权投资差额摊销	-98.46	-98.46
股权投资转让（清算）收益		0.10	合计	-121.54	-115.57

由表3-9可知，2021—2022年苏州瑞华云有限公司的投资收益都是损失，主要是股权投资差额摊销引起的，前面在资产负债表分析时已经讨论过了，这里不再赘述。

从利润表可以看出，苏州瑞华云有限公司 2022 年没有公允价值变动收益对利润产生影响。公允价值变动收益反映企业确认的交易性金融资产或交易性金融负债的公允价值变动额。投资性房地产、生物资产、非货币性资产交换、资产减值、债务重组、金融工具、套期保值和非共同控制下的企业合并等都引入了公允价值计量，将公允价值的变动直接计入利润。并且，该公司 2022 年也没有计提新的资产减值损失。所以，这些非经营性因素对公司的盈利能力没有产生影响。这说明公司的主业突出，没有明显调节利润的现象。

二、利润总额和净利润分析

苏州瑞华云有限公司 2022 年实现利润总额 3.26 亿元，比上年减少了 1.84 亿元，增长率为 -36.10%，公司的利润总额下降幅度比较大。利润总额占营业收入的比重为 1.69%，比 2021 年的 3.30% 下降了 1.34 个百分点。

苏州瑞华云有限公司 2022 年实现净利润 2.39 亿元，比上年减少了 1.3 亿元，增长率为 -35.28%，公司的净利润出现了大幅下滑的情况。净利润占营业收入的比重为 1.96%，比 2021 年的 2.39% 下降了 0.95 个百分点。

在正常情况下，企业的非营业利润比较少，所得税也是相对稳定的，因此，只要营业利润较大，利润总额和净利润就会较高。在分析时，应注意的主要问题是：当一家企业的利润总额和净利润主要是由非营业利润获得时，分析人员应重视该企业利润实现的真实性和持续性。

三、营业利润分析

企业营业利润的多少代表了企业的总体经营管理水平和效果，通常营业利润越大的企业，效益越好。

苏州瑞华云有限公司 2022 年营业利润的下降幅度与净利润的下降幅度基本一致。

四、营业外收支分析

营业外收入反映企业发生的与其生产经营无直接关系的各项收入，营业外支出反映企业发生的与其生产经营无直接关系的各项支出，二者没有配比关系。苏州瑞华云有限公司 2022 年的营业外收入是 576 万元，比上年增加了 143 万元，增长率为 33.03%；而营业外支出是 611 万元，比上年增加了 546 万元，增长率为 840.00%。营业外支出的大幅度增加，进一步加速了利润总额的下降趋势。客观分析一下产生 840.00% 的高增长率原因：一方面，营业外支出的绝对数额确实有所增加；另一方面，2021 年的营业外支出绝对数额较小。

五、营业成本分析

营业成本，是指企业为销售商品、提供劳务等日常活动所发生的经济利益的流出，反映企业经营主要业务和其他业务发生的实际成本总额。

在进行财务分析时，需要对营业成本进行重点分析和研究，特别是要对主要产品的单位成本进行分析。对产品单位成本进行分析，一般先分析各种产品单位成本相比上年的升降情况，然后进一步按成本项目分析其成本变动情况，查明单位成本变动的原因。

以苏州瑞华云有限公司的主要产品空调为例。从成本构成上看，铜是空调的主要原材料，平均每台空调需用铜 6～7 千克，如果每吨铜涨 1 万元，那么每台空调的制造成本就要上涨六七十元。除铜之外，2022 年以来，钢材、铝材、塑料等其他原料价格也出现不同程度上涨，导致空调的制造成本大幅上升。因此，苏州瑞华云有限公司 2022 年利润表中营业成本在营业收入中所占的比重上升了 1.46 个百分点。

六、期间费用分析

费用，是指企业为销售商品、提供劳务等日常活动所发生的经济利益的流出，包括销售费用、管理费用、财务费用。

（一）销售费用分析

从销售费用的基本构成及功能角度来看，有的与企业的业务活动规模有关（如运输费、装卸费、整理费、包装费、保险费、销售佣金、差旅费、展览费、委托代销手续费、检验费等），有的与企业从事销售活动人员的待遇有关（如营销人员的工资和福利费），有的与企业的未来发展、开拓市场、扩大企业品牌知名度等有关（如广告费）。从企业管理层对上述各项费用的有效控制角度来看，尽管管理层可以对诸如广告费、营销人员的工资和福利费等采取控制或降低规模等措施，但是上述措施或者对企业的长期发展不利，或者影响有关人员的工作积极性。因此，在报表分析时应将企业销售费用的增减变动和销售量的变动结合起来，分析这种变动的合理性、有效性。一般认为，在企业业务正常开展情况下，企业的销售费用不应当降低，而片面追求在一定时期的费用降低，有可能对企业的长期发展不利。

（二）管理费用分析

与销售费用一样，尽管管理层可以对管理费用中诸如业务招待费、技术开发费、董事会会费、职工教育经费、涉外费、租赁费、咨询费、审计费、诉讼费、修理费、管理人员工资和福利费等采取控制或者降低其规模等措施，但是上述措施或者对公司的长期发展不利，或者影响有关人员的工作积极性。此外，折旧费、摊销费等是企业以前各个会计期间已经支出的费用，不存在控制其支出规模的问题，对这类费用的处理更多地受企业会计政策的影响。一般认为，在其业务正常开展的情况下，企业的管理费用变动也不会太大，而片面追求一定时期的费用降低，有可能对企业的长期发展不利。

（三）财务费用分析

财务费用是企业为筹集生产经营所需资金等所发生的费用，包括利息支出（减利息收入）、汇兑损失（减汇兑收益）以及相关的手续费等。其中，经营期间发生的利息支出构成了企业财务费用的主体。企业贷款利息水平的高低，主要取决于三个因素：贷款规模、贷款利息率和贷款期限。

从贷款规模角度来看，如果贷款规模导致计入利润表的财务费用下降，企业就会因此改变盈利能力。但是，我们应该看到，企业可能因贷款规模的下降而发展受限制。

从贷款利息率角度来看，贷款利息率的具体水平主要取决于以下几个因素：一定时期资本市场的供求关系、贷款规模、贷款的担保条件以及贷款企业的信誉等。在利率的选择上，可以采用固定利率、变动利率或浮动利率等。可见，在影响贷款利率高低的因素中，既有企业不可控制的因素，也有企业可以选择的因素。在不考虑贷款规模和贷款期限的条件下，企业的利息费用将随着利率水平波动，而贷款期限对企业财务费用的影响主要体现在利率因素上。应该说，企业的利率水平主要受一定时期资本市场利率水平的影响。我们不应该给企业由贷款利率的宏观下调导致的财务费用降低以过高的评价。

总之，财务费用是由于企业筹资活动发生的，在进行财务费用分析时，应当将财务费用的增减变动和企业的筹资活动联系起来，分析财务费用增减变动的合理性、有效性，发现其中存在的问题并查明原因、采取对策，以期控制和降低费用，提高企业的利润水平。

项目小结

思考与练习

一、单项选择题

1. 报表使用者通过利润表趋势分析能够（   ）。
   A. 评价企业收益的不同来源和构成
   B. 评价不同业务的盈利水平和获利能力
   C. 评价不同部门对企业总盈利水平的影响方向和影响程度
   D. 对多个会计期间企业的盈利水平及变动趋势进行评价

2. 利润表起点为（   ）。
   A. 营业外收入
   B. 利润总额
   C. 主营业务收入
   D. 净利润

3. 下列关于利润表的表述错误的是（   ）。
   A. 利润表是一种动态的时期报表
   B. 利润表主要解释企业在一定时期的收入实现、费用消耗以及由此计算出的企业利润（或亏损）情况
   C. 凭借利润表，可以评价企业生产经营所面临的财务风险、资产的营运效率、企业的活力和成长潜力
   D. 利润表的列报不一定必须充分反映企业经营业绩的主要来源和构成

4. 与获得能力分析最相关的财务报表分析是（   ）。
   A. 资产负债表分析
   B. 现金流量表分析
   C. 利润表分析
   D. 报表附注分析

5. 属于利润表主要反映的项目是（   ）。
   A. 流动负债
   B. 流动资产
   C. 投资活动产生的现金流量
   D. 主营业务收入

二、计算分析题

苏州瑞华云有限公司2021—2022年的利润垂直分析表部分数据，见表3-10。

表3-10　2021—2022年苏州瑞华云有限公司利润垂直分析表　　　　单位：%

项目	2022年	2021年
一、主营业务收入	100.00	100.00
减：主营业务成本	82.58	83.93
主营业务税金及附加	1.11	0.59
二、主营业务利润	16.31	15.48
加：其他销售利润	-0.41	-0.19
减：存货跌价损失	0.15	
营业费用	0.21	0.17
管理费用	9.60	9.39
财务费用	-1.86	9.15
三、营业利润	7.80	-3.42
加：投资净收益	1.82	5.98
营业外收入	0.00	0.00
减：营业外支出	0.24	0.17
四、利润总额	9.38	2.39
减：所得税	1.80	0.37
五、净利润	7.58	2.02

要求：根据表3-10提供的数据进行利润表垂直分析计算并做出分析评价。

项目四
现金流量表与股东权益变动表阅读与分析

ITEM 4

📋 任务描述

○ 掌握阅读企业现金流量表的方法，熟悉现金流量表结构分析和趋势分析方法，学会利用报表附注信息了解财务报告数据的经济含义，理解现金流量表、股东权益变动表提供的信息内容，能够透过报表数据理解企业的经济活动。

🎯 学习任务

○ 掌握现金流量表结构分析和主要项目分析的方法；
○ 掌握阅读现金流量表的方法；
○ 掌握阅读股东权益变动表的方法；
○ 理解财务报表之间的内在联系。

技能目标

○ 能进行现金流量表结构分析和主要项目分析；
○ 能正确分析现金流量表；
○ 能正确分析股东权益变动表；
○ 能分析财务报表之间的内在联系。

知识目标

○ 现金流量表的基本结构与内容；
○ 现金流量表的结构分析；
○ 现金流量表主要项目分析；
○ 股东权益变动表的基本结构与内容。

项目导入

2022年12月最后一个星期，苏州瑞华云有限公司与GD银行策划了伪造现金流量，以达到粉饰报表的目的。GD银行向与苏州瑞华云有限公司没有任何关系、注册资本只有1 500

万美元的 YY 公司贷款 4.85 亿元，再由 YY 公司购买 5 亿元人民币的政府债券投资到苏州瑞华云有限公司控制的子公司。作为回报，苏州瑞华云有限公司承诺按 50% 的利率向 YY 公司支付利息。苏州瑞华云有限公司随即将这家公司持有的 5 亿元政府债券出售变现，并在 2022 年度会计结账后的两个星期内将其连同利息（约 1 400 万元人民币）偿还给 YY 公司，再由 YY 公司偿还 GD 银行的贷款。尽管苏州瑞华云有限公司为此付出了高昂的代价，但其 2022 年度经营活动产生的现金流量由原来的 7 亿元人民币增至 12 亿元人民币。

【请思考】
1. 经营活动产生的现金流量包括哪些内容？
2. 苏州瑞华云有限公司为何要以高昂的代价伪造经营活动产生的现金流量？

任务一　现金流量表结构分析

一、现金流量表的基本结构与内容

现金流量表是以现金为基础编制的财务状况变动表。这里的现金是广义的现金，不仅包括库存现金，还包括银行存款、其他货币资金以及现金等价物。银行存款，是指企业保存在金融机构可随时用于支付的存款，不能随时支取的定期存款不作为现金流量表中的现金，但提前通知金融机构便可支取的定期存款包括在现金流量表的现金范围内。其他货币资金，是指企业保存在金融机构有特定用途的资金，如外埠存款、银行汇票存款、银行本票存款、信用证保证金存款、信用卡存款等。现金等价物是企业持有的期限短、流动性强、易于转换为已知金额的现金且价值变动风险较小的投资，通常指在 3 个月或更短时间内到期即可转换为现金的投资，如企业购买的长期债券投资还有 3 个月就到期，此时该笔债券投资可被视为现金。可见，现金流量表中的现金与我们日常生活中所指的现金不同，其编制基础也与资产负债表和利润表采用的权责发生制有根本区别。

目前，企业的现金流量表由五大项目和补充资料组成，其中，经营活动、投资活动、筹资活动产生的现金流量是研究的重点。在每项活动中，现金流量表又将现金的流入与流出明显区分开来。

经营活动产生的现金流量，是指企业除投资活动和筹资活动以外的其他所有交易或事项产生的现金流量，如购销商品、提供或接受劳务、缴纳税款、支付工资与营销费用等涉及的现金流量。投资活动产生的现金流量，是指企业有关对外投资，购建或处置固定资产、无形资产及其他长期资产等活动中所涉及的现金流量，如股权与债权投资、收到股息与利息、收回股权与债权、购建或处置固定资产、无形资产等。而筹资活动产生的现金流量则是指企业所有与筹资相关的活动涉及的现金流量，如借款、发行股票与债券、融资租赁、偿还债务本金与利息、支付股息等。按现行会计准则要求编制的 2021—2022 年苏州瑞华云有限公司的现金流量表见表 4-1。

表 4-1　2021—2022 年苏州瑞华云有限公司现金流量表

编制单位：苏州瑞华云有限公司　　　　　　　　　　　　　　　　　金额单位：百万元

项目	2021 年	2022 年
一、经营活动产生的现金流量		

续表

项目	2021 年	2022 年
销售商品、提供劳务收到的现金	4 087.58	3 973.63
收到的税费返还	134.21	117.56
收到的其他与经营活动有关的现金	49.24	59.29
经营活动现金流入小计	4 271.03	4 150.48
购买商品、接受劳务支付的现金	2 066.18	1 993.01
支付给职工以及为职工支付的现金	221.45	236.75
支付的各项税费	378.63	416.44
支付的其他与经营活动有关的现金	866.51	1 036.34
经营活动现金流出小计	3 532.77	3 682.54
经营活动产生的现金流量净额	738.26	467.94
二、投资活动产生的现金流量		
取得投资收益收到的现金	0.00	0.50
处置固定资产、无形资产和其他长期资产收回的现金净额	0.25	0.85
收到的其他与投资活动有关的现金	1.11	6.93
投资活动现金流入小计	1.36	8.28
购建固定资产、无形资产和其他长期资产支付的现金	100.45	80.13
投资支付的现金	49.80	90.93
投资活动现金流出小计	150.25	171.06
投资活动产生的现金流量净额	-148.89	-162.78
三、筹资活动产生的现金流量		
取得借款收到的现金	0.00	7.00
筹资活动现金流入小计	0.00	7.00
偿还债务支付的现金	645.00	0.00
分配股利、利润或偿付利息支付的现金	29.06	330.59
支付的其他与筹资活动有关的现金	29.84	26.43
筹资活动现金流出小计	703.90	357.02
筹资活动产生的现金流量净额	-703.90	-350.02
四、汇率变动对现金的影响	0.00	0.00
五、现金及现金等价物净增加额	-114.52	-44.85
加：期初现金及现金等价物余额	829.60	715.08

续表

项目	2021年	2022年
六、期末现金及现金等价物余额	715.08	670.23
现金流量表补充资料		
1. 将净利润调节为经营活动的现金流量		
净利润	369.44	239.13
加：资产减值准备	34.97	9.07
固定资产折旧	198.36	210.20
无形资产摊销	7.28	7.33
长期待摊费用的摊销	0.29	0.52
处置固定资产、无形资产和其他长期资产的损失（减：收益）	−0.07	−0.13
固定资产报废损失	0.00	0.18
公允价值变动损失	0.00	0.00
财务费用	10.39	0.67
投资损失（减：收益）	121.54	113.21
存货的减少（减：增加）	−248.75	46.63
经营性应收项目的减少（减：增加）	162.49	151.20
经营性应付项目的增加（减：减少）	82.33	−310.05
其他	0.00	0.00
经营活动产生的现金流量净额	738.27	467.96
2. 不涉及现金收支的投资和筹资活动		
以固定资产偿还债务	0.00	0.00
以固定资产进行长期投资	0.00	0.00
以投资偿还债务	0.00	0.00
融资租赁固定资产	0.00	0.00
以存货偿还债务	0.00	0.00
3. 现金及现金等价物净增加情况		
现金的期末余额	715.08	670.23
减：现金的期初余额	829.60	715.08
加：现金等价物的期末余额		
减：现金等价物的期初余额		
现金及现金等价物净增加额	−114.52	−44.85

二、现金流量表结构分析

现金流量表结构分析，是指通过对现金流量表中不同项目间的比较，分析企业现金流入的主要来源和现金流出的方向，并评价现金的流入、流出对净现金流量的影响。现金流量结构包括现金流入结构，现金流出结构，现金流入、流出比例等，可列表进行分析。对现金流量结构分析旨在进一步掌握企业各项活动中现金流量的变动规律、变动趋势，公司经营周期所处的阶段及异常变化等情况。①现金流入结构分析分为总流入结构分析和三项（经营、投资和筹资）活动流入的内部结构分析。②现金流出结构分析分为总流出结构分析和三项（经营、投资和筹资）活动流出的内部结构分析。③现金流入流出比例分析即经营活动的现金流入流出比（此比值越大越好），投资活动的现金流入流出比（发展时期此比值应小，而衰退或缺少投资机会时此比值越大越好），筹资活动的现金流入流出比（发展时期此比值越大越好）。财务分析人员可以利用现金流入和流出结构的历史比较与同业比较，得到更有意义的信息。

对于一家健康的正在成长的公司来说，经营活动的现金流量应是正数，投资活动的现金流量应是负数，筹资活动的现金流量应是正负相间的。如果公司经营活动现金流量的结构百分比具有代表性（可用 3 年或 5 年的平均数），财务分析人员还可根据它们和计划销售额来预测未来的经营活动现金流量。

（一）现金流入结构分析

2021—2022 年苏州瑞华云有限公司的现金流入结构分析表见表 4-2。

表 4-2　2021—2022 年苏州瑞华云有限公司现金流入结构分析表　　金额单位：百万元

项目	绝对数 2021 年	绝对数 2022 年	比重 /% 2021 年	比重 /% 2022 年
销售商品、提供劳务收到的现金	4 087.58	3 973.63	95.67	95.39
收到的税费返还	134.21	117.56	3.14	2.82
收到的其他与经营活动有关的现金	49.24	59.29	1.15	1.42
经营活动现金流入小计	4 271.03	4 150.48	99.97	99.63
取得投资收益收到的现金	0.00	0.50	0.00	0.01
处置固定资产、无形资产和其他长期资产收回的现金净额	0.25	0.85	0.01	0.02
收到的其他与投资活动有关的现金	1.11	6.93	0.03	0.17
投资活动现金流入小计	1.36	8.28	0.03	0.20
取得借款收到的现金	0.00	7.00	0.00	0.17
筹资活动现金流入小计	0.00	7.00	0.00	0.17
现金流入总量	4 272.39	4 165.76	100.00	100.00

由表4-2可以看出，苏州瑞华云有限公司2021年、2022年的现金流入总量分别约为43亿元和42亿元，其中，经营活动现金流入量占比均在99%以上，投资活动、筹资活动的现金流入量占比都在1%以下，说明公司现金流入量主要来自经营活动。进一步分析可以发现，经营活动的现金流入量以销售商品、提供劳务收到的现金为主，占整个现金流入量的95%以上，这与我们前面分析的公司主业突出的特点是吻合的。另外，公司处于上一个发展阶段的尾声，正在运筹新的发展机会，这可以从2022年公司取得借款收到的现金项目的比重增加了0.17个百分点看出。投资活动现金流入量的比重也略有增加，说明公司正处于发展转折期。

(二) 现金流出结构分析

2021—2022年苏州瑞华云有限公司的现金流出结构分析表见表4-3。

表4-3　2021—2022年苏州瑞华云有限公司现金流出结构分析表　　金额单位：百万元

项目	绝对数		比重/%	
	2021年	2022年	2021年	2022年
购买商品、接受劳务支付的现金	2 066.18	1 993.01	47.10	47.33
支付给职工以及为职工支付的现金	221.45	236.75	5.05	5.62
支付的各项税费	378.63	416.44	8.63	9.89
支付的其他与经营活动有关的现金	866.51	1 036.34	19.75	24.61
经营活动现金流出小计	3 532.77	3 682.54	80.53	87.46
购建固定资产、无形资产和长期资产支付的现金	100.45	80.13	2.29	1.90
投资支付的现金	49.80	90.93	1.14	2.16
投资活动现金流出小计	150.25	171.06	3.42	4.06
偿还债务支付的现金	645.00	0.00	14.70	0.00
分配股利、利润或偿付利息支付的现金	29.06	330.59	0.66	7.85
支付的其他与筹资活动有关的现金	29.84	26.43	0.68	0.63
筹资活动现金流出小计	703.90	357.02	16.05	8.48
现金流出总量	4 386.92	4 210.62	100.00	100.00

由表4-3可以看出，苏州瑞华云有限公司2021年、2022年的现金流出总量分别约为44亿元和42亿元，其中，经营活动现金流出量占比2021年达80.53%，2022年达87.46%。2022年，经营活动现金流出量增加主要是公司支付给职工以及为职工支付的现金、支付的各项税费、支付的其他与经营活动有关的现金3个项目共同增加所致，这是否与之前分析时公司所称的原材料价格上升不太相符呢？因为原材料价格上升必然带来购买商品、接受劳务支付的现金大幅增加，公司的利润表

中也体现出营业成本大幅上升的状态,但现金流量表中购买商品、接受劳务支付的现金 2022 年却比 2021 年有所下降。结合前面资产负债表中的分析可以看到,公司 2022 年的预付款项、存货中原材料规模都大幅下降,说明公司适应市场原材料价格上升的情况及时调整原材料采购策略,在不影响生产的情况下,暂时减少原材料的采购量。从这一点可以看出,公司的理财水平和经营管理水平较高。投资活动现金流出量的比重基本稳定,两年都在 4% 左右,说明公司的设备投资在不断地微调。筹资活动的现金流出量这两年有较大变化,2021 年是公司的还款高峰期,偿还债务支付的现金占比达 14.70%,2022 年这一比重降至零,而分配股利、利润或偿付利息支付的现金所占比重从 2021 年的 0.66% 上升至 2022 年的 7.85%,说明公司在度过还款高峰期后,将回馈股东作为利润分配的重点。总的来说,结合前面现金流入结构的分析,说明公司的现金流量结构合理,资金来源稳定,财务状况安全,并且符合公司的经营特点和实际情况。

(三)现金流入流出比例分析

2021—2022 年苏州瑞华云有限公司现金流入流出比例分析表见表 4-4。

表 4-4 2021—2022 年苏州瑞华云有限公司现金流入流出比例分析表　　金额单位:百万元

项目	绝对数		流入:流出	
	2021 年	2022 年	2021 年	2022 年
经营活动现金流入小计	4 217.03	4 150.48	1.19	1.13
经营活动现金流出小计	3 532.77	3 682.54		
投资活动现金流入小计	1.36	8.28	0.01	0.05
投资活动现金流出小计	150.25	171.06		
筹资活动现金流入小计	0.00	7.00	0.00	0.02
筹资活动现金流出小计	703.90	357.02		
现金流入总量	4 218.39	4 165.76	0.96	0.99
现金流出总量	4 386.92	4 210.62		

由表 4-4 可以看出,苏州瑞华云有限公司 2021 年、2022 年经营活动现金流入流出比分别为 1.19 和 1.13,表明 1 元的现金流出可分别换回 1.19 元和 1.13 元的现金流入,此值越大越好。苏州瑞华云有限公司投资活动的现金流入流出比 2021 年、2022 年分别为 0.01 和 0.05,公司投资活动引起的现金流入较小,表明公司正处于发展期。一般而言,处于发展时期的公司此值比较小,而衰退或缺少投资机会时期的此值较大。筹资活动的现金流入流出比 2021 年、2022 年分别为 0 和 0.02,表明还款明显大于借款。2022 年筹资活动中的现金流入系举债获得,同时也说明该公司存在举借新债的现象。

一般而言,对于一家健康的正在成长的公司来说,经营活动的现金流量应为正数,投资活动的现金流量应为负数,筹资活动的现金流量应是正负相间的,苏州瑞华云有限公司的现金流量基本体现了这种成长性公司的特点。

任务二　现金流量表主要项目分析

由于现金流量表是基于收付实现制编制的，即以现金及现金等价物的收付时间为确认标准：凡是当期收到或付出的款项，不论其相关具体业务行为的归属期间如何，都作为当期的现金流入或流出量列示在现金流量表中。因此，现金流量表虽然编制比较烦琐，但阅读起来简单易懂。

一、经营活动现金流量

经营活动现金流量，是指企业在正常的营业活动中从事正常的经营业务所产生的现金流量，包括物资的采购、商品的销售、提供或接受劳务、缴纳税款、支付工资、发生的其他与经营活动有关的现金流量。在持续经营的会计基本前提下，经营活动现金流量反映的是企业经常性的、持续性的现金流入和流出情况。

（1）"销售商品、提供劳务收到的现金"，反映企业从事正常经营活动所获得的，与销售商品、提供劳务等业务相关的现金收入（含在业务发生时向客户收取的增值税额等）。具体包括：在本期发生的业务并在本期收到的现金收入，在以前会计期间发生的业务但在本期收到的现金收入，以及至今尚未发生但在本期已经预收了业务款项的现金收入等。

正常情况下，企业的资金所得主要依赖其日常经营业务，而"销售商品、提供劳务收到的现金"项目，就反映了企业日常经营活动中所能获得的、有一定可持续性的现金流入。

（2）"收到的税费返还"，主要披露企业当期收到的各种税费返还款，包括收到的增值税返还、消费税返还、营业税返还、所得税返还，以及教育费附加返还等，体现了企业在税收方面享受优惠政策所获得的已缴税金的回流金额。

（3）"收到的其他与经营活动有关的现金"，反映企业除了销售商品、提供劳务收到的现金，以及收到的税费返还之外，所收到的其他与经营活动有关的现金流入，如罚款收入、流动资产损失中由个人赔偿的收入等。这部分资金来源在企业"经营活动现金流入量"中所占比重很小，通常带有一定程度的偶然性。

（4）"购买商品、接受劳务支付的现金"，反映企业在正常经营活动过程中所支付的，与购买物资及接受劳务等业务活动相关的现金流出（包括在业务发生时向客户一并支付的增值税额等）。具体包括：本期发生的而且是在本期支付的现金，在以前会计期间发生的该类事项但在本期才支付款项的业务金额，以及至今尚未发生但在本期已经预付了业务款项的现金支出等。

与（1）中所述内容相对应，"购买商品、接受劳务支付的现金"是维持企业正常运营、保证企业经常性生产对劳务与物资需求的资金流出，也是企业获得经营业务收入的物质基础与劳务保证。

（5）"支付给职工以及为职工支付的现金"，是指企业当期实际支付给从事生产经营活动的职工的工资、奖金、津贴和补贴，以及为这些职工支付的诸如养老保险、失业保险、商业保险、住房公积金、困难补助等其他现金。职工是企业生产经营活动中不可或缺的具体实施者，支付给职工以及为职工支付的现金是保证劳动者自身生存及其再生产的必要开支，因此属于企业持续性的现金支出项目。

（6）"支付的各项税费"，是指企业按规定在当期以现金缴纳的所得税、增值税、营业税、房产税、土地增值税、车船使用税、印花税，以及教育费附加、城市维护建设税、矿产资源补偿费等各类税费，反映了企业除个别情况之外实际承受的税费负担。

（7）"支付的其他与经营活动有关的现金"，反映企业除了上述购买商品、接受劳务所付出的现金，支付给职工以及为职工支付的现金和支付的各项税费之外，所发生的其他与经营活动有关的现金流出，如支付给离退休人员的各项费用，以及企业支付罚款支出、差旅费与业务招待费支出、保险费支出、办公费用及营销费用支出等。

经营活动现金流量的最大特点在于，它与企业日常营运活动有密切关系。无论是现金流入量还是流出量，都体现了企业在维持目前生产能力和生产规模状态下对现金及其等价物的获得与支出水平。

二、投资活动现金流量

此处的投资活动是指企业对外进行股权或债权投资，以及对内进行非货币性长期资产（如固定资产、无形资产及其他长期资产等）投资的活动。而"投资活动现金流量"便是反映企业在股权或债权投资中，以及与非货币性长期资产的增减变动相关活动中所产生的现金收付金额。

企业对外进行股权或债权投资，并不直接影响其当期的经营活动，但其日后的转让与收回是企业未来不小的资金流入。此外，股权投资可能带来对被投资方的控股或重大影响，也有可能为企业未来获得经营物资或打开销售渠道提供潜在的和有效的帮助。

至于企业购建或处置固定资产、无形资产及其他长期资产等非货币性资产，则会在很大程度上影响企业未来的经营规模与生产能力，甚至还会在一定程度上改变企业的资产结构与经营方向。购建这类非货币性长期资产的现时资金的大量流出，意味着企业未来营运规模的扩大、生产技能的提高与经营策略的调整；而处置这类非货币性长期资产的现时资金的过多流入，也预示着企业正在压缩经营规模，或出于转变经营方向的需要而大量处置原有设备等长期资产。

（1）"收回投资所收到的现金"，是指企业在当期收回其持有的对外股权或债权投资所收到的现金，包括出售、转让长期股权投资和不属于现金等价物的短期股权投资收到的现金，以及出售、转让各类债权投资收到的现金和持有至当期投资到期收回的本金等。

（2）"取得投资收益所收到的现金"，是指企业基于各种对外投资而在当期获得的现金股利、利息，以及由于被投资方分配利润而收到的现金等。

（3）"处置固定资产、无形资产和其他长期资产收回的现金净额"，主要是指企业在当期处置固定资产、无形资产和其他长期资产时，收到的现金扣除由于处置行为而产生的现金支付之后的净现金流入量，以及由自然灾害造成企业该类长期资产损失而获得的保险赔偿所收到的现金等。

该项目的现金流入量与企业的日常运营没有直接的必然联系，通常也不具有持续性。因此，在分析考虑企业未来获取现金的能力时，对该项指标不应过多考虑。然而，该项目现金流入量的金额过大，可能意味着企业借助大量处置现有的固定资产、无形资产等方式压缩生产经营规模，或者为转变经营方向进行相应的调整。此时，虽然对当期的经营活动没有明显的影响，但完全有可能对企业未来的经营活动以及相应的经营性现金流量产生影响。

（4）"收到的其他与投资活动有关的现金"，反映企业除前面三项内容之外所收到的其他与投资活动有关的现金流入。例如，企业在购买股票、债券等证券投资时，支付价款中包含了已宣告发放但尚未发放的股息，或者已到付息期但尚未领取的利息。在投资后收到这些股息或利息时，不是计入"取得投资收益所收到的现金"项目，而是在本项目中反映。这一项目金额通常很少出现，对企业资金流量的总体影响也相对较小。

（5）"购建固定资产、无形资产和其他长期资产支付的现金"，包含了企业在当期由于购置或自行建造固定资产、获取无形资产和其他长期资产而发生的直接的现金支付金额，如购置该类固定资产所支付的买价、税金、运杂费、安装调试费等，以及建造该类资产所产生的人员开支等。

与（3）相对应，"购建固定资产、无形资产和其他长期资产支付的现金"项目本身也与企业当期的日常运营没有太多直接的必然联系。然而，该现金流出量的发生有可能预示着企业未来某些方面生产经营规模的调整与扩大，从而对企业未来经营活动所需的资金流出量以及相应的经营成果的资金流入量都产生较大的、不可忽视的影响。

（6）"投资支付的现金"，反映企业当期对外投资购买股票、债券等发生的交易或投资价格的现金支出，不但包括企业购买股票、债券等直接发生的交易或投资价格的现金支出，也包括因此支付的佣金、手续费等相关附加费用的现金流出。"投资支付的现金"项目作为企业当期的现金流出，也意味着企业未来获得股息、利息、利润以及转让或出售投资所得的现金流入的潜在可能。

（7）"支付的其他与投资活动有关的现金"，主要是指企业发生的不属于"购建固定资产、无形资产和其他长期资产支付的现金"，也不属于"投资支付的现金"项目的其他与投资活动有关的现金流出，如企业购买股票、债券暂时垫付的被投资方已宣告发放但尚未发放的股息及已到付息期但尚未领取的利息等。这一项目金额一般很小或者几乎没有，更谈不上有经常性，所以对企业的现金影响非常小。

投资活动现金流量的最大特点在于，就当期而言，它与企业日常营运活动几乎没有直接的关系或影响，但是对企业未来的现金流量能产生一定的，甚至是不容忽视的影响：目前该类现金的大量流入可能意味着未来相关现金流入的大幅萎缩；而目前该类现金的大量流出，又可能蕴含着未来会产生或促使大量相应的现金流入。

三、筹资活动现金流量

正常情况下，企业经营活动的资金需求主要由资金流入量来满足，即所谓的"以收抵支"，甚至还应略有剩余。然而，由于生产经营活动中存在着环节衔接不当的情况，企业短期内可能会资金周转不畅，出现资金短缺现象；或者企业出于战略调整、规模扩大等需要而对现金需求量提出更高的要求；等等。这时，企业便不可避免地要从外部筹措所需资金，从而产生企业的筹资活动。

筹资活动现金流量，反映了企业出于各种需求进行资金筹措活动产生的现金流入或流出量。对这类现金流量的分析，关键在于理解企业所筹资金的渠道及规模大小，推测企业所筹资金的用途或动机以及可能对未来产生的资金压力等。

（1）"吸收投资收到的现金"，是指企业以发行股票、发行债券等方式获得的投资者投入的现金总量，在扣除佣金和发行费用的支出之后的净现金所得。企业以发行股票方式筹集资金，在带来可供其长期使用而无须偿还的股权资金的同时，由于在一定程度上降低了资产负债比率，提高了企业对债权人利益的保障程度，也为企业日后的债务筹资提供了可能。而企业若以发行债券方式筹集资金，则在带来目前可供使用的债务资金的同时，也造成了企业日后按期还本付息的资金压力。因此，如果该项现金的金额过大，报表使用者就要充分考虑和分析该企业未来获取现金、偿付本息的能力，以及偿还时大量的资金流出对企业正常经营可能产生的负面影响。

（2）"取得借款收到的现金"，是指企业在当期向银行或非银行金融机构举借各种长期或短期借款所收到的现金。如同以发行债券的方式筹集资金一样，企业在向银行或非银行金融机构借款而获得目前可供使用的资金的同时，会造成日后按期还本付息的资金压力，即现时的现金流入会导致未来相应的现金流出。

（3）"收到的其他与筹资活动有关的现金"，是指企业除吸收投资以及借款所收到的现金之外，在其他归并于筹资活动的有关项目上所收到的现金，如企业接受的现金捐赠等。通常，这类现金流入在企业筹资活动的现金流入量中所占比重很小，甚至不会出现。

（4）"偿还债务支付的现金"，反映企业在当期偿还已经到期的各项债务本金所产生的现金支出金额。企业在以往筹资活动中，以发行债的方式或向银行及非银行金融机构借款的方式筹措所需资金，无论期限多长，都要在未来一定期限内还本付息。

（5）"分配股利、利润或偿付利息支付的现金"，是指企业以吸收投资或借款的方式获得对投资者或债权人资金的占有和使用权的同时，也需要付出相应的使用代价。这种使用代价的现金表现便是以现金形式支付给股东的股利、利润，以及支付给债权人的借款利息或债券利息等。

（6）"支付的其他与筹资活动有关的现金"，反映了除偿还债务支付的现金以及分配股利、利润或偿付利息支付的现金之外，因其他与筹资活动有关的情况而发生的现金流出量。例如，企业为发行股票支付的审计费、咨询费，对外捐出现金，为购建固定资产、无形资产等发生的可以资本化的借款利息支出，以及以融资租赁形式租入固定资产而发生的租赁费开支等。

筹资活动现金流量的最大特点在于，其现时现金流量与未来现金流量在一定程度上的对应性，即目前该类现金流入量的发生，在一定程度上意味着未来存在相应的现金流出量；而目前该类现金流出量的存在，则是以往相应的现金流入量所引起的必然结果。

四、现金流量表的补充资料

现金流量表的补充资料，以净利润为起点，通过对影响利润或现金流量的一些相关项目金额的调整，倒推出经营活动现金净流量。它一方面与正表中经营活动现金净流量相对应，另一方面反映了企业当期所发生的不涉及现金收支活动的投资、筹资活动信息。这些活动虽在当期不涉及现金收支，但可能会对企业未来各期的现金流量产生明显的影响。

在现金流量表的补充资料中，调整的主要项目如下。

（1）当期没有实际收到或付出现金的经营活动事项，如赊购物资、赊销商品、摊销费用、计提资产减值准备等。这些项目虽然构成了企业的当期收入或费用，影响着企业的当期利润，但是没有形成企业的现金流入或流出，自然也不会影响现金净流量。

（2）不属于经营活动的损益项目，如当期发生的利息费用、固定资产处置净损益等。这些项目的产生虽然与企业的筹资及投资活动息息相关，却不属于企业日常生产经营活动项目，也不构成企业经营活动的现金净流量。

（3）经营性应收、应付项目的变动，如应收、应付账款，应收、应付票据，应交税费，应付职工薪酬，其他应收、应付款等。这些项目的变动虽然不会影响企业的当期利润，但对当期的现金流量有直接影响。

因此，经营活动产生的现金流量净额＝净利润＋不影响经营活动现金流量但减少净利润的项目－不影响经营活动现金流量但增加净利润的项目＋与净利润无关但增加经营活动现金流量的项目－与净利润无关但减少经营活动现金流量的项目。

任务三 股东权益变动表结构分析

一、股东权益变动表的基本结构与内容

股东权益变动表是指反映构成股东权益的各组成部分当期的增减变动情况的财务报表。当期损

益、直接计入股东权益的利得和损失以及与所有者（或称"股东"）的资本交易导致的股东权益的变动，应当分别列示。

股东权益变动表全面反映了企业的股东权益在年度内的变化情况，便于会计信息使用者深入分析企业股东权益的增减变化情况，进而对企业的资本保值增值情况做出正确判断，从而提供对决策有用的信息。

股东权益变动表包括表首、正表两部分，其中，表首说明报表名称、编制单位、编制日期、报表编号、货币名称、计量单位等；正表是股东权益变动表的主体，具体说明各项内容，包括股本（或称"实收资本"）、资本公积、法定和任意盈余公积、法定公益金、未分配利润等。每个项目中，又分为年初余额、本年增加数、本年减少数、年末余额四小项，每个小项又分具体情况列示其不同内容。股东权益变动表各项目应根据"股本""资本公积""盈余公积""未分配利润"等科目的发生额分别填列。

2021—2022年苏州瑞华云有限公司股东权益变动表见表4-5。由表4-5可以看出，股东权益变动反映的信息包括：①净利润；②"直接计入股东权益的利得和损失"项目及其总额；③会计政策变更和差错变更的累计影响金额；④所有者投入资本和向所有者分配利润等；⑤按照规定提取的盈余公积；⑥实收资本、资本公积、盈余公积、未分配利润的期末和期初余额及其调节情况。

二、股东权益变动表简单分析

由表4-5可以看出苏州瑞华云有限公司股东权益2021—2022年的变化情况。① 2021年初，股本为79 765万元。2021年7月，实行"10股送2股派0.5元（含税）"的分配方案，股本增加15 953万元，在表4-5中以"股份支付计入股东权益的金额"增加股本15 953万元的形式表现；同时，实行"每10股转增3股"的转增方案，股本又增加了23 929万元；2021年底，股本总额为119 647万元。2022年，股本总额没有发生变化。② 2021年初，资本公积为317 301万元，2021年实行"每10股转增3股"的转增方案，股本增加了23 929万元，同时资本公积减少了23 929万元；2021年底，资本公积总额为293 372万元，2022年资本公积总额没有发生变化。③ 2021年初，盈余公积为107 170万元；2021年，提取盈余公积19 619万元。同时，根据财政部《企业住房制度改革中有关会计处理问题的规定》（财会〔2001〕5号），经过股东大会审议批准后，公司本年将上年已冲减年初未分配利润的住房周转金冲销了"盈余公积——法定公益金"6 993万元，并增加了本年初未分配利润6 993万元。2021年底，盈余公积总额为119 796万元；2022年，又提取了12 518万元的盈余公积。到2022年底，盈余公积总额达132 314万元。④ 2021年初，未分配利润为34 660万元。由于上述③的政策调整，年初未分配利润增加了6 993万元，本年度实现净利润36 944万元。2021年7月，实行"10股送2股派0.5元（含税）"的分配方案和提取盈余公积及对股东的分配，未分配利润分别减少了15 953万元、19 619万元、3 988万元；2021年底，未分配利润总额为39 037万元。2022年，由于同样的利润实现及分配原因，未分配利润在2022年底的数额为14 537万元。由表4-5还可以看出，2022年，公司对股东的分配额度明显增加，这里虽然有股东人数增加的因素，但结合前面的分析，公司在度过了2021年的还债高峰期之后，回馈股东的幅度在加大。

股东权益变动表可以真实全面地反映企业的收益，增强了财务报表关于企业财务业绩信息的完整性和有用性，缩小了企业管理层进行盈余管理、利润操纵的空间，保证了资本市场的健康发展。

表 4-5　2021—2022 年苏州瑞华云有限公司股东权益变动表

编制单位：苏州瑞华云有限公司　　　　　　　　　　　　　　　　　　　　　　　　　　　　　　　　金额单位：百万元

项目	上年金额（2021年）					本年金额（2022年）					
	股本	资本公积	减：库存股	盈余公积	未分配利润	股东权益合计	股本	资本公积	减：库存股	盈余公积	未分配利润	股东权益合计
一、上年末余额	797.65	3 173.01	0.00	1 071.70	346.60	5 388.96	1 196.47	2 933.72	0.00	1 197.96	390.37	5 718.52
加：会计政策变更					69.93	69.93						
前期差错更正												
二、本年初余额	797.65	3 173.01	0.00	1 071.70	416.53	5 458.89	1 196.47	2 933.72	0.00	1 197.96	390.37	5 718.52
三、本年增减变动金额					369.44	369.44					239.13	239.13
（一）净利润												
（二）直接计入股东权益的利得和损失												
1. 可供出售金融资产公允价值变动净额												
2. 权益法下被投资单位其他股东权益变动的影响												
3. 与计入股东权益项目相关的所得税影响												
4. 其他												
上述（一）和（二）小计												
（三）所有者投入和减少资本												
1. 所有者投入资本												

续表

项目	上年金额（2021年）							本年金额（2022年）						
	股本	资本公积	减：库存股	盈余公积	未分配利润		股东权益合计	股本	资本公积	减：库存股	盈余公积	未分配利润	股东权益合计
2. 股份支付计入股东权益的金额	159.53				（159.53）		0.00						
3. 其他													
（四）利润分配													
1. 提取盈余公积	0.00			196.19	（196.19）		0.00				125.18		（125.18）
2. 对股东的分配					（39.88）		（39.88）					（358.94）	（358.94）
3. 其他													
（五）所有者内部权益结转													
1. 资本公积转增股本	239.29	（239.29）					0.00						
2. 盈余公积转增股本													
3. 盈余公积弥补亏损				（69.93）			（69.93）						
4. 其他													
四、本年末余额	1 196.47	2 933.72	0.00	1 197.96	390.37		5 718.52	1 196.47	2 933.72	0.00	1 323.14	145.37	5 598.70

如何看透财务报表

财务报表分析是一门"艺术",背后隐藏着企业的"玄机"。

财务报表是企业所有经济活动的综合反映,提供了企业管理层决策需要的信息。认真解读与分析财务报表,能帮助我们剔除财务报表的"粉饰",公允地评估企业的决策绩效。要读懂财务报表,除了要有基本的财务会计知识外,还应掌握以下几个方面的问题,以看清隐藏在财务报表背后的玄机。

一、浏览报表,探测企业是否有重大财务方面的问题

拿到企业的报表,首先,不是做一些复杂的比率计算或统计分析,而是通读三张报表,即利润表、资产负债表和现金流量表,看是否有异常科目或异常金额的科目,或从表中不同科目金额的分布来看是否异常。比如,在国内会计实务中,"应收、应付是个筐,什么东西都可以往里装"。其他应收款规模过大往往意味着本企业的资金被其他企业或人占用,甚至长期占用,这种占用要么可能不计利息,要么可能变为坏账。其次,在分析和评价中应剔除应收款可能变为坏账的部分并将其反映为当期的坏账费用以调低利润。

(一)研究企业财务指标的历史长期趋势,以辨别有无问题

"一般来讲",一家连续盈利公司的业绩要比一家前3年亏损、本期却盈利丰厚的企业可靠。我们对国内上市公司的研究表明:一家上市公司的业绩必须看满5年以上才能基本上看清楚,如果以股东权益报酬率作为绩效指标来考核上市公司,那么会出现一个规律,即如果上市公司上市当年的该项指标相对于其上市前3年的平均水平下跌50%以上,则以后的年份再也不可能恢复到上市前的水平。解释只有一个:企业上市前的报表"包装"得太厉害。

(二)比较企业的利润水平是否与其现金流量水平一致

有些企业在利润表上反映了很高的经营利润水平,而在其经营活动产生的现金流量方面却表现贫乏,因此应提出这样的问题:利润为什么没有转化为现金,利润的质量是否有问题?"银广夏"在被曝光前1年的盈利能力远超同行业的平均水平,但是其经营活动产生的现金流量净额相对于经营利润水平贫乏。事后证明,该公司系以其在天津的全资进出口子公司虚做海关报关单,然后在会计上用虚增应收账款和销售收入的方式吹起利润的"气球"。而这些子虚乌有的所谓"应收账款"是永远不可能转化为经营现金的,这就是其经营活动产生的现金流量如此贫乏的原因。

(三)将企业与同行业比较

将企业的业绩与同行业指标的标准进行比较,也许会给我们展现更真实的画面:一家企业与自己比较也许进步已经相当快了,如销售增长了20%,但是放在整个行业的水平上来看,可能会得出不同的结论,如果行业平均的销售增长水平是50%,那么低于此速度的、跑得慢的企业最终将败给自己的竞争对手。

二、小心报表中的"粉饰"

在财务报表中"粉饰"报表、制造泡沫的一些手法,容易对企业决策绩效的评估产生偏差,甚至出现完全错误的情况。

(一)以非经常性业务利润掩饰主营业务利润的不足或亏损状况

非经常性业务利润,是指企业不经常发生或偶然发生的业务活动产生的利润,通常出现于"投资收益""补贴收入"和"营业外收入"等科目中。如果我们在分析中发现企业扣除非

经常性业务损益后的净利润远低于企业净利润的总额，如不到50%，我们就可以肯定企业的利润并非主要来源于其主营的产品或服务，而是来源于不经常发生或偶然发生的业务，这样的利润水平是无法持续的，也不能反映企业经理人在经营和管理方面提高的结果。

（二）将收益性支出或期间费用资本化以高估利润

将收益性支出或期间费用资本化以高估利润是中外企业"粉饰"利润的惯用手法，如将本应列支为本期费用的利润表项目反映为待摊费用或长期待摊费用的资产负债表项目。在国内房地产开发行业中，可以经常看到企业将房地产项目开发期间发生的销售费用、管理费用和利息支出任意地和长时间地"挂账"于"长期待摊费用"科目，导致这些企业的利润被严重高估。

（三）以关联交易方式"改善"经营业绩

以关联交易方式"改善"经营业绩的经典例子是目前已经不存在的"琼民源"公司。为了掩盖亏损的局面，不惜采用向其子公司出售土地以实现当期利润，而下一年再从该子公司买回土地的伎俩。后来，东窗事发，"琼民源"公司遭到财政部和证监会的严厉惩处。所以，在分析中应关注企业关联方交易的情况，研究其占企业总的销售、采购、借款以及利润的比例，并应审查这些交易的价格是否有失公允。

（四）通过企业兼并"增加"利润

某些企业在产品或服务已经丧失盈利能力的情况下，采用兼并其他盈利企业的手段来"增加"其合并报表的利润。这些企业的会计"高手"利用国内尚未有合并财务报表的会计准则和目前合并报表暂行规定中的漏洞，将被兼并企业全年的利润不合适的并入合并报表中。在分析中，应特别注意企业的收购日期，收购前被兼并企业的利润水平，在合并利润表的利润总额和净利润之间有无除所得税与少数股东收益以外的异常科目出现。

（五）通过内部往来资金"粉饰"现金流量

有的企业在供、产、销经营活动产生的现金流量不足时，采用向关联企业内部融通资金，并把这些资金的流入列为"收到的其他与经营活动有关的现金"的手法，使现金流量表中经营活动产生的现金流量看起来更好。

三、不夸大财务报表的作用

对财务报表进行分析，有助于全面把握公司的财务情况和评估决策绩效，但是应清醒地认识到财务报表分析的局限性。

首先，企业的资产负债表以及利润表中的产品销售成本是按资产或存货获得时所支付的金额记录的，因此资产和销售成本不是按资产或存货现行价值反映的。在通货膨胀的情况下，有可能引起资产报酬率或权益报酬率的高估。另外，历史成本原则还导致同行业新老企业比较的困难。比如，假设甲、乙两家企业生产完全相同的产品，生产能力一样；本年销售收入也完全一样，都是1亿元。但是，甲企业是10年前成立的企业，由于固定资产购建比较早，当初的成本比较便宜，且由于使用中折旧，其固定资产的账面值较低，仅为2 000万元；而乙企业是刚成立3年的企业，固定资产的购建成本较高，累计提取的折旧较少，所以其账面值较高，为6 000万元。我们计算甲、乙两家企业的固定资产周转率可得：甲企业为10 000/2 000 = 5（次），而乙企业为10 000/6 000 = 1.67（次）。若我们将两家企业的周转率进行对比，则会得到乙企业的周转率仅为甲企业的1/3，乙企业的资产管理效率似乎远不如甲企业的结论。但是，这样的结论显然是有失公允的。解决这一局限性的方法是在企业内部考核中采用资产的现行价值计量资产的价值，如在甲、乙两家企业的对比中，可以按固定资产重新构建的成本——重置成本替换其账面值。

其次，会计方法选择和会计估计的普遍存在。在进行会计估计时，财务会计准则和制度中常允许对相同的业务从多个方法中任选其一，即使对同类固定资产都采用直线法折旧，不同企业对资产的使用年限、未来能够在市场上可变卖的价值（残值）的估计也可能是不一样的。解决这些问题的方法有：其一，在企业集团内部的绩效考核之前，应按行业统一企业会计制度，尽可能减少或禁止对同一类经济业务采用的不同会计处理方法；其二，作为分析人员，应剔除由于会计政策不一致而对财务指标产生影响的因素。

另外，财务指标也具有局限性。企业的内部控制程序是否有效以及企业作为组织的创新和学习能力如何等，是财务指标不能反映或不能完全反映的，必须借助于其他的非财务指标，甚至是难以量化的指标来进行考核。

财务报表分析是一门"艺术"，正如对同一片自然景色，画匠和大师的诠释会有很大差距一样，不同的分析人员在解析同一份报表时也可能得出不同的结论。

项目小结

思考与练习

一、单项选择题

1. 由现金流量表提供的信息是（ ）。
   A. 企业的债权人信息　　　　　　　　B. 企业的利润情况
   C. 企业的经营性现金流量　　　　　　D. 企业的资产状况

2. 采用间接法编制现金流量表中经营活动产生的现金流量的起点是（ ）。
   A. 营业外收入　　　　　　　　　　　B. 利润总额
   C. 主营业务收入　　　　　　　　　　D. 净利润

3. 企业经营活动现金流量大于零，意味着企业（ ）。
   A. 盈利
   B. 生产经营过程中，现金"入不敷出"
   C. 生产经营过程中，现金"收支平衡"
   D. 生产经营比较正常，现金支付有保障

4. 属于经营活动产生的现金流量的项目是（ ）。
   A. "发行股票收到的现金"　　　　　　B. "借款收到的现金"
   C. "处理固定资产支付的现金"　　　　D. "支付的税费"

5. 企业经营活动中现金流量等于零，意味着（　　）。

A. 企业盈利

B. 生产经营过程中，现金"入不敷出"

C. 生产经营过程中，现金"收支平衡"

D. 生产经营比较正常，现金支付有保障

6. 属于筹资活动产生的现金流量的项目是（　　）。

A. "吸收投资收到的现金"　　　　　　B. "处置无形资产收到的现金"

C. "购建固定资产支付的现金"　　　　D. "收回投资收到的现金"

7. 属于投资活动产生的现金流量的项目是（　　）。

A. "发行债券收到的现金"　　　　　　B. "借款收到的现金"

C. "购建固定资产支付的现金"　　　　D. "收到的税费返还"

8. 现金流量表中，导致企业资本及债务规模和构成发生变化的活动是（　　）。

A. 经营活动　　　　　　　　　　　　B. 投资活动

C. 筹资活动　　　　　　　　　　　　D. 长期股权投资

9. "通过将连续多年的现金流量表并列在一起加以分析，以观察现金流量的变化趋势"属于（　　）。

A. 以总现金流入为基础的结构分析　　B. 以总现金流出为基础的结构分析

C. 经营活动现金流入结构分析　　　　D. 现金流量的趋势分析

二、多项选择题

1. 现金流量表中，对现金流量的分类包括（　　）。

A. 投资活动现金流量　　　　　　　　B. 经营活动现金流量

C. 日常活动现金流量　　　　　　　　D. 筹资活动现金流量

E. 货币资金

F. 企业当期经营状况良好，获得较多的现金流量

2. 下列关于现金流量的各种表述，正确的是（　　）。

A. 现金流量总额是指流入和流出抵销后的净额

B. 现金流量的各项目按报告年度的现金流入或流出的总额反映

C. 现金流量总额全面揭示企业现金流量的方向、规模和结构

D. 现金净流量可能是正数也可能是负数

E. 现金净流量反映了企业各类活动形成现金流量的最终结果

3. 现金流量表的内容包括（　　）。

A. 本期现金从何而来　　　　　　　　B. 本期现金用向何方

C. 现金余额发生什么变化　　　　　　D. 不涉及先进的投资活动

E. 不涉及现金的筹资活动

三、判断题

1. 采用直接法编制现金流量表——经营活动产生的现金流量是以主营业务收入为起点。（　　）

2. 采用间接法编制现金流量表——经营活动产生的现金流量是以主营业务收入为起点。（　　）

3. 现金流量表中的"经营活动"是指直接进行产品生产、商品销售或劳务提供的活动。（　　）

四、综合实践训练题

1. 根据本项目任务，要求运用网络教学资源准备一份上市公司近3年的财务报表，并对其进行结构分析和重点项目分析。

2. 财务报表阅读分析综合实例。

【案例思考题】

珠海中富实业股份有限公司 2022 年度报告

重要提示：

本公司董事会、监事会及董事、监事、高级管理人员保证本报告所载资料不存在任何虚假记载、误导性陈述或者重大遗漏，并对其内容的真实性、准确性和完整性承担个别及连带责任。全部董事均出席董事会。公司董事长黄乐夫先生、总经理卢焕成先生及财务经理周毛仔先生声明：保证年度报告中财务报告的真实、完整。

一、公司基本情况简介

（一）公司名称：珠海中富实业股份有限公司（缩写：珠海中富）

英文名称：Zhuhai Zhongfu Enterprise Co.，ltd. （缩写：zhuhai zhongfu）

（二）公司法定代表人：黄乐夫

（三）公司董事会秘书及其授权代表：陈立上、周毛仔

联系地址：广东省珠海市湾仔镇第一工业区

电话：（0756）8821350

传真：（0756）8812870 8821103

E-mail：zfzjb@zhongfu.com.cn

（四）公司注册、办公地址：广东省珠海市湾仔镇南湾南路第一工业区

邮政编码：519030

公司国际互联网址：http：//www.zhongfu.com.cn

E-mail：zfzjb@zhongfu.com.cn

（五）公司选定的信息披露报纸为：《证券时报》《中国证券报》

公司年度报告登载的国际互联网址：http：//www.cninfo.com.cn

公司年度报告备置地点：公司董秘办

（六）公司股票上市交易所：深圳证券交易所

股票简称：珠海中富

股票代码：000659

（七）其他有关资料

1. 公司首次注册登记日期、登记地点

公司于1985年12月18日在珠海市注册登记，最近一次变更登记是2010年9月3日

2. 企业法人营业执照注册号：4404001003116

3. 税务登记号码：44040219255957X

4. 会计师事务所名称：广东恒信德律会计师事务所有限公司

会计师事务所办公地址：广东省珠海市康宁路16号、18号

联系电话：（0756）-2114788 2227513

二、会计数据和业务数据摘要

（一）主要会计数据（见表4-6）

表 4-6　主要会计数据　　　　　　　　　　　　　　金额单位：元

项目	2020年	2021年	2022年	2022年比2021年增减/%
主营业务收入	1 636 650 055.22	1 926 780 539.85	2 256 047 803.95	17.09
利润总额	162 353 867.65	103 415 795.48	176 940 876.73	71.10
净利润	122 266 140.48	70 016 743.30	104 036 337.84	48.59
扣除非经常性损益的净利润	121 134 700.16	78 952 260.90	102 222 187.00	29.47
经营活动产生的现金流量净额	325 922 307.11	363 270 892.37	714 670 328.48	96.73
资产	4 723 256 235.39	5 136 267 418.00	5 691 217 901.42	10.80
股东权益（不含少数股东权益）	1 841 023 969.89	1 866 007 889.48	1 940 048 130.36	3.97

（二）主要财务指标（见表4-7）

表 4-7　主要财务指标　　　　　　　　　　　　　　金额单位：元

项目	2020年	2021年	2022年	本年比上年增减/%
每股收益	0.15	50	0.1	0.18
净资产收益率	5.36	1.61	3.75	6.64
扣除非经常性损益的净利润为基础计算的净资产收益率	5.27	1.25	4.02	6.58
每股经营活动产生的现金流量净额	1.04	96.23	0.53	0.47
每股净资产	2.67	2.71	2.82	4.06
调整后的每股净资产	2.63	2.67	2.77	3.75

（三）非经常性损益项目（见表4-8）

表 4-8　非经常性损益项目　　　　　　　　　　　　金额单位：元

非经常性损益项目	金额
处置长期股权投资、固定资产、在建工程、无形资产、其他长期资产产生的损益	3 034 728.35
各种形式的政府补贴	1 288 382.11
其他各项营业外收入、支出	-3 944 709.41
以前年度已经计提各项减值准备的转回	2 947 066.98
债务重组损益	-1 725 853.94
非经常性损益的所得税影响数	214 536.75
合计	1 814 150.84

三、股本变动及股东情况

（一）报告期内股东权益变动情况（见表4-9）

表4-9 报告期内股东权益变动情况　　金额单位：元

项目	股本	资本公积	盈余公积	法定公益金	未分配利润	股东权益合计
期初数	688 295 600.00	570 529 285.00	363 503 264.92	55 123 108.80	251 679 637.49	1 939 752 795.21
本期增加	17 406.40	34 735 250.97	34 886 306.87	74 040 240.88		143 689 205.12
本期减少				−55 123 108.80		−55 123 108.80
期末数	688 313 006.40	605 264 535.97	712 366 331.79	184 286 458.48	251 679 637.49	2 262 749 938.03

变动原因：

（1）资本公积的增加是根据子公司本年度资本公积的变动相应调整；

（2）盈余公积的增加和法定公益金的减少是根据财政部《关于〈公司法〉施行后有关企业财务处理问题的通知》（财企〔2006〕67号）将公益金转为盈余公积使用；

（3）未分配利润增加是本年度实现利润所致。

（二）公司控股股东情况说明

本公司第一大股东是珠海中富工业集团有限公司，属非国有独资有限责任公司，成立于1982年，注册资本36 884.29万元，持有本公司有限售条件流通股份24 000万股，占总股份的34.87%。

法定代表人：黄乐夫。

经营范围：塑料制品、纸制品、纺织品等。

其股东为珠海中富工业集团有限公司工会委员会、珠海乐福贸易有限公司、珠海诚纬贸易有限公司、珠海家禾贸易有限公司、黄乐夫、卢焕成、叶春萱，股权比例分别为63.12%、17.72%、6.68%、4.47%、5.07%、2.40%、0.53%。珠海中富工业集团有限公司工会委员会为在珠海市民政局注册的社团法人，法定代表人黎华根。

公司与实际控制人之间的产权和控制关系如图4-1所示。

图4-1　公司与实际控制人之间的产权和控制关系

四、董事、监事、高级管理人员和员工情况

董事、监事、高级管理人员情况（略）。

员工情况：

截至2022年12月31日，公司（不含子公司）在册职工934名，其中，管理人员81人，占总人数的8.67%；专业技术人员173人，占总人数的18.52%；生产人员655人，

占总人数的 70.12%；其他人员 25 人，占总人数的 2.68%。员工中具有大、中专以上学历的 203 人，具有专业技术职称的 138 人，公司没有需承担费用的离退休职工。

五、公司治理结构（略）

六、股东大会情况简介（略）

七、董事会报告

（一）管理层讨论与分析

1. 报告期内公司经营情况的回顾

（1）公司报告期内的总体经营情况。2022 年，饮料包装市场持续发展，公司的销售收入保持增长。在原有产品发展之外，代加工水业务增幅较大，新产品业务产销量提高。内部管理细化，成本得到控制。公司全年实现主营业务收入 2 256 047 803.95 元，比上年增加 17.09%；实现主营业务利润 520 123 315.99 元，比上年增加 24.39%；实现利润总额 176 940 876.73 元，比上年增加 71.10%；实现净利润 104 036 337.84 元，比上年增加 48.59%。

（2）公司主营业务及其经营状况。珠海中富主要从事塑料 PET 饮料瓶、瓶坯系列，PVC、OPP 标签等产品的生产和销售以及饮料代灌装业务。

①按产品分，公司主营业务情况见表 4-10。

表 4-10 按产品分的公司主营业务情况　　　　　　　　　　　　金额单位：万元

分行业或产品	主营业务收入		主营业务成本		主营业务利润率 /%	
	2022 年	比 2021 年增长	2022 年	比 2021 年增长	2022 年	比 2021 年增长
饮料包装制品及原料生产	225 604.78	17.09	173 355.87	15.1	23.16	1.33
主营业务分产品情况						
饮料包装制品	317 450.73	4.51	273 026.15	1.94	13.99	2.17
饮料加工	22 390.49	35.85	20 919.94	32.25	6.57	2.54
PET 生产原料	29 414.61	-6.41	28 250.54	-7.01	3.96	0.9
公司各业务分部间相互抵销	-143 651.05	0	-148 840.77	0	0	0
合计	225 604.78	17.09	173 355.86	15.1	23.16	1.33

注：饮料加工由于代灌装线全面投产，主营业务收入、成本增加较多。

②按地区分，公司主营业务情况见表 4-11。

表 4-11 按地区分的公司主营业务情况　　　　　　　　　　　　金额单位：元

地区	主营业务收入	主营业务成本	主营业务利润率 /%	主营业务收入比上年增长 /%
华南	1 011 267 779.30	918 452 156.55	9.18	20.38
华东	421 192 531.05	340 227 853.79	19.22	-23.62
华北	650 927 508.27	553 253 136.39	15.01	-7.59

续表

地区	主营业务收入	主营业务成本	主营业务利润率/%	主营业务收入比上年增长/%
东北	576 814 256.79	473 717 270.64	17.87	9.01
西南	757 661 054.03	680 937 004.39	10.13	5.51
其他	244 954 046.34	225 417 848.10	7.98	91.93
国外	29 741 100.42	29 961 039.87	−7.44	−38.67
公司各业务分部间相互抵销	1 436 510 472.25	1 488 407 654.13		
合计	2 256 047 803.95	1 733 558 655.60	23.16	17.09

③ 推出新产品情况。公司新产品PET啤酒瓶、PET酱油瓶已实现向客户正常供货，随着厂商和消费者对新包装的了解与接受，新产品的产销量将会逐渐增加并为公司贡献更多利润。

④ 主要供应商、客户情况。公司前五名供应商的采购金额合计占年度采购总额的22.86%，前五名客户销售额合计占公司销售总额的27.80%。

（3）报告期公司资产构成、费用同比发生的变动及其原因。

① 资产构成的变动情况见表4-12。

表4-12 资产构成的变动情况　　　　金额单位：元

项目	2021年12月31日		2022年12月31日	
	金额	占总资产比例/%	金额	占总资产比例/%
应收款项	755 864 662.68	14.72	825 608 514.76	14.50
存货	591 441 818.54	11.52	578 011 424.79	10.15
长期股权投资	130 114 481.23	2.53	103 035 629.58	1.81
固定资产	3 230 554 063.86	62.90	3 364 532 509.01	59.11
在建工程	274 748 165.24	5.35	101 302 954.24	1.78
短期借款	1 822 108 709.78	35.48	1 702 400 000.00	29.91
长期借款	139 281 627.71	2.71	391 555 167.38	6.88

注：

（ⅰ）存货、短期借款占比减少的原因主要是部分业务以来料加工方式开展，自购原辅料减少相应所需资金；

（ⅱ）固定资产占比减少的原因主要是总资产增加；

（ⅲ）在建工程占比减少较多的原因主要是上年在建工程陆续完工，而新增在建工程较少；

（ⅳ）长期借款占比增加较多的原因主要是机器设备、房产的长期抵押借款增加。

② 费用、所得税的变动情况见表4-13。

表 4-13　费用、所得税的变动情况　　　　　　　　　金额单位：元

项目	2021 年	2022 年	2022 年比 2021 年增减 /%
营业费用	84 196 377.45	86 139 387.87	2.31
管理费用	116 005 748.58	149 623 169.45	28.98
财务费用	108 616 728.52	115 799 131.27	6.61
所得税	14 435 525.97	22 880 546.88	58.50

注：

（i）管理费用增加的原因主要是公司业务量扩大、产销量增加，导致工资及福利、办公费用等相应增加；

（ii）所得税增加的原因主要是子公司所得税"两免三减"逐渐到期。

（4）现金流量的构成情况见表 4-14。

表 4-14　现金流量的构成情况　　　　　　　　　　金额单位：元

项目	2021 年	2022 年	变动原因
经营活动产生的现金流量净额	363 270 892.40	714 670 328.50	销售商品收到及其他与经营活动有关的现金增加
投资活动产生的现金流量净额	–426 876 207.40	–352 886 499.70	处置固定资产、无形资产和其他长期资产所收回的现金净额增加

2. 对公司未来发展的展望

（1）行业的发展趋势及面临的竞争格局。当前，包装行业持续发展，企业对塑料 pet 包装的需求不断增加，随着人们生活水平的提高和国家实施刺激内需政策，塑料包装将得到更快速的发展。pet 塑料包装制造业是技术、资本密集型行业，具有生产商集中、客户集中的特点，产品无差别化，目前行业主要由 3～5 家厂商垄断大部分的市场份额。

作为行业最大规模的制造商之一，公司将分享 pet 制造业的增长。但主要原料 pet 聚酯切片受上游原油价格的影响，会对公司成本形成压力，直接影响公司的盈利水平。

（2）公司的发展计划。未来，公司要成为以多层保鲜包装技术为核心的 PET 现代化包装企业，除了继续巩固碳酸、热灌装、水饮料包装之外，还要积极进行产品结构调整和升级，开辟新产品市场，丰富公司的产品线，降低对大客户的依赖，提高企业抗风险能力；还要进行产业结构调整，开拓水产品和 OEM 贴牌加工市场，研发高科技原料，提高包装产品的整体附加值，推动珠海中富整个 PET 塑料包装产业升级。

为此，2023 年，公司将大力培养高素质的干部职工，细化内部管理，健全干部职工的级别评定制度，实行预算管理，严格控制开支，提高整个企业的管理水平，达到企业持续发展、效益稳步增长的目的。

（3）资金需求及使用计划。由于部分业务实行来料加工，公司的资金需求主要是满足上下游业务的延伸和新产品的拓展。公司将结合新产品的发展情况，拟通过自身积累、银行借款等多种方式筹措资金，以满足业务发展的需要。

（4）公司面临的主要风险及应对措施。

①主要原材料供应渠道及价格波动风险。公司的主要客户对产品原材料有质量认证要求，国内目前只有数家符合该需求，原料采购存在对几家供应商的依赖风险；同时，由于原

油价格的波动，产品原料价格随之变动，加大了产品成本压力。

对策：部分业务采用来料加工方式供应，规避原料变动风险；培养更多供应商，密切跟踪价格走势，实施中央集中采购，降低原料成本。

②客户集中、行业竞争加剧及饮料行业季节周期影响的风险。PET瓶行业的客户和制造商相当集中，为争取订单稳定市场份额，制造商之间的竞争非常激烈。饮料行业存在季节性的淡旺周期，影响公司产品的生产销售。

对策：一方面，提高产品质量，提供更优质的服务（如提供下游的配套灌装及产品配套等）；另一方面，开发新产品培养新客户，实现产品系列化，满足不同客户的需求，开辟新的客户市场。

③新产品开发、市场化的风险。新产品虽可为公司带来新的增长点，但存在前期投入风险和规模产业化时间早晚的风险。

对策：依托珠海中富工程中心，组成业内最具实力的研发队伍，并保证研发资金的持续投入；组建专职市场推广部门，制定激励措施，推动新产品的市场产业化。

④经营场所分散、跨度较大、管理失控的风险。PET瓶体积较大，运输成本较高，为占领市场满足客户，公司组建了全国性的生产、销售网络，出现子公司数量多、地域分散的状况，存在管理失控的风险。

对策：设立管理区分片管理，统一进行原料采购和产品价格谈判，通过ERP系统实时监控经营和财务状况，使各子公司处于可控状态。

3. 详细分析并披露执行新会计准则后公司可能发生的会计政策、会计估计变更及其对公司的财务状况和经营成果的影响

①根据新《企业会计准则第2号——长期股权投资》的规定，本公司将现行政策下对子公司采用权益法核算变更为采用成本法核算，因此，将减少子公司经营盈亏对本公司当期投资收益的影响，但是本事项不影响本公司合并财务报表。

②在现行会计政策下，本公司对长期股权投资过程中形成的股权投资差额分情况进行会计处理，形成借方差额时按合同规定的投资期限摊销，其中，合同没有规定投资期限的，借方差额按不超过10年期限摊销；在财政部《关于执行〈企业会计制度〉和相关会计准则有关题解答（二）》（财会〔2003〕10号）颁布之前形成的贷方差额，按不少于10年期限摊销，直至摊销完毕；颁布之后形成的贷方差额，一次计入资本公积。根据新《企业会计准则第2号——长期股权投资》的规定，同一控制下企业合并产生股权投资差额调整资本公积，资本公积不足冲减调整留存收益；其他情况下产生的股权投资差额，计入当期损益。此项政策变化将会影响本公司当期利润和股东权益。

③根据新《企业会计准则第18号——所得税》的规定，公司将现行政策下的应付税款法变更为资产负债表下的纳税影响会计法，将会影响本公司当期的会计所得税费用，从而影响本公司的利润和股东权益。

④根据新《企业会计准则第33号——合并财务报表》的规定，本公司将现行会计政策下合并财务报表中少数股东权益单独列示，变更为合并资产负债中股东权益项目下以"少数股东权益"项目列示。此项政策变化将会影响本公司的股东权益。

上述差异事项和影响事项可能因财政部对新会计准则的进一步解释而进行调整。

（二）公司投资情况

（1）报告期内不存在募集资金或报告期之前募集资金延续报告期内的投资情况。

（2）报告期内非募集资金投资情况见表4-15。

表 4-15　报告期内非募集资金投资情况

公司名称	主要经营活动	投资方式	注册资本	公司所占比例/%	实际进度
1. 温州中富塑料容器有限公司	生产销售 PET 瓶	新办	75 万美元	75.00	经营
2. 中富（沈阳）实业有限公司	生产销售 PET 瓶	收购	1 500 万元人民币	100.00	正在办理变更
3. 河南中富瓶胚有限公司	生产销售 PET 瓶坯	新办	2 300 万元人民币	56.25	经营
4. 新疆天山中国一号冰川水开发有限公司	生产和销售	收购	600 万元人民币	55.43	经营
5. 中富（香港）实业股份有限公司	贸易和投资	新办	298 万美元	100.00	筹办

注：经批准，子公司温江中富容器有限公司名称变更为"四川嘉富容器有限公司"。

（三）董事会日常工作情况（略）

（四）利润分配和资本公积金转增股本预案

经广东恒信德律会计师事务所有限公司审计，2022 年度公司实现利润 104 036 337.84 元，按公司章程的规定，提取 10% 法定盈余公积金 10 403 633.78 元，加上年初未分配利润 251 679 637.49 元，年末可供分配的利润为 345 312 341.55 元。董事会提议以 2022 年末总股本 68 829.56 万股为基数，向全体股东每 10 股派发现金红利 0.60 元（含税），合计分配金额 41 297 736.00 元。

本年度不进行资本公积金转增股本。

以上利润分配和资本公积金转增股本预案尚需公司股东大会审议通过。

八、监事会报告（略）

九、重要事项（略）

十、财务报告

审计报告

珠海中富实业股份有限公司全体股东：

我们审计了珠海中富实业股份有限公司（以下简称"珠海中富公司"）财务报表，包括 2022 年 12 月 31 日的资产负债表和合并资产负债表，2022 年度的利润表和合并利润表及现金流量表和合并现金流量表以及财务报表附注。

一、管理层对财务报表的责任

按照企业会计准则和《企业会计制度》的规定，编制财务报表是珠海中富公司管理层的责任。这种责任包括：①设计、实施和维护与财务报表编制相关的内部控制，以使财务报表不存在由舞弊或错误导致的重大错报；②选择和运用恰当的会计政策；③做出合理的会计估计。

二、注册会计师的责任

我们的责任是在实施审计工作的基础上对财务报表发表审计意见。我们按照"中国注册会计师审计准则"的规定执行了审计工作。"中国注册会计师审计准则"要求我们遵守职业道德规范，计划和实施审计工作以对财务报表是否不存在重大错报获取合理保证。

审计工作涉及实施审计程序，以获取有关财务报表金额和披露的审计证据。选择的审计程序取决于注册会计师的判断，包括对由舞弊或错误导致的财务报表重大错报风险的评估。在进行风险评估时，我们考虑与财务报表编制相关的内部控制，以设计恰当的审计程序，但目的并非对内部控制的有效性发表意见。审计工作还包括评价管理层选用会计政策的恰当性和做出会计估计的合理性，以及评价财务报表的总体列报。我们相信，我们获取的审计证据是充分、适当的，为发表审计意见提供了基础。

三、审计意见

我们认为，珠海中富公司的财务报表已经按照企业会计准则和《企业会计制度》的规定编制，在所有重大方面公允反映了珠海中富公司2022年12月31日的财务状况以及2022年度的经营成果和现金流量。

广州恒信德律会计师事务所有限公司
中国注册会计师：胡建波
中国注册会计师：严红海
中国珠海
二〇二三年三月二十二日

为分析方便，我们又搜集、整理了珠海中富公司2020年、2021年、2022年的资产负债表及2021年、2022年的利润表和现金流量表，分别见表4-16、表4-17、表4-18。

表4-16　2020—2022年珠海中富公司资产负债表　　　　金额单位：万元

项目	2020年12月31日	2021年12月31日	2022年12月31日
货币资金	17 669.79	17 591.32	34 093.48
应收票据	122.55	71.37	22 800.00
应收股利	5 459.32	9 915.64	8 929.26
应收账款	35 820.58	58 335.31	67 209.56
应收账款净额	34 001.43	55 352.22	63 557.59
其他应收款	15 970.70	15 544.48	11 086.54
其他应收款净额	15 181.75	13 597.94	6 204.35
减：坏账准备	2 608.10	4 929.63	8 534.16
应收款项净额	49 183.19	68 950.16	69 761.94
预付款项	15 783.74	16 165.85	24 277.95
存货净额	10 634.24	11 850.18	13 302.99
待摊费用	63.84	64.76	41.97
流动资产合计	98 916.66	124 609.28	173 207.61
长期投资			
长期股权投资	163 118.96	172 520.41	188 770.33
长期投资合计	163 490.96	173 192.41	189 442.33
减：长期投资减值准备	372.00	672.00	672.00

续表

项目	2020年12月31日	2021年12月31日	2022年12月31日
长期投资净额	163 118.96	172 520.41	188 770.33
固定资产			
固定资产原价	51 861.42	43 156.90	42 800.28
减：累计折旧	20 721.09	16 596.17	17 500.73
固定资产净值	31 140.33	26 560.73	25 299.55
减：固定资产减值准备	337.04	337.04	337.04
固定资产净额	30 803.29	26 223.69	24 962.51
在建工程净额	6 042.84	4 744.68	2 234.37
长期待摊费用	1 007.02	1 034.72	1 068.43
无形资产及其他资产合计	1 629.70	1 635.51	1 946.32
资产总计	300 511.46	329 733.57	391 121.14
负债及股东权益			
短期借款	49 000.00	56 160.00	72 550.00
应付票据	20 086.61	30 695.01	51 156.42
应付账款	5 268.48	3 625.32	9 197.13
预收账款	602.56	36 128.50	41 872.36
应付工资	2.03	3.72	5.19
应付福利费	200.44	223.11	266.23
应付股利	247.87	252.41	252.82
应交税费	520.39	812.50	376.59
其他应交款	11.25	21.52	17.71
其他应付款	35 333.35	14 846.71	4 473.55
预提费用	25.00	25.00	1.10
1年内到期的非流动负债	7 000.00	0.00	5 000.00
流动负债合计	118 297.98	142 793.80	185 169.10
长期负债			
长期借款	5 000.00	12 000.00	25 400.00
长期负债合计	5 000.00	12 000.00	25 400.00
负债合计	123 297.96	154 793.81	210 569.11

续表

项目	2020年12月31日	2021年12月31日	2022年12月31日
股东权益			
股本	68 829.56	68 829.56	68 829.56
股本净额	68 829.56	68 829.56	68 829.56
资本公积金	57 420.34	57 052.93	57 054.67
盈余公积金	29 792.57	30 842.82	31 883.18
其中：公益金	5 162.23	5 512.31	0.00
未分配利润	21 171.03	18 214.46	22 784.62
股东权益合计	177 213.50	174 939.76	180 552.03
负债及股东权益总计	300 511.46	329 733.57	391 121.14

表 4-17　2021—2022 年珠海中富公司利润表　　　　　　　　　　　金额单位：万元

项目	2021年	2022年
一、主营业务收入	40 959.11	39 102.48
减：主营业务成本	38 200.50	36 144.26
主营业务税金及附加	214.92	192.84
销售费用	1 682.79	1 438.32
管理费用	4 694.95	7 898.05
财务费用	3 717.34	4 239.74
二、主营业务利润	2 543.69	2 765.38
加：其他业务利润	4 829.21	3 865.81
三、营业利润	−2 722.19	−6 944.92
加：投资收益	4 740.84	16 161.81
补贴收入	6.60	3.24
营业外收入	60.44	44.65
减：营业外支出	338.43	142.61
营业外收支净额	−277.99	−97.97
四、利润总额	1 747.26	9 122.16
减：所得税	212.10	70.16
五、净利润	1 535.16	9 052.00
加：年初未分配利润	21 171.03	18 214.46
六、可分配利润	22 706.19	27 266.46

续表

项目	2021年	2022年
减：提取法定盈余公积	700.17	1 040.36
提取法定公益金	350.08	0.00
七、可供股东分配的利润	21 655.94	26 226.10
应付普通股利	3 441.48	3 441.48
八、未分配利润	18 214.46	22 784.62

表4-18 2021—2022年珠海中富公司现金流量表　　　　　金额单位：万元

项目	2021年	2022年
一、经营活动产生的现金流量		
销售商品、提供劳务收到的现金	134 070.59	77 660.16
收到的其他与经营活动有关的现金	6 193.03	12 205.26
经营活动现金流入小计	140 263.62	89 901.48
购买商品、接受劳务支付的现金	117 426.62	76 118.23
支付给职工以及为职工支付的现金	2 370.26	2 832.82
支付的各项税费	2 354.33	3 088.06
支付的其他与经营活动有关的现金	5 116.18	12 656.09
经营活动现金流出小计	127 267.39	94 695.20
经营活动产生的现金流量净额	12 996.24	-4 793.71
二、投资活动产生的现金流量		
取得投资收益收到的现金	2 725.88	9 633.22
处置固定资产、无形资产和其他长期资产收回的现金	95.52	0.00
投资活动现金流入小计	2 821.40	9 633.22
购建固定资产、无形资产和其他长期资产支付的现金	3 620.34	1 904.15
投资支付的现金	12 497.36	13 536.56
投资活动现金流出小计	16 117.69	15 440.71
投资活动产生的现金流量净额	-13 296.29	-5 807.49
三、筹资活动产生的现金流量		
借款收到的现金	37 160.00	96 550.00
筹资活动现金流入小计	37 160.00	96 550.00
偿还债务支付的现金	30 000.00	61 760.00

续表

项目	2021 年	2022 年
支付的其他与筹资活动有关的现金	361.67	159.13
筹资活动现金流出小计	36 938.42	69 446.63
筹资活动产生的现金流量净额	221.58	27 103.37
四、汇率变动对现金的影响	0.00	0.00
五、现金及现金等价物净增加额	−78.47	16 502.16
附注		
1. 不涉及现金收支的投资和筹资活动		
2. 将净利润调节为经营活动的现金流量		
净利润	1 535.16	9 052.00
计提的资产减值准备	2 618.21	3 696.42
固定资产折旧	2 455.15	2 209.21
无形资产摊销	21.90	21.90
长期待摊费用摊销	53.12	54.51
待摊费用的减少（减：增加）	−0.92	22.78
预提费用的增加（减：减少）	0.00	−23.90
处置固定资产、无形资产和其他长期资产的损失（减：收益）	−14.43	34.55
财务费用	3 658.61	4 296.23
投资损失（减：收益）	−5 040.84	−18 616.72
存货的减少（减：增加）	−1 491.40	−1 452.81
经营性应收项目的减少（减：增加）	−28 567.36	−25 402.88
经营性应付项目的增加（减：减少）	37 857.87	21 391.34
其他	−88.83	−76.34
经营活动产生的现金流量净额	12 996.24	−4 793.71
3. 现金及现金等价物净增加情况		
货币资金的期末余额	17 591.32	34 093.48
减：货币资金的期初余额	17 669.79	17 591.32
现金等价物的期末余额	0.00	0.00
减：现金等价物的期初余额	0.00	0.00
现金及现金等价物净增加额	−78.47	16 502.16

思考：

（1）在本审计报告中，有没有不寻常的陈述？

（2）根据审计报告，注册会计师在财务报告的审计过程中扮演什么角色？

（3）最近的资产负债表日是哪一天？最近一期的利润表包含了哪一段时期？最近一期的现金流量表包含了哪一段时期？

（4）该公司从事什么业务？如何获得收入？公司当年的净利润是多少？

（5）该公司哪一项费用最高？哪一项其次？

（6）从比较期间来看，公司的总流动资产是上升了还是下降了？变动金额是多少？你是从哪里找到答案的？

（7）在2022年12月31日，该公司最主要的流动资产是什么？其次是什么？

（8）哪两项是该公司2021年和2022年的所得税费用？你是从哪里找到答案的？

（9）该公司2021年和2022年的净利润分别是多少？你是从哪里找到答案的？

（10）对于一家正在成长的公司而言，经营活动的现金流量通常是比净利润多还是少，或者相当？请解释你的答案。

（11）如果你在阅读一家公司的财务报表时碰到一个不熟悉的项目名称，你应该从哪里获得更多信息？

（12）如果固定资产的有用年限被高估了，会对公司的资产负债表、利润表和现金流量表产生什么样的影响？

（13）什么事项通常能导致留存收益的增加？什么事项导致该项目（盈余公积和未分配利润）金额的减少？

（14）假设一家公司通过发行债券使总资产增加了，会对公司的利润表、资产负债表和现金流量表产生什么样的影响？

（15）存货和主营业务成本分别成为资产和费用的主要组成部分，这种情况在哪种公司更有可能发生，是大型的零售商店还是快餐连锁店？请解释你的答案。

（16）麦当劳公司在1999财政年度报告中的净利润为19亿美元。我们能不能因此知道它的总资产从1998财政年度到1999财政年度是增加了还是减少了？请解释原因。

ITEM 5

项目五 企业营运能力分析

📋 任务描述

○ 了解企业营运能力指标的构成，掌握主要指标的计算方法、内涵、作用、影响因素、评价方法，理解营运能力与偿债能力、获利能力的关系。

🎯 学习任务

○ 掌握总资产周转率高低对企业的影响；
○ 掌握总资产周转率的计算和评价；
○ 掌握流动资产周转率的计算和评价；
○ 掌握应收账款周转率的计算和评价；
○ 掌握应收账款的管理与坏账准备情况；
○ 掌握存货周转率的计算和评价；
○ 掌握如何提高企业存货周转率；
○ 掌握如何提高企业应收账款周转率。

👥 技能目标

○ 能综合运用各项指标进行总资产周转率分析；
○ 能掌握影响总资产周转率各因素之间的关系；
○ 能掌握总资产周转率和周转天数的运用与分析评价；
○ 能掌握流动资产周转率和周转天数的运用与分析评价；
○ 能掌握存货周转率和周转天数的运用与分析评价。

📄 知识目标

○ 总资产周转率的内涵及概念；
○ 总资产周转率与周转天数的计算公式；
○ 流动资产周转率的内涵及概念；
○ 流动资产周转率和周转天数的计算公式；
○ 应收账款周转率的内涵及概念；
○ 应收账款周转率和周转天数的计算公式；
○ 存货周转率的内涵及概念；
○ 存货周转率与周转天数的计算公式。

项目导入

苏州瑞华云有限公司某笔记本经销商，2021年的流动资产是200万元，2022年的流动资产是500万元，利润却没有成正比增加，这是为什么呢？

2021年，200万元的资产每月可以周转3次。到了2022年，500万元的资产每月最多也就周转1.5次。看得出来，流动资产周转率明显降低，是什么原因导致流动资产周转率降低了呢？

这一问题不在于经销商本身，而在于厂家。为什么这么说呢？看苏州瑞华云有限公司2021—2022年的产品线变化就有答案了。

2021年7月，苏州瑞华云有限公司笔记本系列产品分别是GR系列/Z系列/TR系列/V505系列/A系列/S系列，共6个系列11款产品。

2022年12月，在售的有：TX系列/S系列/FJ系列/BX系列/A系列/FS系列，还有之前停产的U系列/T系列/Y系列/B系列……加上部分机型有两个不同颜色版本，算下来产品款数在20款以上。

产品系列、型号、颜色多了，作为经销商为了备全货品而动用的资金规模自然就要大得多，而备的货多未必销量就大，所以资产周转率降低了。

【请思考】
1. 你同意案例中的观点吗？
2. 通过本案例，你对流动资产周转率有了什么认识？
3. 对于经销商来说，流动资产周转率和固定资产周转率哪个更重要？

任务一 总资产周转率分析

一、总资产周转率的含义

总资产周转率，也称"总资产利用率"，是企业营业收入与总资产平均余额的比率，即企业的总资产在一定时期内（通常是1年）周转的次数。总资产是企业拥有或控制的、能以货币计量的并能给企业带来未来经济利益的全部经济资源。总资产周转率是综合评价企业全部资产经营质量和利用效率的重要指标。其计算公式为

$$总资产周转率 = \frac{营业收入}{总资产平均余额}$$

总资产周转速度，也可以用总资产平均余额＝（年初资产总额＋年末资产总额）/2× 周转天数表示，计算公式为

$$总资产周转天数 = \frac{360}{总资产周转率}$$

总资产周转率综合反映了企业整体资产的营运能力，一般来说，周转次数越多或周转天数越少，表明其周转速度越快，营运能力就越强。在此基础上，应进一步从各个构成要素方面进行分析，以便查明总资产周转率升降的原因。企业可以通过薄利多销的办法，加快资产的周转速度，以

使利润绝对额增加。

2021—2022年苏州瑞华云有限公司有关资料及总资产周转速度的计算见表5-1。

表5-1　2021—2022年苏州瑞华云有限公司总资产周转速度计算表　　金额单位：百万元

项目	2021年	2022年
营业收入	15 449.48	16 623.43
期初资产余额	7 372.71	7 107.06
期末资产余额	7 107.06	6 777.50
总资产平均余额	7 239.89	6 942.28
总资产周转率/次	2.13	2.39
总资产周转天数/天	169.01	150.63

由表5-1可以看出，苏州瑞华云有限公司2022年总资产周转率为2.39次，即平均150天周转1次。2022年周转速度比2021年提高了0.26次，周转1次的时间缩短了18天，说明公司资产管理能力和资产利用效率提高了。当然，仅以总资产周转率一个指标还不能说明企业的营运能力，还应结合流动资产周转率、固定资产周转率等有关资产组成部分的使用效率进行分析，做进一步的判断。

对公司总资产周转率的判断还应结合行业平均水平及多期历史数据对指标进行比较。如图5-1所示，从苏州瑞华云有限公司总资产周转率与行业平均值的比较中得知，公司的总资产周转率指标一直远高于行业平均值，但2015年、2016年有逐渐下滑的趋势。结合上面的分析可知，公司的总资产周转率在2021年和2022年又有所上升，且达到历史最高水平，这说明公司的经营管理水平在不断提升。

图5-1　2012—2016年苏州瑞华云有限公司总资产周转率趋势

二、总资产周转率的评价意义

总资产周转率综合反映了企业整体资产的营运效率。该指标反映的是企业以1元资产赚取收入的能力，可用于衡量企业运用资产赚取利润的能力。总资产周转率经常和反映盈利能力的指标一起使用，以全面评价企业的盈利能力。对总资产周转率进行对比分析，不但能反映企业本年度及以上年度总资产的营运效率及其变化，而且能发现企业与同类企业在资金利用上的差别，促进企业提高资金的使用效率。

对于总资产周转率的分析评价要考虑公司的行业特征和公司的经营战略，结合公司的销售净利率和权益乘数、净资产收益率综合衡量。

总资产周转率指标刍议

总资产周转率是衡量企业资产管理效率的重要财务比率,在财务分析指标体系中具有重要的地位。这一指标通常被定义为营业收入与平均资产总额之比。该计算公式虽然计算简便、易于操作,但含义模糊,据此进行财务分析得出的结论,常常不能准确反映实际情况。说它含义模糊,主要是因为该计算公式中分子与分母计算口径不一致。公式中的分子是营业收入,是指企业从事营业活动所取得的收入净额;而分母是指企业的各项资产总和,包括流动资产(其中包括交易性金融资产)、投资性房地产、持有至到期投资、长期股权投资、固定资产等。众所周知,总资产中的对外投资(交易性金融资产、持有至到期投资、长期股权投资)给企业带来的应该是投资收益,不能形成营业收入。可见,公式中的分子、分母口径不一致。这一指标前后各期及不同企业之间会因资产结构的不同失去可比性。随着资本市场的发展,我国企业对外投资所占比重会逐渐提高,但各企业的发展又很不均衡。在这种情况下,如果仍按原方法计算总资产周转率已无多大参考价值,应进行必要的改进。

既然总资产中的对外投资与营业收入并无直接关系,那么可以把它从资产总额中剔除,将分母改为营业资产(总资产－对外投资总额),这样可以得到一个新的反映资产周转率的指标——营业资产周转率。其计算公式为营业资产周转率＝营业收入 ÷ 平均营业总资产。

任务二 流动资产周转率分析

一、流动资产周转率的含义

流动资产周转率,是指营业收入与流动资产平均余额的比率。流动资产周转率反映的是全部流动资产的利用效率,是衡量企业一定时期内(通常是 1 年)流动资产周转速度的快慢及利用效率的综合性指标。其计算公式为

$$流动资产周转率 = \frac{营业收入}{流动资产平均余额}$$

流动资产周转率＝(期初流动资产余额＋期末流动资产余额)/2

分析评价企业流动资产周转速度还可用流动资产周转天数。流动资产周转天数是指流动资产周转 1 次需要的天数。其计算公式为

$$流动资产周转天数 = \frac{360}{流动资产周转率}$$

流动资产周转速度快会相对节约流动资产,等于相对扩大资产投入,增强企业盈利能力;而流动资产周转速度慢,就需要补充流动资产,从而造成资金浪费,削弱企业盈利能力。

2021—2022年苏州瑞华云有限公司有关资料及流动资产周转速度的计算见表5-2。

表5-2　2021—2022年苏州瑞华云有限公司流动资产周转速度计算表　　金额单位：百万元

项目	2021年	2022年
营业收入	15 449.48	16 623.43
期初流动资产余额	4 000.43	3 957.79
期末流动资产余额	3 957.79	3 844.59
流动资产平均总额	3 979.11	3 901.19
流动资产周转率/次	3.88	4.26
流动资产周转天数/天	92.78	84.51

由表5-2可以看出，苏州瑞华云有限公司2022年流动资产周转水平较2021年有所提高，原因是营业收入增加了，而流动资产减少了，表明流动资产的利用效率提高了。当然，对该公司流动资产周转率的评价还应结合公司历史资料和行业平均水平进行。

表5-3列示了苏州瑞华云有限公司2017—2022年的流动资产周转率情况，公司的流动资产周转率从2017年开始经历了上升、下降、上升的过程，目前处于近几年的平均水平之上，说明公司的流动资产利用率处在一个比较好的状态。

表5-3　2017—2022年苏州瑞华云有限公司流动资产周转速度计算表

项目	2017年	2018年	2019年	2020年	2021年	2022年
流动资产周转率/次	2.03	6.15	4.67	3.11	3.88	4.26
流动资产周转天数/天	177.34	58.54	77.09	115.76	92.78	84.51

二、流动资产周转率的行业数据

表5-4给出了15家不同行业上市公司的流动资产周转率。由表5-4大致可以看出，零售业的流动资产周转率一般要快一些，如中兴商业的流动资产周转率为10.77，平均33天左右就周转1次；同时，流动资产周转率指标还受企业资产结构的影响，如银行业的资产以流动资产为主，其流动资产周转的速度较慢。

表5-4　2022年度15家上市公司流动资产周转率　　金额单位：百万元

公司名称	年末流动资产	年初流动资产	流动资产平均余额	营业收入	流动资产周转率/次
美的电器（000527）	6 367.83	7 323.57	6 845.70	21 313.61	3.11
万科A（000002）	19 884.93	15 166.32	17 525.63	10 558.85	0.60
浦发银行（600000）	424 244.87	331 245.20	377 745.04	21 467.00	0.06
南玻A（000012）	946.75	974.91	960.83	2 302.02	2.40
格力电器（000651）	9 848.18	10 366.41	10 107.30	18 248.13	1.81

续表

公司名称	年末流动资产	年初流动资产	流动资产平均余额	营业收入	流动资产周转率/次
鞍钢股份（000898）	4 540.77	7 265.41	5 903.09	26 488.12	4.49
上海机场（600009）	1 222.90	1 677.73	1 450.32	2 680.79	1.85
一汽轿车（000800）	5 182.38	4 324.79	4 753.59	10 327.12	2.17
中兴商业（000715）	174.34	186.85	180.60	1 945.87	10.77
苏宁电器（002024）	3 859.05	1 818.25	2 838.65	15 936.39	5.61
沈阳机床（000410）	3 915.36	3 043.55	3 479.46	4 348.52	1.25
中技贸易（600056）	1 362.77	466.69	914.73	1 929.67	2.11
东阿阿胶（000423）	767.39	688.10	727.75	938.17	1.29
晨鸣纸业（000488）	5 668.30	5 219.49	5 443.90	9 722.35	1.79
中捷股份（002021）	926.19	690.56	808.38	685.07	0.85

另有数据显示，2021年，我国企业平均流动资产周转率为2.16次，而同期世界先进国家企业的平均流动资产周转率为8次。因此，随着我国企业管理水平的不断提高，流动资产周转的速度会逐渐加快。

三、流动资产周转率的评价意义

流动资产周转率的分析评价，主要在于揭示以下几个问题。

（1）流动资产实现销售的能力，即周转额的大小。在一定时期内，流动资产周转速度越快，表明其实现的周转额越多，对财务目标的贡献越大。

（2）流动资产投资的节约与浪费情况。流动资产占用额与流动资产周转速度有着密切的制约关系。在销售额既定的条件下，流动资产周转速度越快，流动资产的占用额越少，就会相对节约流动资产，相当于增加企业资产投入，增强了企业的盈利能力；反之，若流动资产周转速度慢，为维持正常经营，企业必须不断补充流动资产，投入更多的资源，导致资产使用效率低，也削弱了企业的盈利能力。

（3）加快流动资产周转的基本途径。从流动资产周转率的计算公式可见，企业加快流动资产周转，必须从增加营业收入和减少流动资产占用额两个方面努力。在增加营业收入方面，企业要加强市场调查和预测，根据市场需要开发适销对路的产品；根据市场变化情况及时调整产品结构；强化销售工作，采取有效的销售策略开拓市场，提高市场占有率，加快销售进程。在减少流动资产占用额方面，企业的基本途径有：加强定额管理，制定和贯彻先进合理的消耗定额和储备定额，降低材料、能源等消耗量，降低各项存货的储备量；努力降低材料采购成本和产品制造成本；采取技术措施和管理措施，提高生产效率和工作效率，缩短周转周期，包括生产周期、存货的供应、在途、验收、整理准备和库存等环节的时间；加快货款结算，及时收回货款；定期清查仓库，及时处理积压产品和物资；避免过量存款。

在分析、了解企业流动资产总体周转情况的基础上，为了对流动资产的周转状况做出更加详尽的分析，并进一步揭示影响流动资产周转速度变化的因素，还必须对流动资产中的主要构成项目，如应收账款、存货、现金等的周转率进行分析，以加强对企业经营效率的分析，并查明流动资产周转率升降的原因。

任务三　应收账款周转率分析

一、应收账款周转率的含义

应收账款周转率，是指企业一定时期内（通常是1年）营业收入与应收账款平均余额的比率。应收账款是企业购销活动中所发生的债权。在市场经济条件下，应收账款所占用资金的比重不断上升，构成了流动资产中的一个重要项目。应收账款周转率是衡量应收账款流动程度和管理效率的指标。其计算公式为

$$应收账款周转率=\frac{营业收入}{应收账款平均余额}$$

其中，"营业收入"数据来自利润表；"应收账款平均余额"，是指因销售商品、提供劳务等应向购货单位或接受劳务单位收取的款项平均数，是资产负债表中"应收账款"的期初、期末金额的平均数。

应收账款周转速度也可用应收账款周转天数表示，计算公式为

$$应收账款周转天数=\frac{360}{应收账款周转率}$$

应收账款周转率反映了企业应收账款变现速度的快慢及管理效率的高低。应收账款周转率高表明：①企业收账迅速，账龄期限相对较短；②资产流动性大，短期偿债能力强；③可以减少收账费用和坏账损失，从而相对增加企业流动资产的投资收益；④借助应收账款周转天数与企业信用期限的比较，可以更好地评价客户的信用程度及企业原定信用条件的合理性。

2021—2022年苏州瑞华云有限公司有关资料及应收账款周转率的计算见表5-5。

表5-5　2021—2022年苏州瑞华云有限公司应收账款周转率计算表　　金额单位：百万元

项目	2021年	2022年
营业收入	15 449.48	16 623.43
期初应收账款	613.15	958.04
期末应收账款	958.04	1 012.35
应收账款平均余额	785.60	985.20
应收账款周转率/次	19.67	16.87
应收账款周转天数/天	18.30	21.34

由表5-5可以看出，苏州瑞华云有限公司应收账款周转率2022年比2021年下降了2.8次，应收账款的回收期由2021年的18天延长到2022年的21天。

二、应收账款周转率的行业数据

表 5-6 是不同行业在 2019—2022 年的应收账款周转率平均值，可以看出不同行业不同年份的应收账款周转率呈现出不同的特点。

表 5-6　2019—2022 年不同行业平均应收账款周转率　　　　　　　单位：次

行业	2019 年	2020 年	2021 年	2022 年
电力、蒸汽、热水的生产和供应业	3.92	4.20	4.86	7.96
房地产开发与经营业	2.43	3.26	3.65	5.63
计算机应用服务业	3.09	2.72	2.84	3.32
交通运输辅助业	3.19	3.82	3.38	5.41
零售业	9.98	10.15	11.15	15.57
商业经纪与代理业	11.12	13.17	14.78	25.71
通信及相关设备制造业	3.41	3.87	3.71	4.23
土木工程建筑业	2.67	2.82	3.15	10.65
综合类	2.49	2.92	3.41	5.85

三、应收账款周转率的评价意义

一般来说，应收账款周转率越高，平均收现期越短，说明应收账款的收回越快；否则，企业的营运资金会过多地停滞在应收账款上，影响资金的正常周转。影响该指标正常计算的因素有：①季节性经营的企业使用这个指标时不能反映实际情况；②大量使用分期收款结算方式；③大量使用现金结算的销售；④年末销售大量增加或年末销售大幅度减少。财务报表的外部使用人可以将计算出的指标与该企业前期指标、行业平均水平或其他类似企业的指标相比较，以判断该指标的高低，但仅根据指标的高低分析不出上述各种原因。

在分析评价应收账款周转率时，需要注意以下几个问题。

（1）分子、分母的数据应注意其时间的对应性。

（2）对于经营状况受季节性销售影响较大的企业来说，指标的计算应当尽可能缩短间隔期，否则会降低这一指标的准确性。

（3）在运用这一指标时，应结合企业的信用政策。应收账款周转率高并不一定好，也可能是企业信用政策过于严格的结果，从长期来看，将会影响企业的销售水平，从而影响企业的获利水平。

此外，在分析应收账款营运能力时，还可以用期末应收账款计算期末应收账款占年度赊销金额的天数。该指标表明企业有多少天的销货额资金被滞留在应收账款上。计算期末应收账款占年度赊销金额的天数公式为

$$期末应收账款占年度赊销金额的天数 = \frac{计算期天数 \times 期末应收账款余额}{赊销余额（净额）}$$

该指标说明了期末应收账款的期间长度。如果销售具有季节性，或企业采用自然营业年度，那么这个指标可能不反映实际情况。如果公司采用自然营业年度作为会计期间，期末应收账款占年度赊销金额的天数就会被低估，因为年底的每日销售额通常会低于全年日平均销售额。

假设期末应收账款占年度赊销金额天数的偏差并非受季节性经营和自然营业年度的影响，那么一般有以下几种情况会使该指标偏高：①大量的销售集中在年底；②应收账款无法收回，而且应当冲销；③企业按销售季节发账单；④大多数应收账款为应收分期账款。

假设偏差并非受季节性经营和自然经营年度的影响，一般有以下几种情况会使该指标偏低：①年末销售额大量减少；②大量的现金销货；③企业在年末卖出大量应收账款。

在进行外部分析时，如果没有掌握内部信息，就不能分析出该指标异常的原因。

账龄越短，期末应收账款占年度赊销金额的天数越少。这说明企业应收账款变现的速度加快，在应收账款管理上的效率较高，使企业能降低坏账损失和催收应收账款的费用。

企业的获利能力、偿债能力与应收账款的回收情况有直接关系。如果企业的账款回收期延长，则说明企业的获利能力和偿债能力都降低，这可能是企业信用政策过宽、收账不力、坏账过多等原因造成的，要具体情况具体分析。如果企业账款回收期延长，利润却没有增长，则可能是企业经营形势恶化的信号，即企业为了保住顾客，不得不给予延长付款期的优待，说明企业产品的竞争力下降；也可能是宏观经济形势恶化或相关产业衰退，顾客产生支付困难的结果。这两种情况都使企业的处境恶化，应及时采取应变措施。如账款回收期缩短，则表明企业加强了应收账款的管理，或者是企业借助金融机构进行短期融资的结果，如进行信用抵押融资。这些活动都体现了企业经营管理能力的高低。

企业加强应收账款的管理，要从以下几个方面入手。

（1）选择资信状况良好的销售客户。这是降低坏账损失，提高收款及时性的基础。

（2）选择适宜的结算方式。一般来说，风险比较小且金额有保证的结算方式有预收货款销售、银行汇票结算方式、银行本票结算方式、汇兑结算方式、支票结算方式；风险比较大的结算方式有委托收款结算方式、分期付款结算方式等。

（3）制定合理的信用政策。一是确定信用标准，即哪些信用等级的企业可以允许其赊销；二是确定信用期限，即正常情况下客户必须付清货款的时间限制；三是现金折扣标准，即达到多少购买金额时给予多少现金折扣。

（4）加强应收账款的日常管理，包括登记、提醒、催收等日常工作。

知识链接

对应收账款周转率评价方法的改进

一、应收账款传统评价方法的缺陷

（1）部分企业的销售活动具有周期性或季节性，编制账龄分析表和计算坏账损失比率无法剔除周期性或季节性变动对应收账款余额分布的影响，也就无法正确评价应收账款的管理水平。如在销售旺季，应收账款的余额一般会增加，由此认为企业赊销政策有问题肯定是不科学的。

（2）应收账款的多少与企业赊销政策有直接联系，而企业赊销政策不仅与企业内部因素，如企业规模、资金状况等有关，也与企业外部因素，如所属行业、竞争状况、宏观经济环境等有关。

就某家企业来讲，应收账款余额应是多少、账龄如何分布才算是最合理，并没有客观规定。这就需要有合适的财务指标与同行业的平均水平或优秀企业的相关比率以及本企业历史水平进行比较，而仅使用应收账款账龄分析表提供的信息做相关比较并不是最方便和最有效的。

（3）将应收账款管理水平的评价指标仅仅局限在应收账款账龄和坏账损失比率上，会使管理人员尽量缩短应收账款账龄和减少坏账损失。但企业赊销政策是在增加销售、减少资金占用与减少坏账损失之间寻求平衡，而不是单纯追求坏账损失的最小化。错误地或过窄地设定评价目标，会使管理人员偏离对企业经营最优化的选择。

二、应收账款平均周转天数与企业应收账款管理的评价

要弥补上述缺陷，计算企业的应收账款平均周转天数，并将其与同行业的平均水平或优秀企业的相关比率进行比较是一个可行的方法。企业应收账款余额用公式表示为：应收账款余额＝（全年赊销额÷360）×应收账款平均周转天数。将该公式稍加变形就得到应收账款平均周转天数的计算公式：应收账款平均周转天数＝应收账款余额÷日平均赊销额。

计算出这个比率，就可以和同行业的平均水平或优秀企业的相关比率进行比较，以确定本企业应收账款的管理水平。这个比率的优点是计算比较简单，有关数据容易获得，并且该比率是一个综合性指标，经济意义也很明确。但是，这个比率仍旧不能剔除周期性或季节性销售对应收账款分析的影响。

三、对应收账款周转率评价方法的改进

为剔除周期性或季节性销售带来的影响，一个方法是在年末用全年的赊销额计算出全年的应收账款平均周转天数。但对财务管理工作来讲，财务信息的及时性是十分重要的，只有在年末才能获得有关数据，这显然是不能令人满意的。

另一个更有效的方法是在每季度末将每月赊销额尚未收回部分与当月赊销总额相除，由此得出3个比率。将每季度的3个比率汇总，得出每季度赊销额尚未收回部分占当季度赊销总额的比率，并进行季度间指标的比较，从而得出企业应收账款的回收情况。如果企业应收账款的回收情况发生了变化，就会反映在该比率上。

任务四　存货周转率分析

一、存货周转率的含义

存货周转率，是指企业一定时期（通常是1年）的营业成本与平均存货的比率。存货周转率的计算与分析，可以测定企业一定时期内存货资产的周转速度，是反映企业购、产、销平衡效率的一个尺度。

存货周转率有两种计算方式：一种是以成本为基础的存货周转率，即存货周转率是企业一定时期营业成本与存货平均余额的比率，主要用于流动性分析；另一种是以收入为基础的存货周转率，即存货周转率是企业一定时期的营业收入与平均存货余额的比率，主要于获利能力分析。其计算公式为

$$\text{以成本为基础的存货周转率} = \frac{\text{营业成本}}{\text{存货平均余额}}$$

$$\text{以收入为基础的存货周转率} = \frac{\text{营业收入}}{\text{存货平均余额}}$$

其中,"营业成本""营业收入"数据来自利润表,"存货平均余额"来自资产负债表"期初存货"与"期末存货"的平均数,公式为

$$存货平均余额=(期初存货余额+期末存货)/2$$

分析存货周转速度,也可采用周转天数来表示,即存货周转1次所需要的天数。其计算公式为

$$存货周转天数=\frac{360}{存货周转率}$$

以成本为基础和以收入为基础的存货周转率有不同的意义:以成本为基础的存货周转率运用较为广泛,因为与存货相关的是营业成本,所以它们之间的对比更符合实际,能够较好地表现存货的周转状况;以收入为基础的存货周转率既维护了资产运用效率各指标计算上的一致性,又因为由此计算的存货周转天数与应收账款周转天数建立在同一基础上,可直接相加并得出另一个分析指标——营业周期。

营业周期,是指从取得存货开始到销售存货并收回现金为止的这段时间。营业周期的计算公式为

$$营业周期=存货周转天数+应收账款周转天数$$

一般情况下,营业周期短,说明资金周转速度快;营业周期长,说明资金周转速度慢。决定流动比率高低的主要因素是存货周转天数和应收账款周转天数。

2021—2022年苏州瑞华云有限公司有关资料及存货周转率(以营业收入为基础)的计算见表5-7。

表5-7　2021—2022年苏州瑞华云有限公司存货周转率计算表(以营业收入为基础)　金额单位:百万元

项目	2021年	2022年
营业收入	15 449.48	16 623.43
期初存货余额	602.00	851.21
期末存货余额	851.21	878.11
存货平均余额	726.61	864.66
存货周转率/次	21.26	19.23
存货周转天数/天	16.93	18.72

由表5-7可以看出,苏州瑞华云有限公司存货周转率2022年比2021年下降了2.03次,存货的周转期由2021年的17天延长到2022年的19天,说明苏州瑞华云有限公司存货管理水平出现了下降。

2021—2022年苏州瑞华云有限公司存货周转率(以营业成本为基础)的计算见表5-8。

表5-8　2021—2022年苏州瑞华云有限公司存货周转率计算表(以营业成本为基础)　金额单位:百万元

项目	2021年	2022年
营业成本	13 407.09	14 667.80
期初存货余额	602.00	851.21
期末存货余额	851.21	878.11
存货平均余额	726.61	864.66
存货周转率/次	18.45	16.96
存货周转天数/天	19.51	21.23

由表 5-8 可以看出，以营业成本为基础计算的存货周转率指标值要小一些，反映存货的周转速度要比以营业收入为基础计算出的结果慢一些。在实际应用时，注意比较指标之间的计算口径一致即可。

二、存货周转率的行业数据

表 5-9 是 2022 年度 15 家不同上市公司存货周转率指标值，可以看出不同行业的存货周转率呈现出不同的特点。通常情况下，零售业的存货周转率速度较快；上海机场的存货规模小，所以有极高的存货周转率；银行业没有存货，不用计算存货周转率；一般制造业的存货周转率一般都为 5～10 次。

表 5-9　2022 年度 15 家不同上市公司存货周转率　　金额单位：百万元

公司名称	年末存货余额	年初存货余额	存货平均余额	营业收入	存货周转率/次
美的电器（000527）	3 277.41	3 771.67	3 524.54	21 313.61	6.05
万科 A（000002）	14 849.48	10 545.59	12 697.54	10 558.85	0.83
浦发银行（600000）	0.00	0.00	0.00	21 467.00	—
南玻 A（000012）	310.92	301.05	305.99	2 302.02	7.52
格力电器（000651）	3 172.84	3 172.84	3 349.61	18 248.13	5.45
鞍钢股份（000898）	2 608.29	2 221.41	2 414.85	26 488.12	10.97
上海机场（600009）	14.24	14.54	14.39	2 680.79	186.30
一汽轿车（000800）	1 000.71	1 011.15	1 005.93	10 327.12	10.27
中兴商业（000715）	62.98	73.01	68.00	1 945.87	28.62
苏宁电器（002024）	2 017.44	768.71	1 393.08	15 936.39	11.44
沈阳机床（000410）	1 049.74	771.62	910.68	4 348.52	4.78
中技贸易（600056）	345.60	62.61	204.11	1 929.67	9.45
东阿阿胶（000423）	114.06	106.53	110.30	938.17	8.51
晨鸣纸业（000488）	2 174.78	1 611.94	1 893.36	9 722.35	5.13
中捷股份（002021）	284.74	152.96	218.85	685.07	3.13

三、存货周转率的评价意义

存货是流动资产乃至总资产最重要的组成部分之一，不仅金额比重大，而且增值能力强。因此，存货周转速度的快慢，不仅反映企业采购、储存、生产销售各环节管理工作状况的好坏，而且对企业的偿债能力及获利能力具有决定性影响，是对流动资产周转率的补充说明。一般来讲，一定时期内，企业的存货周转率越高，周转次数越多，表明企业存货回收速度越快，企业的经营管理效率越高，资产流动性越强，企业的利润率越高（在企业有利经营的条件下）；反之，则表明企业存货的管理效率较低，存货周转速度慢，存货占用资金较多，企业的利润率较低。因此，通过分析存货周转率，有利于企业从不同角度、不同环节找出存货管理存在的问题，使存货管理在保证生产经营连续性的同时，尽可能降低资金占用水平，提高存货投资的变现能力和获利能力。

在分析评价存货周转率指标时，应注意以下几个问题。

（1）存货周转率通常能反映企业存货流动性的大小和存货管理效率的高低，但存货周转率过高可能意味着企业存货不足进而造成脱销；反之，在存货周转率过低时，企业应当进一步分析存货的质量结构，弄清存货中是否包含实际远远低于账面价值、即将报废或已损坏的原材料、商品（产品）等。

（2）企业管理者和有条件的外部报表使用者，除了分析批量因素、季节性生产的变化等情况外，还应对存货的结构以及影响存货速度的重要项目进行分析，分别就原材料、在产品、产成品三个部分计算周转率，借以分析各构成对整个存货周转率的影响。其计算公式为

$$原材料周转率 = \frac{耗用原材料成本}{平均原材料成本}$$

$$在产品周转率 = \frac{制造成本}{平均在产品成本}$$

$$产成品周转率 = \frac{产品销售成本}{平均产成品成本}$$

（3）在其他条件不变的前提下，存货周转越快，实现的周转额就越大，利润数额和水平也就越高，所以，该指标可以用来衡量企业的获利能力，也可以作为分析偿债能力的辅助指标。

（4）企业采用不同的存货计价方法，将影响存货周转率的高低。如采用先进先出法对存货进行计价，当存货周转速度慢于通货膨胀速度时，存货成本不能准确地反映其现时成本，从而降低存货价值，导致低估企业的短期偿债能力。因此，在计算和分析时，应保持口径一致。当存货计价方法变动时，应对此加以说明，并计算这一变动对周转率的影响。

（5）存货批量的不同会影响存货周转率。当存货批量很小时，存货可以很快地转换，因而存货周转率较高；当存货批量过小，甚至低于安全储备量时，会导致经常性缺货，影响企业的正常生产经营。

（6）存货周转率快，表示存货量适度，存货积压和价值损失的风险相对降低，存货所占资金使用效益高，企业变现能力和经营能力强。但存货周转率与企业生产经营周期有关，生产经营周期短，表示无须储备大量存货，故其存货周转率会相对提高。因此，在评价存货周转率时，应考虑各行业的生产经营特点。

（7）如果企业的生产经营活动具有很强的季节性，则年度内各季度的销售或成本与存货都会有较大幅度的波动，仅用年初余额和年末余额简单计算存货平均占用额，显然是不客观的。因此，为了客观反映企业的营运状况，平均存货应该按月份或季度余额来计算，首先求出各月份或各季度的平均存货，其次计算全年的平均存货。

（8）如果企业的存货周转率恶化，则可能由以下因素引起：①低效率的存货控制与管理导致存货的购买过度；②低效率的生产导致存货缓慢地转换到生产中；③存货冷背、需求疲软或者难以出售，甚至丧失交换价值，导致库存积压；④企业可能存在不适当的营销政策，如对信用政策控制过严，导致销路不畅。

行业环境对企业营运能力的影响

贵州茅台2017年的存货周转率只有2.10次，而科龙电器这一指标为4.02次，几乎是贵州茅台的2倍。是贵州茅台的经营不好吗？几乎可以断言，没有人会认为贵州茅台会陷入财务困境。贵州茅台存货周转率低是茅台酒的生产工艺造成的——要经过长达数年的酿造过程

才能造出真正的好酒，而这也使茅台酒的毛利率高达 80% 以上。而科龙电器的存货周转率尽管高得多，但处于竞争激烈的家电行业，如果存货周转率稍有下降，其产成品就有可能需要提取跌价准备。对于管理者而言，切不可认为存货周转率比平均水平高而掉以轻心，盲目乐观，因为家电行业的产业结构不允许。

对企业营运能力进行分析必须考虑行业的特征。对商业零售企业来说，存货周转率是反映营运能力一个十分重要的指标，实现库存的最小化、最优化，扩大营业收入是零售企业的经营目标。由于零售企业大部分是现金销售，应收账款的数额很小，应收账款周转率指标便无关紧要；但对于商业批发企业来说，情况则刚好相反，存货周转率常常是不重要的，而应收账款周转率指标却对企业的生存至关重要。同样的道理，汽车工业与其他行业也不同，它是一个大规模协同的产业，需要总装厂商、一级供应商、二级供应商和售后服务网络等协同作业，而客户能通过公共媒体阅览产品目录，根据自身的需求进行选择，向经销商订货，经销商向总装厂订货，总装厂根据客户的订单要求发出装配指令，供应商在接到指令后安排其生产序列对组装厂寄存的物料进行加工和零部件生产。而完成订单后，除了将汽车发运外，还要向其售后服务网络提供备品备件。由于这个过程时间跨度比较大，资产周转率相对较低。而对电气行业，特别是公用电气来说，其产品的市场周期比较短，产品生产出来就立即卖出去，其总资产周转率和流动资产周转率都比较高，平均收款期也很短。

行业内不同的产业结构和发展战略也会造成不同的营运能力状况。企业获得竞争优势的基本方法有两种：成本领先和差异化。对实施成本领先战略的企业而言，由于其毛利率低，企业需要提高资产的运营效率才能获得满意的收益。因此，在对此类企业进行财务分析时，资产周转率指标非常重要，资产周转率的下降往往意味着公司产品的销售情况恶化，而公司往往对此苦无良策。而实施差异化战略的公司就有所不同，由于产品具有差异性，其毛利率较高。一般情况下，在对此类企业进行财务分析时，更应关注其产品差异化的基础是否牢固。例如，有的企业因为售后服务备受赞扬而具有差异性，相应地，就需要企业留出足够的服务费用；也有的企业因为广告做得好而具有差异性，如果广告费用下降就可能会对公司的盈利产生不良影响。与实施成本领先战略的企业不同，实施差异化战略的企业在销售恶化时，可以通过压缩研发费用、服务费用或广告费用谋求利润表的好看，尽管这会使公司丧失长期竞争优势，但对公司避免陷入财务困境立竿见影，对这类企业更应该关注营销能力的分析。

因此，在进行财务分析时，不仅要关注财务比率指标值的比较，也要关注行业特征与经营战略对营运能力的影响。从以上分析来看，营运能力低不一定是坏事，营运能力低的公司可能具有更高的营业利润率，也就不容易陷入困境。如果只会机械地照搬教科书对财务指标的解释，那么将永远得不到答案。

任务五　固定资产周转率分析

一、固定资产周转率的含义

固定资产周转率，也称"固定资产利用率"，是企业营业收入与固定资产平均余额之比。它反映企业固定资产周转的快慢、变现能力和有效利用程度。其计算公式为

$$固定资产周转率 = \frac{营业收入}{固定资产平均余额}$$

$$固定资产周转天数 = \frac{360}{固定资产周转率}$$

固定资产周转率指标没有绝对的判断标准，一般通过与企业原来的水平相比较加以考察，因为，种类、数量、时间均基本相似的机器设备与厂房等外部参照物几乎不存在，即难以找到外部可资借鉴的标准企业和标准比率。一般情况下，固定资产周转率越高越好，该指标越高，越说明企业固定资产投资得当，固定资产结构分布合理，能够较充分地发挥固定资产的使用效率，企业的经营活动越有效，闲置的固定资产越少；反之，则表明固定资产使用效率不高，企业的营运能力较差。

2021—2022 年 ABC 公司有关资料及固定资产周转率的计算如表 5-10 所示。

表 5-10　2021—2022 年 ABC 公司有关资料及固定资产周转率计算表　　金额单位：百万元

项目	2021 年	2022 年
营业收入	15 449.48	16 623.43
期初固定资产余额	1 704.48	1 597.26
期末固定资产余额	1 597.26	1 506.54
固定资产平均余额	1 650.87	1 551.90
固定资产周转率/次	9.36	10.71
固定资产周转天数/天	38.46	33.61

由表 5-10 可以看出，ABC 公司固定资产周转率 2022 年比 2021 年上升了 1.35 次，固定资产的周转期由 2021 年的 38 天缩短到 2022 年的 34 天，说明 ABC 公司固定资产的利用效率提高。

二、固定资产周转率的行业数据

表 5-11 是 2022 年度 15 家不同上市公司固定资产周转率指标值，从中可以看出不同行业的固定资产周转率呈现出不同的特点。通常情况下，零售商业的固定资产周转率较高；中兴商业与苏宁电器虽同属商业企业，但两者经营模式不同，导致两者固定资产周转率指标出现了较大的差异；上海机场的固定资产规模大，所以有极低的固定资产周转率；一般制造业的固定资产周转率一般都在 5～11 次；房地产行业的固定资产规模小，所以有较高的固定资产周转率

表 5-11　2022 年度 15 家不同上市公司固定资产周转率　　金额单位：百万元

公司名称	年末固定资产余额	年初固定资产余额	固定资产平均余额	营业收入	固定资产周转率/次
美的电器（000527）	2 485.12	2 999.74	2 742.43	21 313.61	7.77
万科 A（000002）	236.40	231.43	233.92	10 558.85	45.14
浦发银行（600000）	5 640.54	4 941.09	5 290.82	21 467.00	4.06
南玻 A（000012）	4 485.62	3 669.59	4 077.61	2 302.02	0.56
格力电器（000651）	2 392.39	1 962.52	2 177.46	18 248.13	8.38
鞍钢股份（000898）	9 373.31	7 691.52	8 532.42	26 488.12	3.10

续表

公司名称	年末固定资产余额	年初固定资产余额	固定资产平均余额	营业收入	固定资产周转率/次
上海机场（600009）	7 363.42	5 548.19	6 455.81	2 680.79	0.42
一汽轿车（000800）	2 212.68	2 193.36	2 203.02	10 327.12	4.69
中兴商业（000715）	701.34	694.06	697.70	1 945.87	2.79
苏宁电器（002024）	288.28	144.96	216.62	15 936.39	73.57
沈阳机床（000410）	1 190.37	1 286.16	1 238.27	4 348.52	3.51
中技贸易（600056）	108.56	78.14	93.35	1 929.67	20.67
东阿阿胶（000423）	277.74	278.72	278.23	938.17	3.37
晨鸣纸业（000488）	12 019.73	10 492.93	11 256.33	9 722.35	0.86
中捷股份（002021）	253.42	228.72	241.07	685.07	2.84

三、固定资产周转率的评价意义

运用和计算固定资产周转率时要注意以下几个问题。

（1）企业固定资产采用的折旧方法和折旧年限的不同，会导致不同的固定资产账面净值。这会对固定资产周转率的计算产生重要影响，造成指标的人为差异。

目前，对固定资产周转率计算公式分母固定资产平均余额有两种观点。一种观点主张采用固定资产原值计算，理由是固定资产生产能力并非随着其价值的逐步转移而相应降低，比如，一种设备在其全新时期和半新时期往往具有同样的生产能力；另外，用原值便于企业不同时间或与不同企业进行比较，如果采用净值计算，则会失去可比性。另一种观点主张采用固定资产净值计算，理由是固定资产原值并非一直全部被企业占有，其价值中的磨损部分已逐步通过折旧收回，只有采用净值计算，才能真正反映一定时期内企业实际占用的固定资产。一般应按固定资产原值的平均余额计算，否则会因采用的折旧方法或折旧年限的不同而产生人为的差异，导致该指标缺乏可比性。若采用固定资产平均值计算，则一般适用于自身纵向比较；若与其他单位横向比较，则要注意两个企业的折旧方法是否一致。本书采用固定资产净值计算固定资产平均余额。

（2）企业的固定资产一般采用历史成本法记账，因此，在企业的固定资产、销售情况都并未发生变化的条件下，也可能在通货膨胀导致物价上涨等因素作用下使营业收入虚增，固定资产周转率提高，而实际上企业的固定资产效能并未增加。

（3）严格地讲，企业的营业收入并不是由固定资产的周转价值带来的。企业的营业收入只能直接来自流动资产的周转，而且固定资产要完成一次周转必须经过整个折旧周期，因此，用营业收入除以固定资产平均余额反映固定资产的周转速度存在很大的缺陷，即它并非固定资产的实际周转速度。但如果从固定资产对推动流动资产周转速度和周转额的作用来看，固定资产又与企业的营业收入有着必然的联系，即流动资产规模、周转额的大小及周转速度的快慢在很大程度上取决于固定资产的生产能力及利用效率。

（4）一般而言，固定资产的增加不是渐进的，而是突然上升的，这会导致固定资产周转率的变化。

（5）在进行固定资产周转率比较时，固定资产的不同来源将对该比率的大小产生重要影响。如果一家公司的厂房或生产设备是通过经营性租赁得来的，而另一家公司的固定资产全部是自有的，那么对这两家的固定资产周转率进行比较就会产生误导。如表 5-11 中的中兴商业与苏宁电器，苏宁电器的店铺都是租赁的，而中兴商业的店铺则是自有的，两者同为商业类公司，固定资产周转率却出现了很大的差异。中兴商业的固定资产周转率只有 2.79 次，而苏宁电器的固定资产周转率却达到了 73.57 次，但这并不能说中兴商业的固定资产利用率不高。在评价这两家公司的固定资产周转率时，可以找资产结构类似的公司或同公司本身的历史数据进行比较，这样才有意义。

基于上述分析，在对固定资产营运能力进行分析时，必须充分结合流动资产的投资规模、周转额、周转速度才更有价值。固定资产周转率反映出既定质量的固定资产通过对流动资产价值转换规模与转换速率的作用对营业收入的实现所做的贡献。其计算公式为

一般而言，固定资产的质量与使用效率越高，其推动流动资产运行的有效规模与周转率就越大、越高，实现的周转额也就越多。因此，在不断提高流动资产自身营运能力的同时，如何卓有成效地提高固定资产的质量与使用效率，并以相对节约的固定资产投资推动尽可能多的流动资产，加快流动资产价值的转换速度，从而实现更多的营业收入，成为固定资产营运效率分析评价工作的重要内容。

在进行固定资产周转率分析时，应以企业历史水平和同行业平均水平为标准进行对比分析，从中找出差距，努力提高固定资产周转速度。周转率越高，说明固定资产的利用效率越高；周转率越低，说明固定资产量过多或设备闲置。与同行相比，固定资产周转率较低，意味着企业生产能力过剩；固定资产周转率较高，可能是企业设备利用较好引起的，也可能是设备老化即将折旧完造成的。在后一种情况下，可能会引起较高的生产成本，企业实现的利润降低，使将来的更新改造更加困难。当企业形成固定资产过多的局面时，除了想办法利用以扩大销售之外，没有其他有效办法。由于设备等固定资产具有成套性和准用性特点，既不能拆散处理，又不能移作他用，因此，拥有过多的固定资产处理起来比较困难。但如果固定资产使用率极低、设备多余，就必须想办法处理。

知识链接

资产质量对企业营运能力的影响

这里说的资产质量指资产的变现能力。在我国，传统的营运能力分析一般有流动资产周转率、应收账款周转率、存货周转率和固定资产周转率等。这些指标都涉及资产总额及其资产项目这两个核心数据，但撇开了资产质量这个核心问题，营运能力分析指标就会带有一定的虚假性和欺骗性，由此产生的财务分析结论也可能不正确。

以流动资产中的应收账款为例，应收账款周转率或收账时间长短，可以测验应收账款的有效性和周转性。应收账款的有效性表示应收账款转换为现金时是否发生账款损失，应收账款的周转性则指应收账款转换为现金的速度。对应收账款而言，以上两个方面具有相互影响的作用。应收账款周转率偏低，可能显示下列问题：销售条件或收账政策不当，收账工作执行不力或者客户发生财务困难。如果前两个问题存在，则企业管理者必须采取措施改进。企业的应收账款周转率或收账期限，可能由于某些特殊原因存在，如销售条件改变、现销或分

期付款销售政策对正常赊销的影响、景气程度、同行业竞争、物价水平变动、信用或收账政策更新、新产品开发等而发生变化。

严格来说，应收账款周转率或收账期限仅表示全部应收账款中的一项平均值，无法全面了解应收账款中涉及的各个客户的情况。

比如，甲公司全年实现的营业收入为 9 600 万元，而应收账款平均占用额为 20 万元，则该企业的应收账款周转率计算的结果为

应收账款周转率 = 9 600÷20 = 480（次）

应收账款周转天数 = 360÷480 = 0.75（天）

如果单看计算结果，该企业应收账款的周转速度非常快，应收账款平均不到 1 天就收回 1 次，企业的应收账款管理情况良好。但实际情况可能并非如此，该企业当年可能就没有赊销业务发生或者当年发生少量的应收账款当年已收回，而 20 万元的应收账款是以前年度发生的，拖欠时间较长有可能无法收回。这样，该企业的应收账款管理应该存在严重的问题。

又如，红利公司的存货质量，其存货情况如表 5-12 所示。

表 5-12　红利公司存货情况分析表　　　　　　　　　　　　　　　金额单位：元

项目	期末金额	其中 3 年以上部分		计提跌价准备		净值
		金额	百分比 /%	金额	百分比 /%	
原材料	5 689 087.00	3 989 700.00	70.13	1 137 817.40	20.00	4 551 296.60
在产品	1 765 990.00		0.00			1 765 990.00
产成品	3 483 579.00	2 098 970.00	60.25	522 536.85	15.00	2 961 042.15
合计	10 938 656.00	6 088 670.00		1 660 354.25		9 278 328.75

假设红利公司在该会计期间计算出来的存货周转率为 4.8 次，行业平均水平为 4.73 次。略高于行业平均水平。从资产的账面数字看其营运能力还是可以的，但是从表 5-12 又看出，企业的存货中，原材料和产成品中 3 年以上部分分别占了 70.13% 和 60.25%，存货积压严重，跌价准备也有一定规模，说明公司存货质量存在严重的问题，变现能力差。不仅其本身为企业带来利益的能力大大下降，而且影响到企业的偿债能力分析，其实际营运状况也就大打折扣了。

有时，企业的营运能力比率数字分析起来令人满意，各比率也被控制在合理的范围，但是，其财务状况实际上没有这些指标所表示的那么好。红利公司的问题，就是因为企业的"资产质量"很差。那么，什么是"资产质量"呢？"资产质量"有两层含义。

（1）资产的物理质量。资产的物理质量主要通过资产的质地、结构、性能、耐用性和新旧程度等表现出来。资产的物理质量对企业营运能力的影响是显然的。如果有两个拥有同样数额资产的企业，一个企业资产是近年来购置的，另一个企业资产是若干年前购置的，那么它们的营运能力状况一定存在差别。但是，在以数量化为主体的财务会计报告中，这方面的信息非常缺乏。我们在分析固定资产周转率时，通过"固定资产原价"和"累计折旧"的比较，可以得到有关企业资产新旧程度的一些情况。至于其他方面，无论采用原值还是净值都无法得到资产的真实使用状况。

（2）资产的结构质量。这里的"结构"是指以各种形态存在的资产在企业总资产中所占

的比重。对一个具体的企业而言，各种资产必须合理分配，配套运作，这样总体资产的效用才能充分发挥出来，否则，就会出现"木桶效应"，即某项资产成为企业整体发展的瓶颈，其他资产也得不到最大限度的利用。从某一阶段的经营过程来看，企业的资产（流动资产和长期资产）都存在一个合理的比例。例如，总资产中流动资产与固定资产的比重，如果固定资产比重过高，就会削弱营运资金的作用；如果固定资产比重偏低，则说明企业缺乏发展后劲；如果流动资产中的结算资产太高，则产生不良资产的可能性大大增加。企业资产结构的质量，一般可以通过各种比例的计算来判断，但最重要的问题是，什么样的比例算高，什么样的比例算低，某一个项目的变化幅度到底达到多大就属于"例外"，需要财务分析人员的职业判断，只有对企业所在行业和相关背景比较了解，对企业内部经营过程比较熟悉，才能迅速地得出正确结论。

由于企业生产经营环境的复杂性，资产的物理质量与结构质量都对企业资产的营运能力产生影响。为解决这一问题，在进行企业营运能力分析时，有必要对资产的真实质量进行评价，然后结合周转率的各项指标，更好地反映企业的真实状况，获得对决策有用的信息。

资料来源：李志远. 财务分析禁忌70例［M］. 北京：电子工业出版社，2006.

结合前几项指标分析可知，固定资产周转率指标受企业行业特点、资产结构的影响最明显。判断指标的高低，一定要注意结合企业的资产结构综合进行分析。

项目小结

思考与练习

一、单项选择题

1. 营业周期等于（　　）。
   A. 存货周转天数＋应收账款周转天数
   B. 存货周转率＋应收账款周转率

C. 存货周转天数+存货周转率
D. 应收账款周转天数+应收账款周转率
2. 营运资本的计算公式是（ ）。
A. 流动负债－流动资产　　　　　　B. 长期资产－长期负债
C. 长期资产－长期负债　　　　　　D. 流动资产－流动负债
3. 衡量企业资产营运能力的指标是（ ）。
A. 资产负债表　　　　　　　　　　B. 总资产收益率
C. 销售增长率　　　　　　　　　　D. 总资产周转率
4. 能够引起总资产周转率变动的指标是（ ）。
A. 总资产收益率　　　　　　　　　B. 流动资产周转率
C. 净资产收益率　　　　　　　　　D. 营运资金周转率

二、多项选择题

1. 应收账款周转率提高意味着企业（ ）。
A. 短期偿债能力增强　　　　　　　B. 流动比率提高
C. 长期偿债能力增强　　　　　　　D. 坏账成本下降
2. 应收账款周转率越高说明（ ）。
A. 应收账款周转天数越长　　　　　B. 应收账款的流动性越强
C. 应收账款发生坏账的可能性越小　D. 应收账款周转天数越短
E. 应收账款发生坏账的可能性越大
3. 存货周转率越高说明（ ）。
A. 存货周转天数越长　　　　　　　B. 存货的流动性越强
C. 存货发生坏账的可能性越小　　　D. 存货周转天数越短
E. 存货发生坏账的可能性越大
4. 衡量企业资产营运能力的指标是（ ）。
A. 权益乘数　　　　　　　　　　　B. 资产负债率
C. 总资产周转率　　　　　　　　　D. 应收账款周转率
E. 存货周转率
5. 分析评价存货周转率时应注意（ ）。
A. 季节性生产的公司，存货波动起伏较大，可按季或月计算存货平均余额
B. 结合企业的竞争战略分析存货周转率
C. 分析了解企业目前所处的产品生命周期
D. 存货周转率分析并不能找出企业存货管理中存在的问题
E. 不同企业的存货周转率是不能简单相比的
6. 影响总资产周转率的因素包括（ ）。
A. 各项资产的合理比例　　　　　　B. 各项资产的利用程度
C. 资产结构　　　　　　　　　　　D. 营业收入
E. 固定的费用支出

三、判断题

1. 应收账款周转率越高说明应收账款周转天数越长。（ ）
2. 应收账款周转率越高说明应收账款的流动性越强，发生坏账的可能性越小。
（ ）

3. 存货周转天数是存货周转率的倒数。（   ）
4. 存货周转率越高，存货周转天数越长。（   ）
5. 一般来讲，在销售规模一定的情况下，存货周转速度越快，存货的占用水平越低。（   ）
6. 以成本为基础的周转率指标更符合实际表现的存货周转状况。（   ）
7. 企业采用的财务政策会影响企业的资产周转率。（   ）
8. 筹资活动现金流入与资产负债表的短期借款具有内在联系，但无直接核对关系。（   ）

四、计算分析题

1. A公司本年赊销收入净额为1 600万元，本期应收账款期初余额和期末余额分别为312万元和328万元。（1年按360天计算）

要求：

（1）计算A公司应收账款周转率和应收账款周转天数。

（2）对该公司应收账款周转情况进行分析。

2. B公司本年赊销收入净额为3 200万元，本年主营业务成本为2 560万元，其中，存货期初余额、期末余额分别为444万元和836万元。（1年按360天计算）

要求：

（1）计算B公司存货周转率、存货周转天数。

（2）进行企业流动资产周转情况总体分析时还需要分析哪些问题？主要采用哪些指标？

3. C公司本年赊销收入净额为3 200万元，本年主营业务成本为2 560万元，流动资产只有存货和应收账款，其中，应收账款期初余额和期末余额分别为624万元和656万元，存货期初余额和期末余额分别为444万元和836万元（1年按360天计算）。

要求：

（1）计算C公司的应收账款周转天数、存货周转天数和营业周期；

（2）简要说明如何进行营业周期分析。

4. L公司2020—2022年流动资产周转率如表5-13所示。

表5-13 2020—2022年L公司流动资产周转率

项目	2020年	2021年	2022年
流动资产周转率/次	9.2	10.9	12.2

L公司所处行业流动资产周转率和周转天数如表5-14所示。

表5-14 2020—2022年L公司所处行业流动资产周转率和周转天数

项目	2020年	2021年	2022年
流动资产周转率/次	4.5	6	4
流动资产周转天数/天	80	60	90

要求：

（1）计算L公司流动资产周转天数；（1年按360天计算，计算结果保留整数）

（2）分析L公司流动资产周转效率。

5. M公司本年主营业务收入为6 400万元，固定资产只有厂房和机器设备，其中，厂房期初余额和期末余额分别为300万元和640万元，机器设备期初余额和期末余额分别为100万元和240万元。（1年按360天计算）

要求：

（1）计算M公司固定资产周转率、固定资产周转天数。

（2）简要说明企业提高固定资产周转率应该注意的问题。

6. N公司本年主营业务收入为3 200万元，流动资产只有存货和应收账款，其中，应收账款期初余额和期末余额分别为624万元和656万元，存货期初余额和期末余额分别为444万元和836万元。固定资产只有机器设备，期初余额和期末余额分为200万元和440万元。（1年按360天计算）

要求：

（1）计算N公司流动资产周转率和固定资产周转率。

（2）简要说明企业资产周转还应考虑哪些因素。

7. H公司本年实现销售收入3 750万元，净利润3 000万元，当年期初总资产和期末总资产分别为3 500万元和6 500万元。

要求：

（1）计算H公司的销售净利率。

（2）计算H公司的总资产周转率。

（3）计算H公司的总资产收益率，并分析销售净利率和总资产周转率对总资产盈利能力的影响。

五、企业营运能力分析实例

表5-15、表5-16分别是W公司2022年末的资产负债表、2022年的利润表，请根据表中数据计算W公司的下列指标。

（1）总资产周转率。

（2）流动资产周转率。

（3）应收账款周转率。

（4）存货周转率。

（5）固定资产周转率（以上不能计算平均数的用年末数代替），并对其做简要分析。

表5-15 W公司2022年12月31日资产负债表

编制单位：W公司　　　　　　　　　　　　　　　　　　　　　　　　　　　金额单位：万元

项目	年末余额	年初余额
货币资金	4 104	11 412
应收票据	96	124
应收账款	2 620	2 984
其他应收款	127 384	119 920
预付款项	632	2 376
应收补贴款		4
存货	5 520	5 260

续表

项目	年末余额	年初余额
流动资产合计	140 356	142 080
长期股权投资	17 760	18 472
固定资产净值	101 688	67 884
在建工程	2 076	39 184
固定资产合计	103 764	107 068
无形资产	1 872	2 036
长期待摊费用	3 544	2 192
非流动资产合计	126 940	129 768
资产总额	267 296	271 848
短期借款	80 252	63 652
应付票据	572	988
应付账款	5 908	5 648
预收账款	2 124	532
应付职工薪酬	1 612	1 392
应付股利		340
应交税费	9 084	8 916
其他应付款	30 136	32 236
1 年内到期的非流动负债		24 000
流动负债合计	129 688	137 704
长期借款	11 400	8 000
股本	61 492	61 492
资本公积	53 248	53 248
盈余公积	8 024	9 184
未分配利润	3 444	2 220
负债及股东权益合计	267 296	271 848

表 5-16 W 公司 2022 年度利润表

编制单位：W 公司　　　　　　　　　　　　　　　　　　　　　　　　　　金额单位：万元

项目	本年金额	上年金额
一、营业收入	52 940	40 452
减：营业成本	29 064	20 928

续表

项目	本年金额	上年金额
营业税金及附加	1 996	1 784
销售费用	14 812	11 424
管理费用	9 928	8 520
财务费用	156	−660
加：投资收益	−164	8 084
二、营业利润	−3 180	6 540
加：营业外收入	92	64
减：营业外支出	40	232
三、利润总额	−3 128	6 372
减：所得税费用	576	1 296
四、净利润	−3 704	5 076
五、每股收益（61 492万股）	−0.06	0.08

ITEM 6

项目六 企业盈利能力分析

任务描述

○ 了解企业盈利能力分析常用的财务指标，掌握各种指标的计算方法、内涵、作用、影响因素、评价方法，以及如何利用多个盈利能力指标综合分析评价企业的获利能力。

学习任务

○ 了解净资产收益率高低对企业盈利能力的影响；
○ 熟悉净资产收益率的计算和评价；
○ 熟悉总资产收益率的计算和评价；
○ 熟悉销售净利率的计算和评价；
○ 熟悉销售毛利率的计算和评价；
○ 熟悉销售收入现金含量的影响因素和评价方法；
○ 熟悉净利润现金含量的影响因素和评价方法。

技能目标

○ 综合运用各项指标进行企业盈利能力分析；
○ 掌握影响净资产收益率各因素之间的关系；
○ 掌握净资产收益率的运用与分析评价；
○ 掌握总资产收益率的运用与分析评价；
○ 掌握销售净利率的运用与分析评价；
○ 掌握销售毛利率的运用与分析评价；
○ 结合现金流量表与利润表对销售收入现金含量进行分析；
○ 结合现金流量表与利润表对净利润现金含量进行分析。

知识目标

○ 净资产收益率的含义；
○ 净资产收益率的计算公式；
○ 总资产收益率的含义；

○总资产收益率的计算公式；
○销售净利率的含义；
○销售净利率的计算公式；
○销售毛利率的含义；
○销售毛利率的计算公式；
○销售收入现金含量的含义和计算公式；
○净利润现金含量的含义和计算公式。

项目导入

表 6-1 是苏州瑞华云有限公司 A、B 两家分公司的部分财务数据。

表 6-1　苏州瑞华云有限公司 A、B 两家分公司的部分财务数据（划分）　　金额单位：百万元

项目	A 公司	B 公司
负债（利息率10%）	900	0
权益	100	1 000
总资产	1 000	1 000
息税前利润	120	120
利息费用	90	0
税前利润	30	120
所得税（税率25%）	7.5	30
税后利润	22.5	90

【请思考】
1. 试分别计算苏州瑞华云有限公司 A、B 两家分公司的净资产收益率和资产收益率。
2. 比较两家分公司收益率的大小，并简要分析收益率不同的原因，进而利用净资产收益率分析公司盈利能力的注意事项。

任务一　净资产收益率分析

一、净资产收益率的含义

净资产收益率表明所有者每 1 元钱的投资能够获得多少净收益，衡量了一家公司股东资本的使用效率，即股东投资企业的收益率。净资产是股东投入企业的股本、公积金和留存收益等的总和，这里的收益指税后净利润。净资产收益率计算公式为

$$净资产收益率 = \frac{净利润}{平均股东权益} \times 100\%$$

平均股东权益 =（期初股东权益 + 期末股东权益）/ 2

可以说，许多资深管理者的职业生涯都是随公司的净资产收益率沉浮的。在现行公司制度下，投资者投入企业的资本委托给经营者经营，经营者要确保给投资者带来收益，而且收益率至少应高于同期的市场利率。一份资产，如果收益率与市场利率一样，就没有了附加价值。正是因为这份资产的盈利能力高于市场的平均水平，投资者才愿意为它支付溢价。

2021—2022年苏州瑞华云有限公司有关资料及净资产收益率的计算见表6-2。

表6-2 2021—2022年苏州瑞华云有限公司净资产收益率计算表　　金额单位：百万元

项目	2021年	2022年
净利润	369.44	239.13
期初股东权益	5 388.97	5 718.52
期末股东权益	5 718.52	5 598.70
平均股东权益	5 553.75	5 658.61
净资产收益率/%	6.65	4.23

由表6-2可以看出，苏州瑞华云有限公司2022年的净资产收益率比2021年下降了2.42个百分点，下降幅度达36%，说明从公司股东角度来看，苏州瑞华云有限公司盈利能力出现了下滑趋势。结合表6-3公司的历史数据及表6-4电器机械及器材制造业的行业数据，可得出苏州瑞华云有限公司盈利能力下降且低于行业平均值的结论，因此应积极寻找原因，解决问题。

表6-3 2013—2022年苏州瑞华云有限公司历年盈利指标　　单位：%

年份	净资产收益率	总资产收益率	净利率	毛利率	销售收入现金含量	净利润现金含量
2013	14.51	11.95	10.41	100.00		
2014	19.09	12.02	7.66	15.26		
2015	19.67	13.58	6.74	17.05		
2016	15.34	7.24	6.39	19.46	12.53	0.12
2017	14.74	7.94	7.17	19.01	24.39	1.13
2018	12.03	8.22	7.82	20.82	25.64	1.14
2019	14.67	10.51	8.78	18.24	16.57	0.98
2020	12.53	8.90	5.40	16.89	24.27	1.15
2021	7.80	5.37	3.44	12.95	30.68	1.85
2022	6.85	5.00	3.16	14.68	28.35	1.78

二、净资产收益率的行业数据

表6-4给出了不同行业在不同年份的平均净资产收益率。表6-4数据表明，不同行业的净资产收益率在同一年份表现出趋同的特征。原因是什么呢？答案是市场竞争。一个行业如果获得经常性的高净资产收益率，就会吸引投资者急切地加入，当投资者进入市场后，增大的竞争压力会使成功公司的净资产收益率回到平均水平；反之，经常性的低净资产收益率则吓跑了潜在的新投资者，也

会淘汰掉现存的公司。这样，经过一段时间后，幸存的公司的净资产收益率就会上升到社会平均水平。

表6-4 2019—2022年不同行业平均净资产收益率　　　　　单位：%

行业	2019年	2020年	2021年	2022年
电力、蒸汽、热水的生产和供应业	9.56	9.79	9.03	6.47
电器机械及器材制造业	3.79	5.78	7.43	7.60
电子元器件制造业	4.58	6.44	5.48	−4.24
房地产开发与经营业	3.35	5.06	6.37	6.49
纺织业	0.65	3.96	−0.67	4.02
非金属矿物制品业	2.22	3.85	1.98	3.24
黑色金属冶炼及压延加工业	10.26	15.3	17.96	10.57
化学原料及化学制品制造业	1.47	4.21	8.43	6.26
计算机应用服务业	2.43	−4.39	−17.64	4.79
交通运输辅助业	7.53	9.23	9.21	8.58
交通运输设备制造业	−0.94	9.45	7.26	5.97
零售业	2.14	3.18	2.12	5.80
普通机械制造业	−1.38	4.53	7.56	6.39
商业经纪与代理业	7.37	6.52	10.14	7.56
食品加工业	1.69	−1.34	0.96	5.64
通信及相关设备制造业	5.44	0.45	−1.33	2.06
土木工程建筑业	3.52	1.27	1.85	4.81
医药制造业	5.11	6.79	3.38	5.52
造纸及纸制品业	−1.08	2.93	−1.3	5.87
专用设备制造业	7.11	6.86	5.47	9.38
综合类	−0.76	0.58	1.81	3.55
银行业	14.71	12.06	12.96	8.76

三、净资产收益率的影响因素及评价方法

为更明确地分析净资产收益率的影响因素，可以将其分解成三个指标：

$$净资产收益率 = \frac{净利润}{营业收入} \times \frac{营业收入}{平均总资产} \times \frac{平均总资产}{平均股东收益}$$

分解后的三个指标分别为销售净利率、总资产周转率以及权益乘数。因此，净资产收益率可改写为

$$净资产收益率 = 销售净利率 \times 总资产周转率 \times 权益乘数$$

故有三个因素影响净资产收益率：①1元营业收入带来的净利润；②已动用的每1元总资产所产出的营业收入；③总资产与股东权益的比值。这与前面阅读的财务报表是对应的。销售净利率概括了利润表的情况，同时权益乘数反映了资产负债表右边的信息，而总资产周转率则将资产负债表左边的内容与利润表联系了起来。

2021—2022年苏州瑞华云有限公司有关资料及三个分解指标的计算见表6-5。

表6-5　2021—2022年苏州瑞华云有限公司净资产收益率分解指标计算表　金额单位：百万元

项目	2021年	2022年
净利润	369.44	239.13
营业收入	15 449.48	16 623.43
期初资产总额	7 372.71	7 107.06
期末资产总额	7 107.06	6 777.50
平均资产总额	7 239.89	6 942.28
平均股东权益	5 553.74	5 658.61
销售净利率/%	2.39	1.44
总资产周转率/次	2.13	2.39
权益乘数/倍	1.30	1.23

由表6-5可知，2022年与2021年的净资产收益率分解如下：

2022年：4.23%≈1.44%×2.39×1.23

2021年：6.62%≈2.39%×2.13×1.30

采用因素分析法对苏州瑞华云有限公司净资产收益率的变动分析如下：

销售净利率的变动影响率=（1.44%－2.39%）×2.13×1.30≈-2.63%

总资产周转率的变动影响率=1.44%×（2.39－2.13）×1.30≈0.49%

权益乘数的变动影响率=1.44%×2.39×（1.23－1.30）≈-0.24%

4.23%－6.62%≈－2.63%＋0.49%＋（-0.24%）

（注：利用分解后的三个指标计算净资产收益率，因经过多次四舍五入，故新结果与原结果相比会略有偏差。）

从以上分析过程可以看出，苏州瑞华云有限公司2022年净资产收益率下降的主要原因是销售净利率下降和权益乘数减少。其总资产周转率虽然略有上升，但抵挡不了销售净利率下降的强劲势头。

表6-6给出了2022年度15家上市公司的净资产收益率及其三个分解指标，非常清楚地表明了"条条大路通罗马"：公司的净资产收益率非常类似，但产生最后结果的销售净利率、总资产周转率及权益乘数的组合变动很大。比如，净资产收益率的幅度从苏宁电器高达37.93%到一汽轿车的6.65%；销售净利率最高的为上海机场的51.820 8%，最低为苏宁电器的2.200 2%，相差近50个百分点。

同时，也可以看出，销售净利率与总资产周转率总体上呈反向变动。高销售净利率的公司呈现出低总资产周转率，反之亦然。这并非偶然。公司增加了产品的价值，这需要保持大量的生产设备，有大量的总资产，这类公司倾向保持低的总资产周转率是另一个极端，零售商没有增加产品价值，如苏宁电器会有极低的销售净利率但有极高的总资产周转率。因此，高销售净利率与低销售净利率没有好坏之分，因为结果好坏依赖于销售净利率和总资产周转率的共同作用。

表 6-6　2022 年度 15 家上市公司净资产收益率及分解指标

公司名称	净资产收益率/%	=	销售净利率/%	×	总资产周转率/次	×	权益乘数/倍
美的电器（000527）	9.28	=	1.79	×	2.07	×	2.50
万科 A（000002）	18.42	=	12.78	×	0.56	×	2.56
浦发银行（600000）	16.09	=	11.57	×	0.04	×	33.33
南玻 A（000012）	12.58	=	13.74	×	0.44	×	2.04
格力电器（000651）	18.23	=	2.79	×	1.43	×	4.55
鞍钢股份（000898）	17.82	=	7.85	×	1.78	×	1.27
上海机场（600009）	16.43	=	51.82	×	0.30	×	1.05
一汽轿车（000800）	6.65	=	3.26	×	1.38	×	1.47
中兴商业（000715）	9.16	=	3.38	×	2.03	×	1.33
苏宁电器（002024）	37.93	=	2.20	×	4.99	×	3.45
沈阳机床（000410）	10.98	=	2.59	×	0.88	×	4.76
中技贸易（600056）	11.91	=	3.76	×	1.45	×	2.17
东阿阿胶（000423）	10.86	=	11.69	×	0.78	×	1.19
晨鸣纸业（000488）	8.91	=	6.19	×	0.57	×	2.50
中捷股份（002021）	13.65	=	8.07	×	0.64	×	2.63

净资产收益率受当期净利润与公司净资产规模的影响。在净资产规模基本稳定的情况下，净利润越高，净资产收益率越高；若公司有增资扩股行为，当期就会出现净资产收益率下降的情况，因为新融进资金不能马上发挥效用，但这种现象若长期持续的话，说明公司盈利能力下降。

所得税率的变动也会影响净资产收益率。通常所得税率提高，净资产收益率下降；反之，净资产收益率上升。

净资产收益率是从股东角度考核其盈利能力的，其比值一般越高越好，但当公司净资产规模很小时，就不能单纯依靠净资产收益率的高低判断公司的盈利能力。例如，ST 郑百文 2022 年净资产占总资产的比率仅为 12.03%，但同期净资产收益率高达 20%，如果就此认为它的盈利能力高的话，显然失之偏颇。

净资产收益率指标计算方法比较

净资产收益率有两种计算方法：一种是全面摊薄净资产收益率，另一种是加权平均净资产收益率。不同的计算方法会得出不同的净资产收益率指标结果，那么如何选择计算净资产收益率的方法就显得尤为重要。

一、两种计算方法得出的净资产收益率指标的性质比较

全面摊薄净资产收益率＝报告期净利润÷期末净资产

加权平均净资产收益率＝报告期净利润÷平均净资产

（1）在全面摊薄净资产收益率计算公式中，分子是时期数值，分母是时点数值。很显然，分子、分母是两个性质不同但有一定联系的总量指标，比较得出的净资产收益率指标说明期末单位净资产对经营净利润的分摊。

（2）在加权平均净资产收益率计算公式中，分子净利润是由分母净资产提供的，净资产的增加或减少将引起净利润的增加或减少。根据平均指标的特征可以判断加权平均净资产收益率计算公式计算出的结果好坏，说明单位净资产创造净利润的一般水平。

二、两种计算方法得出的净资产收益率指标的含义比较

（1）由于两种计算方法得出的净资产收益率指标性质不同，其含义也有所不同。

利用全面摊薄净资产收益率计算公式计算出的指标含义是强调年末状况，是一个静态指标，说明期末单位净资产对经营净利润的分摊，能够很好地说明未来股票价值的状况。所以，当公司发行股票或进行股票交易时，对股票的价格确定至关重要。另外，该公式计算出的净资产收益率是影响公司价值指标的一个重要因素，是常被用来分析每股收益的指标。

（2）利用加权平均净资产收益率计算公式计算出的指标含义是强调经营期间净资产赚取利润的结果，是一个动态的指标，说明经营者在经营期间利用单位净资产为公司新创造利润的多少；它还是一个说明公司利用单位净资产创造利润能力大小的平均指标，有助于公司相关利益人对公司未来的盈利能力做出正确判断。

三、净资产收益率指标的计算选择

净资产收益率指标是一个综合性很强的指标。

（1）从经营者使用会计信息的角度来看，应使用加权平均净资产收益率计算公式计算出净资产收益率指标，因为该指标反映了过去一年的综合管理水平，对于经营者总结过去、制定经营决策意义重大。因此，企业在利用杜邦财务分析体系分析企业财务情况时，应采用加权平均净资产收益率。另外，在对经营者业绩进行评价时也可以采用该指标。

（2）从股东角度来看，应使用全面摊薄净资产收益率计算公式计算出净资产收益率指标，这是基于股份制企业的特殊性：在增加股份时，新股东要超面值缴入资本并获得同股同权的地位，期末时股东对本年利润拥有同等权利。正因为如此，证监会发布的《公开发行股票公司信息披露的内容与格式准则第二号：年度报告的内容与格式》规定了采用全面摊薄净资产收益率计算公式计算净资产收益率法，计算出的净资产收益率更适用股东对于公司股票交易价格的判断，所以，在向股东披露会计信息时，应采用该方法计算出的指标。

任务二　总资产收益率分析

一、总资产收益率的含义

总资产收益率反映企业总资产能够获得净利润的能力，是反映企业资产综合利用效果的指标。该指标越大，表明资产利用效果越好，整个企业越有活力，经营管理水平越高。其计算公式如下：

$$净资产收益率＝\frac{净利润}{平均总资产}×100\%$$

平均总资产＝（期初资产总额＋期末资产总额）/2

企业的资产是指能为企业带来利润的财产物资，总资产收益率提供了企业利用资产获取利润的有效性，表明资产负债表上每1元的资产能产生的净利润。

总资产收益率是站在企业总体资产利用效率的角度上衡量企业的盈利能力的，是对企业分配和管理资源效益的基本衡量。总资产收益率与净资产收益率的区别在于：前者反映股东和债权人共同提供的资金产生的利润率，后者则反映仅由股东投入的资金产生的利润率。

2021—2022年苏州瑞华云有限公司有关资料及总资产收益率的计算见表6-7。

表6-7　2021—2022年苏州瑞华云有限公司总资产收益率计算表　　　金额单位：百万元

项目	2021年	2022年
净利润	369.44	239.13
期初资产总额	7 372.71	7 107.06
期末资产总额	7 107.06	6 777.50
平均资产总额	7 239.89	6 942.28
总资产收益率/%	5.10	3.44

由表6-7可知，苏州瑞华云有限公司2022年的总资产收益率比2021年下降近2个百分点，下降幅度达32.5%，但结合表6-8电器机械及器材制造业行业数据来看，公司的总资产收益率仍远高于行业平均值。

二、总资产收益率的行业数据

表6-8给出了不同行业在不同年份的平均总资产收益率。表6-8数据表明，不同行业的平均总资产收益率不尽相同，比较高的有黑色金属冶炼及压延加工业、交通运输辅助业等；而纺织业、计算机应用服务业等行业的平均总资产收益率则比较低。

表6-8　2019—2022年不同行业平均总资产收益率　　　金额单位：%

行业	2019年	2020年	2021年	2022年
电力、蒸汽、热水的生产和供应业	4.75	4.62	3.66	2.51
电器机械及器材制造业	1.58	2.24	2.69	-0.71
电子元器件制造业	2.32	2.95	2.39	-2.51
房地产开发与经营业	1.49	2.06	2.44	2.97
纺织业	0.30	1.79	-0.31	-0.14
非金属矿物制品业	1.08	1.74	0.78	0.28
黑色金属冶炼及压延加工业	5.53	8.27	9.08	6.82
化学原料及化学制品制造业	0.71	1.92	3.80	1.88
计算机应用服务业	1.17	-2.02	-6.78	-9.26

续表

行业	2019年	2020年	2021年	2022年
交通运输辅助业	5.11	6.04	5.97	5.65
交通运输设备制造业	−0.42	4.24	3.16	1.51
零售业	0.92	1.30	0.82	0.79
普通机械制造业	−0.65	1.97	2.88	3.24
商业经纪与代理业	2.62	1.70	2.90	1.11
食品加工业	0.71	−0.55	0.37	0.62
通信及相关设备制造业	2.18	0.18	−0.54	0.00
土木工程建筑业	1.26	0.42	0.57	1.74
医药制造业	2.39	3.05	1.47	1.96
造纸及纸制品业	−0.39	1.21	−0.50	0.67
专用设备制造业	3.62	3.00	2.23	2.98
综合类	−0.30	0.20	0.57	0.25
银行业	0.38	0.36	0.37	0.40

三、总资产收益率的影响因素及评价方法

总资产收益率是一个综合指标，企业的资产是由投资人投入或举债形成的，净利润的多少与企业资产的多少、资产的结构、经营管理水平有着密切的关系。为了正确评价企业经济效益的高低、挖掘提高利润水平的潜力，可以用该指标与本企业前期计划、本行业平均水平和本行业内先进企业进行对比，分析形成差异的原因。总资产收益率主要取决于总资产周转速度的快慢以及销售净利率的大小。企业销售净利率越大，资产周转速度越快，总资产收益率就越高。因此，影响总资产收益率高低的因素主要有：产品的价格、单位成本的高低、产品的产量和销售的数量、资金占用量的大小、资金来源结构等。

在评价总资产收益率指标时，还要结合行业的经营特点进行分析。

论净资产收益率与总资产收益率

长期以来，我国上市公司对净资产收益率指标非常重视，因为它是决定企业配股资格的唯一硬性指标，围绕净资产收益率的达标问题（以前是连续3年平均10%，现在是连续3年平均6%）衍生出不少问题。有人做过研究，发现上市公司净资产收益率为10%～11%的企业比重明显偏高，将配股资格线降低为6%以后，这种局面同样存在。当然，企业为了获得再融资资格，在合理的范围内进行资产重组或资金运筹无可非议，关键是指标本身应科学合理，应能恰当地评价和反映企业资金的使用效果。

近年来，上市公司配完股就"变脸"的情况越来越多，如有的配完股当年就亏损，这种

问题不能不引起人们的重视。不少专业人士认为，把单项指标作为认定配股资格的依据并不合适，企业可通过"数字游戏"达到资格线。不难发现，配股后"变脸"的公司大部分前几年净资产收益率平均为10%～11%，现在则是在6%以上。由此可以看出，对企业配股的考核依据需要完善。仅从单项指标的考核来看，净资产收益率并不是最优的选择，因为净资产收益率作为一项财务指标，虽然有一定的考核作用，但存在明显的缺陷。

（1）净资产收益率的计算中，分子是净利润，分母是净资产，由于企业的净利润并非仅由净资产产生，分子、分母的计算口径不一致，这在逻辑上是不合理的。

（2）净资产收益率可以反映企业净资产（股权资金）的收益水平，但并不能全面反映一家企业的资金运作能力。

道理十分明显，全面反映一个企业资金运作的整体效果的指标，应当是总资产收益率，而非净资产收益率。总资产收益率的计算公式是

总资产收益率＝净利润÷平均资产总额（负债＋股东权益）×100%

比较总资产收益率与净资产收益率的差别，仅在于分母的计算范围上，净资产收益率的计算分母是净资产，总资产收益率的计算分母是全部资产，因此，用总资产收益率才具有可比性，在计算口径上才是一致的。

（3）运用净资产收益率考核企业资金利用效果，存在很大局限性。

①每股收益与净资产收益率指标互补性不强。由于各家上市公司的资产规模不相等，不能以各企业的收益绝对值指标考核其效益和管理水平。目前，考核标准主要是每股收益和净资产收益率两项相对数指标，然而每股收益主要是考核企业股权资金的使用情况，净资产收益率虽然考核范围略大（净资产包括股本、资本公积、盈余公积、未分配利润），但只是反映了企业权益性资金的使用情况，显然在考核企业效益指标体系的设计上还需要调整和完善。

②以净资产收益率作为考核指标不利于企业的横向比较。由于企业负债率的差别，如某些企业负债奇高，净资产收益率却偏高，甚至达到了配股要求；而有些企业尽管效益不错，但由于财务结构合理、负债较低，净资产收益率较低，有可能达不到配股要求。

比较典型的例子是陕西的一家上市公司ST黄河科（现已更名为"广电网络"），2020年，总股本1.1亿元，总资产5.2亿元，由于前两年连续亏损，每股净资产仅为0.51元，净资产总额0.57亿元，资产负债率近90%，当年实现利润仅为0.0582亿元，每股收益仅为0.052元，净资产收益率却达10.18%。2021年，实现利润仅为0.06亿元，每股收益仅为0.06元，然而净资产收益率却达11.19%。到了2022年则更是离谱，实现净利润不足0.04亿元，净资产收益率却达到了34.34%。显然，该公司在配股资格方面是无问题的。虽然该公司后来没有获得管理层的配股许可，但至少说明我们的考核依据是值得商榷的。

配股作为一项再筹资活动，目的是形成社会资源的优化配置，使社会资金向优势企业流动，然而以ST黄河科为例，连续3年的利润额分别为0.0582亿元、0.06亿元和0.04亿元，相对于每年5.2亿元、6.6亿元和4.6亿元的总资产，总资产收益率分别只有0.001%、0.001%和0.06%，资金使用效果是十分低下的，远不及银行存款利率。假如该企业被获准配股，虽然我们不怀疑该企业今后配股募入的资金可能会产生良好的效果，但从考核依据角度来看，相对于总资产收益率高得多而净资产收益率并未达到配股资格线的企业，显然是不公平的。

产生这一问题的原因，就在于净资产收益率不一定能全面反映企业资金的利用效果。这一点可从净资产收益率与负债比率的关系上看出来。

因为总资产收益率＝净资产收益率×净资产占总资产的比重＝净资产收益率×（1－负

债比重),所以净资产收益率＝总资产收益率÷(1－负债比重)。

从上式可以看出,在总资产收益率一定的情况下,负债比重越大的企业,净资产收益率就会越高。这虽然给上市公司以启示,即要提高净资产收益率,必须相对提高负债比率,但同时会带来一些负面作用,即企业想方设法提高负债率,使企业产生借款冲动。例如,很多企业在发行新股或配股后,不得不立即考虑"配套"借款,巨额筹资往往找不到投向,便大量地委托理财,从而使我国股市"资金推动市"的效应明显。如果以总资产收益率指标考核,无论是企业的权益性资金,还是借入资金,均被纳入资金利用效果的考核范围,企业就不可能通过调节负债率提升指标,这样既有利于企业的横向比较,也能比较真实地反映企业资金的利用效果,避免净资产收益率指标的片面性。

③考核净资产收益率指标不利于对企业进行纵向比较分析。企业可通过诸如以负债回购股权的方式提高每股收益和净资产收益率,而实际上,该企业经济效益和资金利用效果并未提高。以2022年度实施国有股回购的上市公司云天化为例,该公司2022年的利润总额和净利润分别比2021年下降了33.66%和36.58%,但由于当年回购国有股2亿股,每股收益和净资产收益率分别只下降了0.01元和2.33%,下降幅度分别是2%和13%。这种考核结果无疑会对投资者的决策产生不良影响。

综上所述,以净资产收益率指标作为企业再筹资的考核标准弊病较多,而改用总资产收益率考核,要合理得多：一方面,可以恰当地反映企业资金的利用效果,帮助投资者做出正确的投资决策;另一方面,可以在一定程度上避免企业玩"数字游戏"。因此,为全面考核企业资金的利用效率,引导社会资源的合理流动,真正使资金流向经济效益高的企业,抑制企业的筹资冲动,应改用总资产收益率作为配股和增发的考核标准。

任务三 销售净利率分析

一、销售净利率的含义

销售净利率反映营业收入带来净利润的能力。这个指标越高,说明企业每销售出1元的产品创造的净利润越高(通常这个指标值越高越好)。计算公式如下：

$$销售净利率 = \frac{净利润}{营业收入} \times 100\%$$

2021—2022年苏州瑞华云有限公司有关资料及销售净利率的计算见表6-9。

表6-9 2021—2022年苏州瑞华云有限公司销售净利率计算表　　　　金额单位：百万元

项目	2021年	2022年
净利润	369.44	239.13
营业收入	15 449.48	16 623.43
销售净利率/%	2.39	1.44

由表 6-9 可以看出，与 2021 年比，苏州瑞华云有限公司 2022 年的销售净利率呈下降趋势（这和其他盈利指标表现出相同的变动趋势），但略高于行业平均值，说明该行业的整体盈利能力下降；苏州瑞华云有限公司在同行业中仍有较强的竞争优势。

销售净利率对管理人员特别重要，反映了企业的价格策略以及控制管理成本的能力。

二、销售净利率的行业数据

表 6-10 给出了 2019—2022 年不同行业在不同年份的平均销售净利率。表 6-10 数据表明，不同行业的销售净利率差异很大，最高的是交通运输辅助业，达 30% 以上；最低的是计算机应用服务业，处于持续亏损状态。销售净利率依赖企业产品的属性及公司的竞争战略，如交通运输辅助业的主要资产是港口、高速公路、机场，总资产规模巨大，资产周转缓慢，只能依赖高销售净利率支持净资产收益率。

表 6-10　2019—2022 年不同行业平均销售净利率　　　　　　单位：%

行业	2019 年	2020 年	2021 年	2022 年
电力、蒸汽、热水的生产和供应业	14.85	13.85	10.10	6.24
电器机械及器材制造业	2.15	2.90	3.08	-0.72
电子元器件制造业	4.53	5.20	4.35	-4.41
房地产开发与经营业	4.23	6.23	7.21	9.93
纺织业	0.46	2.74	-0.44	-0.02
非金属矿物制品业	2.85	4.52	1.88	0.66
黑色金属冶炼及压延加工业	6.84	8.68	7.75	6.04
化学原料及化学制品制造业	1.34	3.12	5.08	2.93
计算机应用服务业	1.95	-3.2	-9.26	-11.50
交通运输辅助业	32.28	36.46	31.07	32.36
交通运输设备制造业	-0.55	4.73	3.25	1.62
零售业	1.01	1.31	0.75	0.63
普通机械制造业	-1.29	3.5	4.42	4.46
商业经纪与代理业	1.43	0.94	1.25	0.49
食品加工业	0.92	-0.64	0.38	0.56
通信及相关设备制造业	2.53	0.2	-0.63	-1.21
土木工程建筑业	2.09	0.62	0.72	2.17
医药制造业	3.61	4.23	1.96	2.43
造纸及纸制品业	-1.00	2.74	-1.16	1.38
专用设备制造业	6.15	4.47	3.26	4.08
综合类	-0.67	0.41	1.09	0.47
银行业	12.49	10.86	9.79	0.00

三、销售净利率的影响因素及评价方法

销售净利率的大小主要受营业收入和净利润的影响，这两个项目分别是利润表中的销售收入项和净利润项，从利润的源泉到最终的企业净利润，中间要经过营业成本、营业税金及附加、三项期间费用、资产减值损失、公允价值变动收益、投资收益及所得税等多个环节才能形成。因此，这些项目的增减变化都会影响销售净利率的大小。

销售净利率与净利润成正比，与营业收入成反比，企业在增加营业收入额的同时，必须相应地获得更多的净利润，才能使销售净利率保持不变或有所提高。要想提高销售净利率，一要扩大营业收入，二要降低成本费用。其中，降低各项成本费用是企业财务管理的一项重要内容。通过列示各项成本费用开支，有利于企业进行成本费用的结构分析，加强成本控制，以便为寻求降低成本费用的途径提供依据。分析销售净利率的变动，可以促使企业在扩大销售的同时，注意改进经营管理措施，提高盈利水平。

销售净利率是企业销售的最终获利能力指标，比率越高说明企业的获利能力越强，但是其受到行业特点影响较大。通常说来，越是资本密集型企业，其销售净利率就越高；反之，资本密集程度较低的行业，其销售净利率也较低。

任务四　销售毛利率分析

一、销售毛利率的含义

销售毛利率是评价企业经营业务获利能力的指标。通常，这个指标越高越好。该指标的优点在于可以对企业某一主要产品或主要业务的盈利状况进行分析，这对于判断企业核心竞争力的变化趋势极有帮助。其计算公式如下：

$$销售毛利率 = \frac{营业收入 - 运营成本}{营业收入} \times 100\%$$

2021—2022年苏州瑞华云有限公司有关资料及销售毛利率的计算见表6-11。

表6-11　2021—2022年苏州瑞华云有限公司销售毛利率计算表　　金额单位：百万元

项目	2021年	2022年
营业收入	15 449.48	16 623.43
营业成本	13 407.09	14 667.80
销售毛利率/%	13.22	11.76

由表6-11可知，苏州瑞华云有限公司2022年的销售毛利率比2021年略有下降，且低于行业平均值，说明公司产品的盈利空间不如同行业公司。

二、销售毛利率的行业数据

表6-12给出了不同行业在不同年份的平均销售毛利率。表6-12数据表明，不同行业的销售毛利率差异很大，最高的是交通运输辅助业，达50%以上；最低的是商业经纪与代理业，只有5%左

右，该行业主要经营贸易，这与其行业经营特点是相符的。

表 6-12 2019—2022 年不同行业的平均销售毛利率   单位：%

行业	2019 年	2020 年	2021 年	2022 年
电力、蒸汽、热水的生产和供应业	28.78	28.90	24.07	19.28
电器机械及器材制造业	21.53	20.55	18.82	16.30
电子元器件制造业	18.92	18.90	17.02	10.27
房地产开发与经营业	22.85	22.79	23.76	27.48
纺织业	15.54	14.46	12.65	12.08
非金属矿物制品业	25.43	25.89	24.49	21.68
黑色金属冶炼及压延加工业	15.55	16.92	14.64	12.74
化学原料及化学制品制造业	17.39	17.23	18.04	19.51
计算机应用服务业	19.96	18.49	16.61	16.89
交通运输辅助业	54.67	53.77	53.24	52.69
交通运输设备制造业	16.70	16.54	14.80	13.50
零售业	15.20	14.99	14.71	14.64
普通机械制造业	20.32	19.56	18.16	18.02
商业经纪与代理业	5.99	5.10	5.98	4.68
食品加工业	20.44	19.85	18.20	16.56
通信及相关设备制造业	22.17	20.46	21.93	18.87
土木工程建筑业	9.45	8.54	8.36	8.31
医药制造业	30.85	29.81	27.46	26.26
造纸及纸制品业	23.61	23.24	21.01	19.66
专用设备制造业	19.86	17.79	17.83	17.22
综合类	16.81	16.72	14.28	14.05
银行业	31.72	26.90	33.29	0.00

三、销售毛利率的影响因素及评价方法

销售毛利率反映了企业产品销售的初始获利能力，是企业净利润的起点，没有足够高的毛利率便不能形成较大的盈利。与同行业比较，如果公司的毛利率显著高于同行业水平，就说明公司产品附加值高、产品定价高，与同行业比较，公司存在成本上的优势，有竞争力。与历史数值比较，如果公司的毛利率显著提高，则可能是公司所在行业处于复苏时期，产品价格大幅上升。在这种情况下，分析者需要考虑价格的上升是否能持续，公司将来的盈利是否有保证。相反，如果公司毛利率

显著降低，则可能是公司所在行业竞争激烈，在发生价格战的情况下往往是两败俱伤的结局。我国20世纪90年代的彩电业就是典型的例子。

通常来说，毛利率随行业的不同而高低各异，但同一行业的毛利率一般相差不大。与行业同期的平均毛利率相比，可以揭示企业在定价政策、产品或商品推销及生产成本控制方面存在的问题。同时，企业之间的存货计价和固定资产的折旧方法等会计处理的差异也会影响营业成本，进而影响毛利率的计算，这一点在做企业间的横向比较时应加以注意。

毛利率是公司产品经过市场竞争后的结果，公司很难单方面主观地左右毛利率的变化，因此，毛利率是一个十分可信的指标。如果毛利率连续不断提升，就说明公司产品市场需求强烈，产品竞争力不断提升；如果毛利率连续下跌，则说明公司在走下坡路。

任务五　销售收入现金含量分析

一、销售收入现金含量的含义

虽然现金流量与利润数据在单个会计期间一般是不一致的，但从长期来看，两者之间应该保持某种相对稳定的比例关系，其差别则反映了非现金支出与收入的变动趋势。目前，现金流量表和利润表的结合分析日益受到人们的重视，销售收入现金含量便是其中最常用的指标之一。该指标把现金流量表与利润表分析有机结合起来，使人们可以估计每单位营业收入带来的现金流入量，并由此把握企业流动性风险及商业信用等方面的状况和重要变化。该比率的计算公式为

销售收入现金含量＝销售商品或提供劳务收到的现金／营业收入×100%

销售商品或提供劳务收到的现金＝销售收入－应收账款增加额－应收票据增加额＋预收账款增加额

该指标反映企业经营业务获得的现金与营业收入的比例关系，表明营业收入的现金保障程度，可以用来判断企业营业收入的质量。由于营业收入是企业净利润的来源，营业收入质量越高，企业当期净利润的质量也就越高，同时表明企业的产品、劳务受欢迎，市场占有率高、回款能力强。一般来说，食品和商业类公司的该项指标较高。

2021—2022年苏州瑞华云有限公司有关资料及销售收入现金含量的计算见表6-13。

表6-13　2021—2022年苏州瑞华云有限公司销售收入现金含量计算表　　金额单位：百万元

项目	2021年	2022年
销售商品或提供劳务收到的现金	4 087.58	3 973.63
营业收入	15 449.48	16 623.43
销售收入现金含量/%	26.46	23.90

由表6-13可知，苏州瑞华云有限公司2022年销售收入现金含量比2021年有所下降。

二、销售收入现金含量的影响因素及评价方法

在赊销政策无重大变化、应收账款正常回收时，由于"销售商品或提供劳务收到的现金"涵盖

了主营业务收入和其他业务收入项目，该指标的正常值水平应当大于1。这一标准对于我们分析企业当期营业收入的现金含量很有帮助。

正常情况下，营业收入含金量越高意味着企业的货款回收速度越快，流动资金的使用效率越高；反之，营业收入含金量越低，企业的营运周期就会相应被拉长，积压在应收账款、其他应收款或预付款项上的资金将无法回笼，必然加大企业的短期融资需求和资金调度压力。

结合2019—2022年A、B、C公司的财务数据来说明这一指标的分析与评价方法，见表6-14。

表6-14 2019—2022年A、B、C公司的销售收入现金含量表 单位：%

公司名称	2019年	2020年	2021年	2022年
A公司	68	96	126	110
B公司	116	101	114	112
C公司	99	103	112	111

由表6-14可以看出，B、C公司的销售现金流量状况较好，2019—2022年的销售收入现金含量基本上都大于1，而且波动幅度较小；相比之下，A公司2019年的销售收入现金含量显著低于正常水平，值得关注。通过对A公司2020年及前后年度财务报告的比较分析，可以发现：A公司2019年经营情况比较正常，应收账款政策及规模增长也无重大变化，显然不足以导致销货现金流入量（14 862万元）与当期主营收入净额（21 756万元）之间出现如此大的差距，而根据其财务资料计算的当期销售现金流量却在2亿元以上。唯一合理的解释是，该公司对当年预付款项巨额增长（6 640万元）的项目处理可能存在问题，即把应计入"购买商品或接受劳务支付的现金"的预付款项增加额列入了销售现金流入量。这样虽然"经营现金流量净额"不受影响，但虚减了当期销售现金流入量。如果这一判断属实，那么A公司当年的实际销售收入现金含量应为99%，非常接近正常水平。

这一案例虽然可能只是反映了报表编制过程中的失误，但从侧面说明了销售收入现金含量在判断企业销售现金流量是否异常时具有显著的效用。不过，在实际运用时，人们还应注意：该指标只着重反映特定期间销售收入对应的现金含量信息，而不能说明整体经营情况的变动趋势。人们可以结合销售现金流量及主营收入绝对额的趋势分析来弥补该指标的不足。

上市公司盈利能力与现金流量能力比较分析

一、盈利能力分析

上市公司盈利是永恒的话题，公司盈利能力主要反映企业经营业务创造利润的能力，一方面直接表现为企业实现利润的多少和利润的稳定程度，另一方面通过企业投入资金的收益能力或企业资产周转和消耗的盈利能力等经济效益指标反映。我们主要利用成本费用净利率、主营业务利润率、销售净利率、总资产净利率、每股盈余、净资产收益率等经济效益指标进行分析。成本费用净利率反映企业每付出单位成本费用所取得利润的大小，也可判断企业对成本费用的控制能力。主营业务利润率指标剔除了其他业务、投资和营业外收支的影响，反映企业主营业务本身的获利能力和竞争能力。只有主营业务发展稳健，企业才能实现净利润的可持续增长，才能在激烈的市场竞争中取胜。每股收益反映发行在外的普通股每股获取收益的能力，是上市公司的年度指标。净资产收益率，也称"股东权益报酬率"，即资本金净利率，主要反映企业经营业务创造利润的能力，是衡量投资者（股东）资本金收益能力的重要指标，一直是投资者和管理者关注的重点。净资产收益率也是杜邦分析体系的核心指标，可以将其分解为权益乘数、销售净利率、资产周转率等分别反映偿债能力、盈利能力和营运能力方面的指标进行具体分析。

尽管以盈利为核心的评估指标能在一定程度上反映公司的经营状况，但其容易受公司高层管理者利润"粉饰"或操纵的影响，从而对投资者正确评估公司价值并做出正确的投资决策产生干扰，对投资者的利益造成损失。

二、现金流量能力分析

公司的现金流量能力主要反映公司经营业务利润带来经营活动现金流量的能力，能从另一个角度反映上市公司盈利能力以及盈利质量高低。由于现金流量同盈利能力指标相比受会计估算和分摊的影响较小，公司的现金流量能力分析可以在一定程度上检验上市公司是否有盈余"粉饰"和操纵的现象，识别盈利能力强弱的真伪。这也是近些年来现金流量表以及现金流量能力分析日益受到关注的原因之一。盈利能力指标以权责发生制为基础，而现金流量分析以现金收付实现制为基础。一般而言，收入增加迟早会带来现金的流入，费用增加迟早会带来现金的流出。因此，如果公司盈利较好，就会有较多的现金流入，特别是较好的营业现金流量。我们主要利用营业现金流量、主营业务收入现金含量和自由现金流量等指标进行分析，并将其与盈利能力指标进行对比。如果盈利能力和现金流量能力都较强，则说明盈利能力有营业现金流量作为保障，盈利质量较好。而通过利润操纵来显示较高的盈利水平，一般是没有营业现金做收入保障的。

营业现金流量，是指公司正常经营活动所发生的现金流入和现金流出之间的净额。主营业务收入现金含量反映主营业务收入带来营业活动现金流量的多少，其指标越高，表明主营业务收入盈利能力、现金能力越强，且盈利质量越好。

自由现金流量，是指从客户处获得的现金净额减去用以维持公司目前增长所需的现金支出，其公式为

$$自由现金流量 = 经营现金净流量 - 资本支出$$

自由现金流量是企业在不影响自身成长前景的前提下，可以分配给股东的最大现金流量，或可以留用以便将来增值的最大自由现金流量。企业的自由现金流量越大，企业的市场价值越高。

上述现金流量能力指标的共同优点是：①不受存货估价、费用摊销、折旧计提等方面不同会计方法的影响，也不受公司管理层的操纵，它们的计算没有主观随意性，客观性强；②按照收付实现制的原则计算，自由现金流量是企业在一定时期内实际收到的现金收入，它们不存在未实际收到的现金收入的风险，是确定性很强的指标；③自由现金流量与营业现金流量及主营业务收入现金含量相比的一大优势是，自由现金流量考虑了资本性支出对现金流量的影响，是在不影响企业当前增长的情况下可供自由使用的超额现金流量，是投资者进行投资决策的重要依据。

任务六　净利润现金含量分析

一、净利润现金含量的含义

净利润现金含量表明企业本期经营活动产生的现金净流量与利润之间的比例关系，可以用来衡量净利润质量的高低。计算公式如下：

$$净利润现金含量 = \frac{经营活动产生的现金净流量}{净利润}$$

一般情况下，该指标如果比率大于1，则说明企业净利润与经营活动产生的现金净流量协调性较好，净利润现金实现程度高，企业净利润质量也高；反之，如果比率小于1，则说明企业本期净利润存在尚未实现的收入，企业净利润的质量欠佳。如果企业当期投资收益、筹资费用数额较大，就应当在分母中剔除。

2021—2022年苏州瑞华云有限公司有关资料及净利润现金含量的计算见表6-15。

表 6-15　2021—2022年苏州瑞华云有限公司净利润现金含量计算表　　金额单位：百万元

项目	2021年	2022年
经营活动产生的现金净流量	738.26	467.95
净利润	369.44	239.13
净利润现金含量/倍	2.00	1.96

由表6-15可知，苏州瑞华云有限公司2022年的净利润现金含量比2021年略有下降，但综合多年的历史数据分析，这两年公司的净利润质量是不断提高的，说明虽然从其他盈利能力指标上看，公司盈利能力略有下降，但公司的盈利质量有所提高。

二、净利润现金含量的行业数据

表6-16给出了部分行业净利润现金含量的数据。净利润现金含量是企业市场竞争力的根本体现。

表 6-16　2021年部分行业净利润现金含量　　单位：倍

行业	净利润现金含量	行业	净利润现金含量
建筑材料	168.25	贸易	54.32
酒店、餐馆与休闲	165.11	家庭耐用消费品	1.92
综合性零售	226.71	房地产	8.41
饮料	164.79	软件	66.03
电力	186.90	通信设备	55.77

三、净利润现金含量的影响因素及评价方法

由于净利润容易变化和操纵，"净利润现金含量"的稳定性没有"销售收入现金含量"好，往往需要具体公司具体分析。与"销售收入现金含量"一样，"净利润现金含量"对于发现企业操纵

利润的嫌疑也具有重要作用。企业操纵账面利润，一般是没有相应的现金流量的。如果这一指标过低，就有虚盈实亏的可能性，应进一步分析会计政策、会计估计和会计差错变更的影响以及应收款项及存货的变现能力。若该指标大于1，则反映的是公司经营活动产生的现金流量净值高于当期净利润，企业的净利润有足够的现金保障；反之，若现金利润比低于正常水平，甚至企业的净利润极高但经营活动净现金流量为负，则说明企业的账面利润没有实在的现金流入作为保证，或者说企业的利润来源于非正常生产经营性活动。如果企业的经营成果缺乏现金流入做保障，企业生产未来的可持续发展就会受到怀疑。

利润表中的净利润是建立在权责发生制基础上的，对应计收入、应计费用等项目存在着估计成分，对有关资产、损益项目的确认和分配也因存在不同方法而产生不同的结果。这样可能出现账面反映有较高利润，资金周转却发生困难，缺乏足够的现金支付能力。现金流量表是以收付实现制为基础，通过分析调整利润表中各项目对现金流量的影响编制的，能揭示经营活动所得现金和净利润的关系，有助于解释为什么有的企业有盈利却没有足够的现金支付工资、股利和偿还债务，有的企业没有盈利却有足够的现金支付能力。如果企业的净利润高于经营活动产生的现金流量净额，则说明企业利润的含金量不高，存在大量的赊销行为及未来的应收账款收账风险，同时，在某种程度上存在着利润操纵之嫌。在了解该指标的过程中，我们还可以了解到企业相关税费的缴纳情况。

四、进行收益质量分析应该注意的问题

收益质量分析是一个主观判断过程，其判断的正确性与分析者的经验、能力和风险偏好密切相关，分析者必须努力提高自己的专业素质并在实践中积累丰富的经验才能胜任这项工作。目前，还没有一种比较客观、可以量化的统一评价方法。另外，收益质量分析仅仅是对一个上市公司整体投资质量进行评价时要考虑的因素之一，并非全部。因此，在对公司整体进行评价时，分析者应将财务报表分析和公司的整体环境结合起来，根据各个公司的具体情况，灵活运用各种分析指标，不要生搬硬套各种指标和公式，这样才能得出恰当的评价。

上市公司收益质量分析

所谓收益质量，是指财务报告收益的可信程度或现金的保障程度以及公司持续获得收益的能力。一般情况下，报告收益与公司业绩之间的相关性可以反映公司收益质量的好坏。如果报告收益能如实地反映公司业绩，则认为收益质量好；如果报告收益不能如实地反映公司业绩，则认为收益质量不好。

公司的收益能力会影响社会公众对公司的正常评价，影响公司的价值、股票的价格等。因此，公司管理层常用各种手段"粉饰"财务报表，由此引发了人们对财务报表反映的收益质量的高度关注。

一、影响上市公司收益质量的因素

影响收益质量的因素有很多，大体上可以分为三个。

（1）会计政策的选择。公司在选择可接受的会计政策时，有一定的自主决定权。赋予公司一定的自主决定权，是任何国家的会计规范都存在的，只不过程度有区别。公司在选择会计政策时，可以采取稳健的政策，也可以采取乐观的政策。通常认为，采取稳健的会计政策

比采取乐观的会计政策收益质量高。稳健主义降低了高估收益的可能性，如固定资产的加速折旧等。

（2）会计政策的运用。在选定会计政策后，对于如何运用会计政策，公司仍然有一定的自主决定权。例如，在选定提取资产减值准备的会计政策后，提取多少数额，公司仍有自主决定权。公司在广告费、营销费、修理费、研发费等酌量性费用的发生时间上有一定的自主决定权。利用这种自主决定权，公司可以操纵财务报告中利润的水平。例如，任意收缩在短期内不易被察觉但具有不良影响的支出（如研究开发费、资产维护费、广告费及员工训练费），经营欠佳时有意减少这类开支，可以提高收益。这种操纵使报告收益与实际业绩的相关性减少，降低了收益质量。

（3）收益与经营风险的关系。经营风险的高低既与公司的管理战略有关，也与环境有关。经营风险大，收益不稳定会降低收益的质量。影响经营风险的因素包括经营周期的长短、收益水平对外部环境变化的敏感程度、收益的稳定性、收益的可变性、收益来源的构成等。另外，还有一些影响因素，如收入与费用的确认原则、资产的质量、财务结构和汇率波动性等。

二、如何分析上市公司收益质量

（一）相关的财务比率指标分析

公司的生存与发展取决于有没有足够的现金用于各种支付，有没有现金进行再投资。众所周知，有的收益有现金流入，有的收益没有现金流入，只有伴随着现金流入的收益才有较高的质量。因此，从公司收益是否有足够的现金保障角度来看，经营现金净流量越大，收益的现金保障程度越高，收益质量越好；反之，经营现金净流量越小，收益的现金保障程度越低，收益质量越差。

长期以来，对上市公司收益质量的评价主要采用销售利润率、净资产收益率、投资报酬率和每股收益等指标。这些以权责发生制为基础的收益指标仅反映上市公司的获利能力，而无法反映公司获取收益的同时能否带来相应的现金流入。因此，对上市公司收益质量的分析必须关注其现金流量信息，具体来说还应关注如下指标。

1. 现金支付能力指标

现金支付能力的算术表达式为（公司现金流入－债权性现金流入）/（经营现金流出＋偿还债务本息付现＋现金股利支付＋资本付现支出）。它是综合公司的支付项目并在剔除债权性现金流入的情况下，分析公司的经营活动、投资活动等运用资金产生现金流量的能力以及付现的承受能力。通常情况下，该比率越大越好。比率越大，说明公司的现金支付能力越强，公司的收益质量越好。上述分母中的"经营现金流出"和"偿还债务本息付现"属于公司的强制性支出，公司通过经营及投资活动得到的现金流量必须满足公司在经营和偿还本息方面的需要，如果公司连续几个会计期间无法满足这种资金需求，就有可能面临难以为继的困境。分母中的"现金股利支付"是投资者取得回报的现金支付，在相同的股利分配政策下，该比率大表明公司有足够的资金支付股利，分母中"资本付现支出"是公司扩大经营规模、创造未来现金流量或利润的能力支付，该比率越大表明公司创造收益的能力越强。

2. 净收益营运指数

有关收益质量的信息被列示在现金流量"补充资料"的第二部分，以苏州瑞华云有限公司为例，见表6-17。

表6-17　苏州瑞华云有限公司现金流量补充资料　　　　金额单位：万元

将净利润调整为经营现金流量	金额	说明
净利润	2 379	
加：计提的坏账准备或转销的坏账	9	没有支付现金的费用，共2 609万元
提取折旧	2 000	
无形资产摊销	600	
处置固定资产收益	−500	非经营净收益403万元，不代表正常的收益能力。计算经营现金时应将其扣除
固定资产报废损失	197	
财务费用	215	
投资收益	−315	
存货减少	53	经营资产净增加437万元，收益不变而现金减少，收益质量下降
经营性应收项目减少（减：增加）	−490	
经营性应付项目增加（减：减少）	−337	负债减少337万元，收益不变而现金减少，收益质量下降
经营活动现金流量净额	3 811	

净收益营运指数，是指经营净收益与全部净收益的比值。

净收益营运指数＝经营净收益÷净收益＝（净收益－非经营净收益）÷净收益

苏州瑞华云有限公司净收益为2 379万元，非经营净收益为403万元，计算的净收益营运指数＝（2 379－403）÷2 379＝1 976÷2 379＝0.830 6。

通过净收益营运指数的历史比较和行业比较，可以评价一家公司的收益质量。例如，2022年12月申请破产的安然公司，从2011年开始净利润逐年大幅上升，而经营净收益逐年下降，净收益营运指数越来越低。这是净收益质量越来越差的明显标志。2022年5月6日，波士顿一家证券分析公司建议投资者卖掉安然公司股票，理由之一就是其越来越低的营业利润率。该公司2010年的营业利润率是21.15%，到2014年已经跌至6.22%，2022年第一季度只有1.59%。该公司的收益越来越多地依靠证券交易和资产处置。

为什么非经营收益越多，收益质量越差呢？这是因为与经营收益相比，非经营收益的可持续性弱。非经营收益的来源主要是资产处置和证券交易。资产处置不是公司的主要业务，不反映公司的核心能力。许多公司正是利用"资产置换"达到操纵利润目的的。短期证券交易获利主要靠运气。由于资本市场的有效性比商品市场高得多，取得正的净现值具有偶然性，不能依靠短期证券交易增加股东财富。一般企业进行的短期证券买卖，只是现金管理的一部分，目的是减少持有现金的损失。企业长期对外投资的主要目的是控制子公司，通过控制权取得额外的好处，而不是直接获利。通过证券交易增加股东财富，主要是靠运气。一个人的运气不会总是那么好，如同买彩票不会每次都中奖一样。公司靠证券交易获利，不如把钱还给股东，让他们自己直接进行交易，还可以节约一部分交易费用。因此，非经营收益虽然也是"收益"，但不能代表企业收益"能力"。

3. 现金营运指数

现金营运指数是经营现金净流量与经营应得现金的比值。经营应得现金是经营活动净收益与非付现费用之和。仍以苏州瑞华云有限公司为例，由表6-17可得：经营应得现金＝经营活动净收益＋非付现费用＝净收益－非经营净收益＋非付现费用＝1 976＋2 609＝4 585(万元)。

现金营运指数＝经营现金净流量÷经营应得现金＝3 811÷4 585＝0.831 2。

现金营运指数小于1，说明收益质量不够好，苏州瑞华云有限公司每1元的经营活动现金收益只收回约0.83元，那么另外的0.17元到哪里去了？分析得知，它们被投入了营运资金，应收款增加、应付款减少、存货增加等使公司实际得到的经营现金减少。这不是一个好兆头。首先，现金营运指数小于1，说明一部分收益尚未取得现金，还停留在实物或债权形态，而实物或债权资产的风险大于现金，应收账款能否足额变现是有疑问的，存货也有贬值的风险，所以未实现的收益质量低于已实现的收益质量；其次，现金营运指数小于1，说明营运资金增加了，反映企业为取得同样的收益占用了更多的营运资金，取得收益的代价提高了，同样的收益代表着较差的业绩。

需要注意的是，无论是净收益营运指数还是现金营运指数的分析，都需要使用连续若干年的数据，仅靠1年的数据未必能说明问题。

（二）公司会计政策分析

投资者在分析公司会计政策过程中应特别重视会计政策的变更。一般情况下，收益质量高的公司，会计政策应该是持续、稳健的，该政策对公司财务状况和净收益的计量是谨慎的。企业会计准则规定，企业只有在下列两种情况下才可以更改会计政策：①法律或会计准则等行政法规、规章要求变更；②变更会计政策以后，能使所提供的企业财务状况、经营成果、现金流量信息更为可靠。实际上，上市公司为了调节利润，往往以各种理由变更会计政策。投资者要依靠自己的分析，判断公司会计政策的变更是否满足上述两项条件，是否会对收益质量造成影响。

项目小结

思考与练习

一、单项选择题

1. 企业销售毛利率与上年基本一致，销售净利率却大幅下降，最可能的原因是（ ）。

A. 期间费用上升　　　　　　　　　　B. 主营业务成本上升

C. 主营业务收入上升　　　　　　　　　D. 营业外收支净额下降

2. 总资产收益率＝（　　）。
A. 销售毛利率×净资产周转率　　　　　B. 销售毛利率×总资产周转率
C. 销售净利率×净资产周转率　　　　　D. 销售净利率×总资产周转率

3. 可能导致总资产收益率下降的经营业务是（　　）。
A. 用银行存款支付一笔销售费用
B. 用银行存款购入一台设备
C. 将可转换债券转换为普通股
D. 用银行存款归还短期借款

4. 净资产收益率＝（　　）。
A. 销售净利率×总资产周转率
B. 总资产收益率×总资产周转率
C. 销售净利率×权益乘数
D. 总资产收益率×权益乘数

5. 净资产收益率越高说明（　　）。
A. 债权人投入的资金获得报酬的能力越强
B. 股东投入的资金获得报酬的能力越强
C. 债务人投入的资金获得报酬的能力越强
D. 企业全部资产的报酬能力越强

6. 现金比率＝（　　）。
A. 现金/流动资产
B. （现金＋应收账款）/流动负债
C. （现金＋短期有价证券）/流动负债
D. （现金＋短期有价证券）/流动资产

7. 在一定时期内，企业应收账款的周转天数越多，说明（　　）。
A. 企业收回应收账款的速度越快
B. 应收账款的流动性越强
C. 收账费用和坏账损失减少
D. 企业的营业资金过多滞留在应收账款上

8. 某公司2022年12月31日资产负债表显示，货币资金总额为1 200万元，短期有价证券为1 000万元，流动负债总额为1 600万元。假设没有其他资产，则该公司2022年现金比率为（　　）。
A. 1　　　　　　　　　　　　　　　　B. 1.1
C. 1.375　　　　　　　　　　　　　　D. 1.5

9. 某公司的流动资产由速动资产和存货组成，年末流动资产余额为70万元，年末流动比率为2，年末速动比率为1，则年末存货余额为（　　）。
A. 60万元　　　　　　　　　　　　　　B. 35万元
C. 45万元　　　　　　　　　　　　　　D. 10万元

10. 上市公司股东最关注的指标是（　　）。
A. 股利支付率　　　　　　　　　　　　B. 净资产收益率
C. 每股收益　　　　　　　　　　　　　D. 市盈率

11. 总资产收益率反映了（ ）。
A. 债权人投资形成的全部资产的收益率
B. 投资人投资形成的全部资产的收益率
C. 债权人和投资人投资形成的全部资产的收益率
D. 股东权益的收益率
12. 衡量企业盈利能力的指标是（ ）。
A. 资产负债率 B. 总资产收益率
C. 速动比率 D. 固定资产周转率
13. 销售毛利率＝（ ）。
A. 销售收入－销售成本
B. 销售收入－销售成本－管理费用
C. （销售收入－销售成本－销售费用）/销售收入
D. （销售收入－销售成本）/销售收入

二、多项选择题

1. 衡量企业盈利能力的指标有（ ）。
A. 资产负债率 B. 总资产收益率
C. 净资产收益率 D. 销售净利率
E. 每股收益
2. 与盈利能力相关的比率包括（ ）。
A. 与偿债相关的盈利能力 B. 与销售相关的盈利能力
C. 与股本相关的盈利能力 D. 与投资相关的盈利能力
E. 与现金流量相关的盈利能力
3. 总资产收益率＝（ ）。
A. 净利润/总资产平均余额
B. （净利润＋所得税）/总资产平均余额
C. （净利润＋利息）/总资产平均余额
D. （净利润＋所得税＋利息）/总资产平均余额
E. 净利润/净资产平均余额

三、判断题

1. 如果企业的收益率高于借款利率，企业不会考虑银行借款融资。（ ）
2. 广告费用计入管理费用。（ ）
3. 赊销收入净额就等于销售收入净额。（ ）
4. 净资产收益率越高，反映了企业股东投入的资金获得报酬的能力越强。（ ）
5. 产权比率属于静态指标。（ ）
6. 销售毛利率越大，说明主营业务收入净额中主营业务成本占的比重越低，企业销售带来的盈利能力越强。（ ）
7. 盈利能力的趋势分析是指对比企业连续几个会计期间的收入、费用等数据，得出盈利变化趋势。（ ）

四、计算分析题

1. 安阳公司2022年实现净利润50万元，当年期初总资产和期末总资产分别为400万元和600万元，期初股东权益和期末股东权益分别为200万元和400万元。

要求：

（1）计算安阳公司2022年总资产收益率和净资产收益率。

（2）简要分析总资产收益率和净资产收益率的差异。

2. 阳光公司本年实现的净利润为4 000万元，当年期初总资产为8 000万元，期末总资产为12 000万元，资产负债率为50%。

要求：

（1）计算阳光公司的净资产收益率。

（2）采用净资产收益率指标分析企业盈利能力的缺陷。

3. 华微公司2020年、2021年、2022年的流动资产平均额分别为10 500万元、12 500万元、16 500万元，净利润分别为800万元、900万元、1 100万元。该公司的竞争对手2020年、2021年和2022年的流动资产收益率分别为9%、8%和7%。

要求：

（1）分别计算华微公司2020年、2021年、2022年的流动资产收益率。

（2）分析华微公司流动资产的盈利能力。

4. 伟光公司2019年、2020年、2021年、2022年销售收入和销售成本数据见表6-18。

表6-18　2019—2022年伟光公司销售收入和销售成本数据　　金额单位：万元

项目	2019年	2020年	2021年	2022年
销售收入	457 745	228 907	17 787	6 114
销售成本	88 450	150 963	13 153	5 577

要求：

（1）计算伟光公司每年的销售毛利率，并填入表6-19。

表6-19　2019—2022年伟光公司的销售毛利率计算　　金额单位：万元

项目	2019年	2020年	2021年	2022年
销售收入	457 745	228 907	17 787	6 114
销售成本	88 450	150 963	13 153	5 577
销售毛利率/%				

（2）根据该公司所处行业2019—2022年每年的销售毛利率分别为85%、83%、80%、79%，试分析该公司的销售毛利率变化趋势。

5. 瑞阳公司2020—2022年的销售收入和净利润情况见表6-20。

表6-20　2020—2022年瑞阳公司的销售收入和净利润情况　　金额单位：万元

项目	2020年	2021年	2022年
销售收入	178 794	333 786	457 745
净利润	66 091	70 217	101 096

要求：

（1）计算瑞阳公司每年的销售净利率，并填入表6-21。

表 6-21　2020—2022 年瑞阳公司的销售净利率计算　　　　　　金额单位：万元

项目	2020 年	2021 年	2022 年
销售收入	178 794	333 786	457 745
净利润	66 091	70 217	101 096
销售净利率 /%			

（2）简要分析销售净利率指标的意义。

6. 伟锐公司本年期初总资产和期末总资产分别为 820 万元和 860 万元，期初净资产和期末净资产分别为 600 万元和 800 万元，当年总资产收益率为 5.7%。

要求：

（1）计算伟锐公司的权益乘数和净资产收益率。

（2）根据上述计算结果，分析总资产和权益乘数对净资产收益率的影响。

五、企业盈利能力分析实例

A 公司盈利能力分析，表 6-22 至表 6-28 是 A 公司 2019—2022 年部分财务数据。

表 6-22　2021 年 A 公司部分利润指标数据　　　　　　金额单位：亿元

项目	第一季度	第二季度	第三季度	第四季度	全年
主营业务收入	7.34	2.75	5.44	8.49	24.02
主营业务利润	4.77	1.73	3.31	6.33	16.14
营业利润	3.41	0.69	1.84	3.80	9.74
利润总额	3.41	0.71	1.85	3.81	9.78
净利润	2.18	0.35	1.02	2.32	5.87
每股收益	0.79	0.13	0.25	0.77	1.94

表 6-23　2022 年 A 公司部分利润指标数据　　　　　　金额单位：亿元

项目	第一季度	第二季度	第三季度	第四季度	全年
主营业务收入	8.53	4.61	7.56	9.4	30.1
主营业务利润	5.82	3.04	4.96	7.68	21.5
营业利润	4.01	1.69	3.06	6.12	14.88
利润总额	4.01	1.69	3.06	6.14	14.9.0
净利润	2.62	0.87	1.66	3.05	8.20
每股收益	0.67	0.22	0.42	0.78	2.09

表 6-24　2019—2022 年 A 公司产销量

项目	2019 年	2020 年	2021 年	2022 年
产量 / 吨	8 610.00	10 686.00	11 794.49	15 010.00
销量 / 吨	5 204.46	5 323.00	5 647.56	6 100.00
销售均价 /（万元 / 吨）	31.09	34.47	42.50	49.34

表6-25　2020—2022年A公司毛利率　　　　　单位：%

产品	2020年	2021年	2022年			
			第一季度	第二季度	第三季度	第四季度
X产品	83.29	80.88	83.61	83.60	83.28	93.39
Y产品	78.79	80.73	81.42	82.17	81.67	81.50

表6-26　2019—2022年A公司收入结构表　　　　　金额单位：亿元

产品	2019年	2020年	2021年	2022年				
				第一季度	第二季度	第三季度	第四季度	全年
X产品	12.48	14.34	19.35	6.54	3.97	6.12	7.9	24.53
Y产品	3.12	3.41	3.86	1.44	0.53	1.2	1.09	4.26
其他产品	0.58	0.6	0.8064	0.55	0.11	0.24	0.41	1.31
合计	16.18	18.35	24.016	8.53	4.61	7.56	9.4	30.1

表6-27　2021年A公司收入费用表　　　　　金额单位：亿元

项目	第一季度	第二季度	第三季度	第四季度	全年
主营业务收入	7.34	2.75	5.44	8.49	24.02
主营业务成本	1.36	0.61	1.06	1.74	4.77
主营业务税金及附加	1.21	0.41	1.06	0.40	3.08
营业费用	0.9996	0.4805	1.0000	1.1700	3.6501
管理费用	0.3895	0.5828	0.5577	1.390	2.9200
财务费用	-0.0221	-0.0216	-0.0788	-0.0380	-0.1610

表6-28　2022年A公司收入费用表　　　　　金额单位：亿元

项目	第一季度	第二季度	第三季度	第四季度	全年
主营业务收入	8.53	4.61	7.56	9.40	30.10
主营业务成本	1.51	0.79	1.38	1.67	5.35
主营业务税金及附加	1.20	0.78	1.22	0.05	3.25
营业费用	1.40	0.60	1.38	0.39	3.77
管理费用	0.482	0.778	0.640	1.210	3.110
财务费用	-0.0675	-0.0321	-0.1235	-0.0370	-0.2600

要求：

（1）分别计算A公司2021年、2022年的主营业务利润率、营业利润率、净利润率，并简要分析。

（2）分别计算 A 公司 2022 年主营业务收入、主营业务利润、营业利润、利润总额、净利润、每股收益比 2021 年的增长速度，并简要分析。

（3）阅读 A 公司历年产销量数据表，计算各年的产销率，分析存货积压会给公司带来什么影响。

（4）根据 A 公司毛利率的数据，简要分析其毛利率的变动趋势。

（5）根据 A 公司收入结构数据表，计算各项收入占总收入的比重，并简要分析。

（6）根据 A 公司 2021 年、2022 年收入费用表，计算各项费用占当年主营业务收入的比重，并简要分析。

ITEM 7

项目七
企业偿债能力分析

📋 任务描述

○ 了解企业偿债能力分析常用的财务指标，掌握各种指标的计算方法、内涵、作用、影响因素、评价方法，学会利用多个偿债能力指标综合分析评价企业的偿债能力。

🎯 学习任务

○ 掌握短期偿债能力分析主要财务指标的内涵；
○ 掌握短期偿债能力分析主要财务指标的计算方法；
○ 掌握短期偿债能力分析主要财务指标的评价方法；
○ 掌握长期偿债能力分析主要财务指标的内涵；
○ 掌握长期偿债能力分析主要财务指标的计算方法；
○ 掌握长期偿债能力分析主要财务指标的评价方法。

👥 技能目标

○ 能进行各种偿债能力指标的计算；
○ 能正确评价各种偿债能力指标；
○ 能对多种偿债能力指标进行综合分析评价；
○ 能对偿债能力指标进行趋势分析；
○ 能对偿债能力指标进行比较分析。

📄 知识目标

○ 短期偿债能力分析主要财务指标的内涵；
○ 短期偿债能力分析主要财务指标的计算；
○ 短期偿债能力分析主要财务指标的评价；
○ 长期偿债能力分析主要财务指标的内涵；
○ 长期偿债能力分析主要财务指标的计算；
○ 长期偿债能力分析主要财务指标的评价。

📄 项目导入

A、B、C 三家公司 2022 年有关资料见表 7-1。

表 7-1 2022 年 A、B、C 三家公司财务数据（部分）　金额单位：亿元

项目	A公司	B公司	C公司
存货	50	25	25
应收账款	25	50	25
现金	25	25	50
流动资产	100	100	100
流动负债	80	80	80
营业利润	40	40	20
折旧	10	10	5

【请思考】

1. A、B、C 三家公司的流动比率分别是多少？是否可以通过流动比率判断它们短期财务状况的好坏？

2. A、B、C 三家公司的速动比率分别是多少？是否可以通过速动比率判断它们短期财务状况的好坏？

3. 如果 A、B、C 三家公司都属于同一行业，以上述资料为依据，仅以偿付应付账款的能力为标准进行评估，外界对哪家公司的信心最强？

任务一　短期偿债能力分析

短期偿债能力，是指一家企业以其流动资产支付流动负债的能力。一家企业短期偿债能力的强弱，要看流动资产和流动负债的多少及质量状况。

流动资产的质量是指其"流动性"，即转换成现金的能力，包括能否不受损失地转换为现金以及转换需要的时间。对于流动资产的质量应着重理解以下三点。

第一，资产是经过正常交易程序转换成现金的。

第二，流动性的强弱主要取决于资产转换成现金的时间和资产预计出售价格与实际出售价格的差额。

第三，流动资产的流动性期限在 1 年以内或超过 1 年的 1 个正常营业周期。

流动负债也有"质量"问题。一般来说，企业的所有债务都是要偿还的，但是并非所有债务都需要在到期时立即偿还，债务偿还的强制程度和紧迫性被视为负债的质量。

一般地，将流动资产与流动负债的数量进行对比，可以初步看出企业的短期偿债能力。在对比分析中，采用的指标主要有营运资金、流动比率、速动比率、现金比率和现金流量比率。但在评价这些指标时，必须同时关注流动资产和流动负债的质量状况。

一、营运资金

（一）营运资金的含义

营运资金，是指企业可长期自由支配使用的流动资金，也就是企业在某一时点所拥有的流动资

产与流动负债的差额,是反映企业短期偿债能力的绝对数指标。其计算公式为

$$营运资金＝流动资产－流动负债$$

营运资金是表示流动资产超过流动负债的部分。当营运资金为正值时,表明企业有能力用流动资产偿还全部短期债务;当营运资金为零或负值时,表明企业的流动资产已无力偿还全部短期负债,企业资金将无法周转。但并不是说营运资金越多越好。营运资金过多,说明企业有部分资金闲置,没有充分发挥效益,会影响获利能力。因此,营运资金应保持适当的数额。

(二)营运资金的影响因素及评价方法

由于营运资金是一个绝对量,它是否适合公司生产经营的实际需要,取决于公司生产经营规模的大小。因此,在财务分析中,通常需要将营运资金与以前年度的该指标进行比较,方能确定其是否合理。同样,由于不同企业之间及同一企业的不同年份之间,可能存在显著的规模差异,直接比较该指标而不考虑规模因素通常是没有意义的。

一般来说,零售商的营运资金较多,因为他们除了流动资产外没有什么可以偿债的资产;信誉好的餐饮企业营运资金很少,有时甚至是负数,因为其稳定的收入可以偿还同样稳定的流动负债;制造业一般有正的营运资金,但其数额差别很大。

2020—2022 年苏州瑞华云有限公司有关资料及营运资金的计算见表 7-2。

表 7-2 2020—2022 年苏州瑞华云有限公司营运资金计算表　　　金额单位:百万元

项目	2020 年末	2021 年末	2022 年末
流动资产	4 000.43	3 957.79	3 844.59
流动负债	1 392.26	783.45	721.73
营运资金	2 608.17	3 174.34	3 122.86

由表 7-2 可知,苏州瑞华云有限公司 2022 年末营运资金比 2021 年末略有下降,但与 2020 年末相比较仍然有较大幅度的增加。为了对公司的营运资金有全面的认识,可以取更多期的数据进行分析。

表 7-3 是苏州瑞华云有限公司多期营运资金指标。

表 7-3 2012—2022 年苏州瑞华云有限公司营运资金历史数据　　　金额单位:百万元

时间	营运资金	资产总额	营运资金占总资产比重 /%
2012 年末	160.54	976.01	16.45
2013 年末	176.81	1 312.59	13.47
2014 年末	616.93	3 378.00	18.26
2015 年末	888.21	3 450.89	25.74
2016 年末	1 538.63	3 780.55	40.70
2017 年末	1 435.43	3 933.56	36.49
2018 年末	1 831.64	6 942.41	26.38
2019 年末	1 590.59	7 394.14	21.51
2020 年末	2 608.17	7 372.71	35.38
2021 年末	3 174.34	7 101.06	44.70
2022 年末	3 122.86	6 777.50	46.08

由表 7-3 可以看出，在绝对数上，苏州瑞华云有限公司的营运资金随着公司资产规模的增长而不断增长；在相对数上，苏州瑞华云有限公司营运资金占总资产的比重随着总资产规模的增长而增加。分析时，可结合资产负债表的结构分析：公司的流动资产中，货币资金和预付款项的比重逐年降低，而应收票据、应收账款和存货的比重逐年上升；公司的流动负债中，以应付账款为主。因此，应收账款和存货的质量是影响公司短期偿债能力的重要因素。

二、流动比率

（一）流动比率的含义

流动比率，是指在某一特定时点上的流动资产与流动负债之比，即

$$流动比率 = \frac{流动资产}{流动负债}$$

对于制造业企业来说，流动比率的经验值为 2。之所以流动资产通常是流动负债的 2 倍，是因为：①流动资产中的一定比例事实上是长期存在的，具有实质上的长期资产特性，即资金占用的长期性，应该由长期资金予以支撑；②流动资产如果全部由流动负债支撑，亦即流动比率为 1，那么一旦发生金融危机或公司信用危机，公司生产经营周转资金就会面临十分严重的困难。2020—2022 年苏州瑞华云有限公司有关资料及流动比率的计算见表 7-4。

表 7-4　2020—2022 年苏州瑞华云有限公司流动比率计算表　金额单位：百万元

项目	2020 年末	2021 年末	2022 年末
流动资产	4 000.43	3 957.79	3 844.59
流动负债	1 392.26	783.45	721.73
流动比率	2.87	5.05	5.33

由表 7-4 可知，苏州瑞华云有限公司 2020—2022 年的流动比率呈上升趋势，显示出公司的短期偿债能力逐步增强。结合同行业情况看，苏州瑞华云有限公司的流动比率仍高于行业平均值。

（二）流动比率的行业数据

表 7-5 是不同行业在 2019—2022 年的流动比率平均值，可以从中看出不同行业不同年份的流动比率呈现出不同的特点。

表 7-5　2019—2022 年不同行业平均流动比率

行业	2019 年	2020 年	2021 年	2022 年
电力、蒸汽、热水的生产和供应业	1.17	1.07	0.91	0.74
房地产开发与经营业	1.08	0.95	0.81	0.62
计算机应用服务业	1.52	1.51	1.31	1.15
交通运输辅助业	1.25	1.48	1.12	0.79
零售业	0.87	0.87	0.84	0.84
商业经纪与代理业	1.28	1.17	1.18	1.11
通信及相关设备制造业	1.54	1.42	1.47	1.35
土木工程建筑业	1.28	1.22	1.16	1.11
综合类	1.15	1.02	0.91	0.94

(三)流动比率的影响因素及评价方法

一般而言,流动比率的高低与营业周期有很大关系:营业周期越短,材料、在产品存货库存越少,应收账款周转速度越快,流动比率相对较低;反之,营业周期较长的企业,存货规模必然较大,应收账款的周转速度较慢,因而流动比率必然较高。例如,制造业公司的平均营业周期通常要长于贸易公司,因而前者的流动比率通常要高于后者。正因如此,在进行流动比率分析时,与行业平均水平进行比较是十分必要的,或者说,跨行业的比较需要适当谨慎。即使同一企业在不同时期,如销售旺季和淡季,流动比率也会有较大的差别。因此,对流动比率的分析要根据企业的性质和实际情况评价,不能一概而论。同时,运用流动比率还应结合其他指标进行综合分析。

企业流动资产与流动负债的匹配方式主要取决于企业对收益与风险的态度,主要有三种。

(1)激进型。流动负债不仅融通临时性流动资产的资金需要,还要满足部分永久性流动资产的需要,资本成本较低,但财务风险较大。此时,企业的流动比率接近1。

(2)保守型。流动负债只融通部分临时性流动资产的需要,另一部分临时性流动资产和永久性流动资产均由长期负债和自有资本作为其资金来源,资本成本较高,资产投资回报率较低,但财务风险较低。此时,企业的流动比率大于2。

(3)适中型。临时性流动资产用流动负债筹资解决,永久性流动资产和长期资产则用长期负债和自有资本满足资金需求。此时,企业的流动比率接近2。

流动比率的横向或纵向比较,只能反映高低差异,不能解释原因。欲知原因,需要具体分析应收账款、存货及流动负债水平的高低。如果应收账款或存货的规模较大,但流动性(周转效率)存在问题,就要求更高的流动比率,因为此时的流动比率值(实际上是指其分子)是含有"水分"的。因此,在对流动比率做具体分析时,需要注意以下几点。

(1)要注意对企业流动资产结构进行分析,因为流动资产各组成项目的变现能力是不同的。相对来说,流动资产中应收账款、预付款项和存货等项目流动性并不强。流动比率高,也许是因为存货积压、应收账款或预付款项增多,而现金和银行存款可能并不充足。

(2)要注意观察一个较长时期内(如5年或10年)企业流动比率值变动的趋势情况。

2012—2022年苏州瑞华云有限公司连续11年流动比率数据见表7-6。

表7-6 2012—2022年苏州瑞华云有限公司流动比率历史数据   金额单位:百万元

年份	流动资产	流动负债	流动比率
2012	411.74	251.20	1.64
2013	502.51	325.70	1.54
2014	2 202.94	1 586.01	1.39
2015	2 230.08	1 341.87	1.66
2016	2 495.68	957.05	2.61
2017	2 263.10	827.66	2.73
2018	3 444.95	1 613.31	2.14
2019	3 493.70	1 903.11	1.84
2020	4 000.43	1 392.26	2.87
2021	3 957.79	783.45	5.05
2022	3 844.59	721.73	5.33

（3）要注意分析企业有关债权人、债务人的信用授受条件。
（4）要注意分析流动资产的真实价值。
（5）要注意分析季节性变动对流动比率的影响。
（6）要注意分析企业现金流入、流出的时间、数量及差额。
（7）要注意分析企业向银行举债的条件。
（8）要注意分析企业或有负债的大小。

值得注意的是，由于流动比率逐渐被分析者所认可，报表制作者为了达到某种目的，往往使用一些简单的办法让该指标表现出希望的状态（良好或很差）。比如，某商业企业在年底进了一批代销（又称"赊销"；意指进货时未付款，售完方付款）的货物，那么，在做账时，流动资产与流动负债将同时增加（该笔数值）。这样一来，如果计入当年账务，由于流动比率公式的分母（流动负债）增幅大于分子（流动资产）增幅，流动比率将有所下降；但是，如果计入下一年度，则流动比率又会显得稍高一些。

三、速动比率

（一）速动比率的含义

速动比率，是指速动资产与流动负债之比，即

$$速动比率 = \frac{速动资产}{流动负债}$$

其中，速动资产一般指流动资产扣除存货之后的差额。之所以要在流动比率之外再以速动比率说明公司的短期偿债能力，是因为流动资产中的存货可能存在流动性问题，即缺乏正常的变现能力。若是如此，流动比率即便看起来很正常（如流动比率为2），但由于速动比率偏低，公司的实际短期偿债能力还是存在问题。速动比率的经验值为1，意味着存货占流动资产的适当比例应该为50%左右。当存货比例过高且变现有困难时，意味着可用于偿还流动负债的速动资产过少。

2020—2022年苏州瑞华云有限公司有关资料及速动比率的计算见表7-7。

表7-7　2020—2022年苏州瑞华云有限公司速动比率计算表　　金额单位：百万元

项目	2020年	2021年	2022年
流动资产	4 000.43	3 957.79	3 844.59
存货	602.00	851.21	878.11
速动资产	3 398.43	3 106.58	2 966.48
流动负债	1 392.26	783.45	721.73
速动比率	2.44	3.97	4.11

由表7-7可知，苏州瑞华云有限公司2020—2022年的速动比率呈上升趋势，显示出公司的短期偿债能力逐步增强。结合同行业情况来看，该公司的速动比率仍高于行业平均值。

（二）速动比率的行业数据

表7-8是不同行业在2019—2022年的速动比率平均值，可以从中看出不同行业不同年份的速动比率呈现出不同的特点。

表 7-8　2019—2022 年不同行业平均速动比率

行业	2019 年	2020 年	2021 年	2022 年
电力、蒸汽、热水的生产和供应业	1.08	0.95	0.81	0.62
房地产开发与经营业	0.69	0.59	0.60	0.52
计算机应用服务业	1.20	1.19	1.01	0.84
交通运输辅助业	1.21	1.43	1.05	0.74
零售业	0.60	0.57	0.55	0.54
商业经纪与代理业	1.00	0.76	0.75	0.64
通信及相关设备制造业	1.08	0.96	1.07	1.01
土木工程建筑业	0.87	0.83	0.73	0.69
综合类	0.75	0.66	0.58	0.60

（三）速动比率的影响因素及评价方法

在分析速动比率时还要注意，速动比率虽然剔除了变现能力较弱的存货资产，但速动资产中的应收账款本身可能还存在一些潜在的问题，如可能隐藏着未冲销的坏账、逾期待催收的账款所占比重过高等，这些都会影响速动比率的真实性。因此，应当对应收账款的"质量"做进一步分析。另外，还要注意速动比率是假设企业面临财务危机或者办理清算时，在存货等资产全无市场价值的情况下，以速动资产支付流动负债的短期偿债能力，是衡量企业在紧急情况下的应变能力，不要认为速动比率低，企业就失去了偿债能力。最后，应当注意，在进行速动比率分析时，还应该对速动资产的结构与速动资产的变动趋势进行必要的分析，注意与本企业历史年份的资料进行比较以及与同行业的平均水平进行比较。

比如，友谊股份 2021 年末的速动比率为 1.09，2022 年中期的速动比率为 1.08，2022 年末的速动比率为 0.35。单从这些数据上看，说明该企业的短期偿债能力大幅下降，但考虑到该企业为商业企业，年报显示，2022 年该企业进行了大规模资产重组，一些新并入的下属企业对此值也有较大影响；再考虑到作为一家商业企业，速动比率的值虽然远低于 1，但仍可接受，尚不能轻易断言该企业在走下坡路，还应参考其他指标，如应收账款周转率等。当然，该企业大规模扩张造成偿债能力下降，也是无可争辩的事实。对此，只要该企业管理层加以重视，通过适当管理手段优化这一指标也并非难事。

在速动比率的计算中，还可以考虑扣除预付款及待摊费用等，得出更为保守的速动比率，即

$$保守速动比率 = \frac{现金及现金等价物 + 有价证券 + 应收账款净额}{流动负债}$$

需要注意的是，有些行业或企业很少发生赊销业务，故而很少存在应收账款。在这种情况下，它们的速动比率往往低于经验标准，但并不意味着它们缺乏短期偿债能力。换言之，企业在几乎没有应收账款的情况下，如果流动比率正常，则速动比率就一定显著低于经验值。但这未必是问题，只要存货周转正常即可。

2021—2022 年苏州瑞华云有限公司有关资料及保守速动比率的计算见表 7-9。

表 7-9 2021—2022 年苏州瑞华云有限公司保守速动比率计算表　　金额单位：百万元

项目	2021 年末	2022 年末
现金及现金等价物	715.08	670.23
有价证券	1 379.99	1 259.78
应收账款净额	958.04	1 012.35
流动负债	783.45	721.73
保守速动比率	3.90	4.08

由表 7-9 可知，苏州瑞华云有限公司 2021—2022 年的保守速动比率呈上升趋势，显示公司的短期偿债能力逐步增强。结合同行业情况看，该公司的保守速动比率仍高于行业平均值。

有时还可采用现金比率衡量公司资产的流动性。

现金比率，是指现金、现金等价物及有价证券之和与流动负债之比，即

$$现金比率 = \frac{现金及现金等价物 + 有价证券}{流动负债}$$

2021—2022 年苏州瑞华云有限公司有关资料及现金比率的计算见表 7-10。

表 7-10 2021—2022 年苏州瑞华云有限公司现金比率计算表　　金额单位：百万元

项目	2021 年末	2022 年末
现金及现金等价物	715.08	670.23
有价证券	1 379.99	1 259.78
流动负债	783.45	721.73
现金比率	2.67	2.67

由表 7-10 可知，苏州瑞华云有限公司 2021—2022 年的现金比率呈稳定的态势，显示出公司有较强的短期偿债能力。结合同行业情况看，该公司的现金比率高于行业平均值。

现金比率是最保守的短期偿债能力比率。通常情况下，分析者很少重视这一指标。因为，当企业的流动性不得不依赖现金和有价证券，而不是依赖应收账款和存货的变现时，意味着企业已处于财务困境。所以，该比率只有在企业已处于财务困境时，才是一个适当的比率。或者在企业已将应收账款和存货作为抵押品的情况下，或者分析者怀疑企业的应收账款和存货存在流动性问题时，以该指标评价企业短期偿债能力才是比较适当的选择。就正常情况下的企业而言，该比率过高，意味着该企业可能没有充分利用现金资源，当然也有可能是因为已经有了现金使用计划（如厂房扩建等）。

四、经营现金流量与流动负债之比

（一）经营现金流量与流动负债之比的含义

经营现金流量与流动负债之比反映用经营现金净流量偿还本期到期债务（1 年内到期的非流动债务及流动负债）的能力。该比率值越高，企业资产流动性越强。

2021—2022 年苏州瑞华云有限公司有关资料及经营现金流量与流动负债之比的计算见表 7-11。

表7-11 2021—2022年苏州瑞华云有限公司经营现金流量与流动负债之比计算表   金额单位：百万元

项目	2021年末	2022年末
经营活动产生的现金流量净额	738.26	467.95
流动负债	783.45	721.73
经营现金流量与流动负债之比	0.94	0.65

由表7-11可知，苏州瑞华云有限公司2022年末经营现金流量与流动负债之比与2021年末相比有明显的下降，经营现金流量的下降幅度，应该是由公司的现金流量不足造成的。鉴于流动比率、速动比率的情况，仍可以判断该公司的短期偿债能力较强。结合同行业情况看，该公司的经营现金流量与流动负债之比高于行业平均值。

该比率的分子仅是"经营现金流量"，即不包括财务活动（筹资与投资活动）产生的现金流量，该比率事实上旨在说明公司通过"经营"活动产生的"净"现金流量对于短期（到期）债务偿还的保障程度。

（二）经营现金流量与流动负债之比的行业数据

2019—2022年不同行业平均经营现金流量与流动负债之比相关数据见表7-12。

表7-12 2019—2022年不同行业平均经营现金流量与流动负债之比

行业	2019年	2020年	2021年	2022年
电力、蒸汽、热水的生产和供应业	46.41	46.72	36.40	35.13
房地产开发与经营业	6.63	-3.29	3.91	0.49
计算机应用服务业	0.27	5.49	0.33	6.80
交通运输辅助业	60.88	41.02	59.79	39.35
零售业	11.88	11.69	13.48	13.88
商业经纪与代理业	9.15	-10.63	17.89	-3.51
通信及相关设备制造业	4.56	4.13	5.49	1.97
土木工程建筑业	3.14	3.63	6.23	9.22
综合类	7.33	6.31	7.99	10.83

五、短期偿债能力分析应注意的问题和考虑的因素

营运资金、流动比率、速动比率和现金比率是从流动资产与流动负债对比关系上评价企业短期偿债能力的四个主要指标。分析时，不能孤立地看某个指标，而应该综合考察，这样才能全面和客观地判断企业短期偿债能力的大小。在流动资产中，现金和银行存款以及交易性金融资产、应收票据的变现能力最强；应收账款和存货的变现能力较弱，是影响流动资产变现能力的主要项目，也是影响短期偿债能力的主要因素。

（一）应收账款的变现速度

一般来说，应收账款周转速度越快，表明企业回款越迅速，收账费用和坏账损失越少，同时表明企业的流动资金流动性高、偿付能力强。如果应收账款占流动资产比重很高，即使流动比率和速动比率指标都很高，其短期偿债能力还是值得怀疑，需要进一步分析原因。

（二）存货的变现速度

就一般企业而言，存货在流动资产中占有相当大的比重。尽管存货不能直接被用于偿还流动负

债,但是企业的存货变现速度较快意味着资产的流动性良好,会有较大的现金流在未来注入企业。企业投资于存货的目的,在于通过存货销售获得利润。一般的制造企业为了配合销售的需要,需要维持相当数量的存货。存货对企业经营活动的变化非常敏感,这就要求企业将存货控制在一定水平上,使其与经营活动基本保持一致。因此,在分析企业短期偿债能力时,必须考虑存货的变现速度。

(三)影响企业短期偿债能力的其他因素

上述应收账款和存货等变现能力指标,都是从财务报表资料中取得的。但还有一些财务报表资料中没有反映的因素也会影响企业的短期偿债能力,甚至影响力更大。

1. 可动用的银行贷款指标

银行已同意、企业尚未办理贷款手续的银行贷款限额,可以随时增加企业的现金流,提高其支付能力。

2. 准备很快变现的长期资产

由于某种原因,企业可能将一些长期资产出售转变为现金,这将增加企业资产的流动性。企业出售长期资产,应根据近期和长期利益的辩证关系,正确解决出售长期资产的问题。所以,在分析该因素时,应具体情况具体分析,以正确评价企业偿债能力。

3. 偿债能力的声誉

具有良好偿债能力声誉的企业,在短期偿债方面出现困难时,通常有能力筹得资金,提高偿债能力。这个增强变现能力的因素,取决于企业自身的信用声誉和当时的筹资环境。

4. 担保责任引起的负债

企业可能以自己的一些流动资产为他人提供担保,如为他人向金融机构借款提供担保、为他人购物担保、为他人履行有关经济责任提供担保等。这种担保有可能成为企业的负债,增加企业的偿债负担。为他人提供担保的信息一般在财务报表附注中披露。

企业盈利能力和财务状况的关系

企业的收入、支出和企业的资产、权益之间存在如下关系:企业的收入是使企业资产增加(如货币资金或应收账款等的增加)或权益减少的金额(如预收货款等);企业的支出是使企业资产减少(如消耗存货)或权益增加(如应付账款)的金额。这种关系可以分别用图7-1、图7-2表示。

图7-1 企业盈利时经营成果与财务状况的关系

企业盈利时,收入大于费用,在利润表中表现为企业实现利润,在资产负债表中表现为企业资产（资产方）和未分配利润（权益方）的增加，企业的财务状况因此改善。

企业亏损时，费用大于收入，在利润表中表现为企业实现利润为负，在资产负债表中表现为企业资产的减少和股东权益的减少（未分配利润为负数），企业财务状况因之恶化。

企业是以其股东权益（或净资产）担负盈亏责任的。当企业盈利时，已实现但未分配的利润增加，因而企业的净资产增加，总资产也相应地增加。当企业亏损时，企业亏损掉上期未分配的利润，如果上期未分配利润小于当期亏损额，则未分配利润为负，将使股东权益总额减少，企业总资产也等额减少。企业资产负债表和利润表之间存在的数量关系，反映了企业财务状况和企业盈利能力之间存在的相互作用关系。企业在一个会计期间内，财务状况可能好转，也可能恶化，要进行具体分析。一般来讲，如果企业的资产和负债从图7-1的结构向图7-2的结构靠近，则说明企业财务状况恶化；反之，则说明企业的财务状况改善。

图7-2 企业亏损时经营成果与财务状况的关系

因此，企业的盈利能力与企业的财务状况是相互制约、相互促进的。一家资金结构极不合理，长短期资金来源和使用极不平衡的企业，不可能有较高的获利能力。企业的资金结构、资金平衡和偿债能力等，在一定程度上决定了企业的盈利能力。比如，企业为了保证有强大的支付能力，需要持有足够的货币资金，而货币资金滞留于支付环节过多或持有时间过长，就会产生企业投入生产经营过程的资金不充足的问题；生产经营投入资金不足，则企业的经济效益受到影响。因为，资金投入生产经营活动是资金循环和创造利润的前提。对企业财务状况的分析，在一定程度上可以揭示企业的经营获利能力。有关这几个方面的分析，结论总结如下。

（1）若企业资金结构合理，则企业的获利能力比较强；若企业的资金结构不合理，则给企业的生产经营带来困难，最终降低企业的获利能力。

（2）企业偿债能力过高，说明企业没有充分利用企业资金，企业创造利润的潜力没有全部发挥；企业偿债能力过低，有可能导致企业的被动破产，即在企业盈利情况下的破产。

（3）企业的负债经营率高低对企业的创利能力有直接影响。当企业自有资金利润率高于企业借款利率时，企业的负债经营可以提高企业的盈利能力；当企业自有资金利润率低于企业借款利率时，企业的负债经营会降低企业的盈利能力。

（4）企业的营运资金增加，增强了企业的经营实力，使企业创利机会增加；而营运资金减少，则会削弱企业的经营实力，使企业的生产经营受到限制。

（5）企业各项资产周转速度加快，可使企业在相同时期内对营运资金的需求下降，为企业节约出更多资金用于经营规模的扩大和创利水平的提高；而企业生产经营各环节的资金管理不善，则会增加对营运资金的需求。与正常情况相比，企业需要更多的资金投入获得相同的收益，导致其资金成本上升，获利能力下降。

任务二　长期偿债能力分析

企业的长期偿债能力表现为还本能力和付息能力两个方面，可以分别从资产负债表和利润表的角度进行分析。利润表的分析，侧重于反映公司的付息能力，主要指标是利息保障倍数；而资产负债表的分析，则侧重于资本结构的反映，主要包括资产负债率、产权比率等指标。

一、利息保障倍数

（一）利息保障倍数的含义

利息保障倍数，是指企业年度获得的盈利对年度利息费用支出的倍数，即

$$利息保障倍数 = \frac{利息费用 + 税前利润}{利息费用}$$

其中，分子是运用企业全部资产获得的收益，即息税前利润。之所以不用净利润，是因为企业的利息费用在所得税之前就列支了，而所得税是在减去利息费用后的利润中支付的，所得税的多少对利息费用的支付不会产生影响。在无法获取利息费用时，利息费用可以用财务费用代替。

2021—2022 年苏州瑞华云有限公司有关资料及利息保障倍数的计算见表 7-13。

表 7-13　2021—2022 年苏州瑞华云有限公司利息保障倍数计算表　　金额单位：百万元

项目	2021 年	2022 年
利润总额	509.81	25.77
财务费用	7.29	−2.033
利息保障倍数	70.96	—

由表 7-13 可以看出，苏州瑞华云有限公司 2022 年的财务费用是负数，表明公司没有利息支出的负担。从前面资产负债表的分析可知，2022 年，该公司的负债率很低，没有长期借款且有政府的贴息政策，因此其没有利息负担。

（二）利息保障倍数的行业数据

表 7-14 是 2022 年各行业代表公司的利息保障倍数对比分析表，其中的数据有助于分析把握不同行业公司的利息保障倍数数据规律。

表 7-14　2022 年各行业代表公司的利息保障倍数对比表　　金额单位：元

公司名称	所属行业	财务费用*	税前利润	利息保障倍数
深发展（000001）	金融行业	—	244 139.94	—
宝钢股份（600019）	钢铁行业	104 360.88	1 831 077.36	18.55
中国石化（600028）	化工行业	526 600.00	6 148 200.00	12.68
上海机场（600009）	仓储运输行业	−1 303.20	160 744.00	—
万科 A（000002）	房地产行业	1 619.71	197 618.20	123.01
大商股份（600694）	商业贸易行业	9 154.10	39 815.32	5.35
鲁泰 A（000726）	纺织行业	8 999.70	38 347.43	5.26

续表

公司名称	所属行业	财务费用*	税前利润	利息保障倍数
华能国际（00902）	电力行业	128 543.94	667 903.71	6.20
北大荒（600598）	农业行业	9 144.66	49 213.81	6.38
神火股份（000933）	能源行业	2 184.28	70 669.58	33.35
振华港机（600320）	机械仪表行业	4 979.95	131 891.70	27.48
云南白药（000538）	医药行业	-806.95	27 745.10	—
晨鸣纸业（000488）	造纸行业	19 317.67	86 340.92	5.47
冀东水泥（000401）	建材行业	12 994.39	16 048.07	2.23
上海汽车（600104）	汽车行业	2 151.67	116 002.20	54.91

注：* 表示由于资料限制，利息费用由利润表中所列的财务费用代替。

（三）利息保障倍数的影响因素及评价方法

利息保障倍数越大，企业偿还债务利息的能力越强，通常也越有能力偿还到期的债务本金。根据经验，利息保障倍数为3倍或以上时，表示企业不能偿付其利息债务的可能性较小；该比率达到4倍时，意味着公司偿付其利息债务的能力良好；达到4.5倍或以上时，则为优秀。

之所以使用利息保障倍数衡量企业的长期偿债能力，是因为长期债务在到期前不需要支付本金；只需要定期支付利息即可。况且，对于一般企业来说，只要其资本结构基本上是稳定的，并且经营情况良好，就能够举借新的债务偿还到期债务的本金。事实上，付息能力的重要性不亚于还本能力。如果企业长期以来在偿付利息费用方面有着良好的信用表现，那么其很可能永远不需要偿还债务本金。这是因为，既然企业的付息能力很强，就意味着当债务本金到期时，企业一般有能力重新筹集到新的资金，或者原有的负债能够延展。

企业利息保障倍数越大，无力偿还债务的可能性就越小。在金融市场高度发达的情况下，企业由于负债经营，对银行的依赖性越来越强。企业能否在经营过程中顺利地融资成为企业经营成败的关键，商业银行对企业偿债能力的判断在很大程度上取决于企业的利息保障倍数。如果企业在支付债务利息方面没有困难，就可以用再借款偿还到期的债务本金。通过举借新债来偿还旧债，无须偿还债务本金。在这种情况下，企业筹资会比较容易，筹资成本就会降低，企业也就有能力在资本结构中保持较高的债务比例。

利息保障倍数在时间上往往有着较显著的波动性，这是因为企业的盈利水平和利息费用会受经济周期或产业周期的显著影响而发生波动。而无论是好年景，还是坏年景，利息都是必须支付的。所以，为了考察企业偿付利息能力的稳定性，一般应至少计算5年或5年以上的利息保障倍数。为了保险起见，甚至可以选择5年或更长时期中最低的利息保障倍数值作为基本的利息偿付能力指标值。

利息保障倍数的计算过程，需注意以下几点。

（1）根据利润表对企业偿还债务的能力进行分析。作为利息支付保障的分子，应该只包括那些在以后期间预计还会发生的收益，即经常性或永久性收益。所以，那些非经常发生的项目应该予以排除，如非常项目与特别项目、停止经营项目、会计方针变更的累计影响。

（2）利息费用不仅包括作为当期费用反映的利息费用，还应包括资本化的利息费用（固定资产交付使用前发生的利息费用，通常在财务报表的附注中揭示）。因为后者同样需要支付，是否反映到当期费用只是财务会计的确认规则问题。

（3）未收到现金红利的权益性收益只是权益法下的一种账面收益，而没有相应的现金流入企业，故不能构成支付利息的保证，应予以扣除。

（4）在计算利息保障倍数时，如果直接从利润表上获取数据，那么得到的是"财务费用"而非"利息费用"。前者除了包括利息费用外，还包括汇兑损益。当汇兑损益数量相对于利息费用来说足够大时，使用"财务费用"计算利息保障倍数就不能真实地反映企业的付息能力。为此，应尽可能剔除汇兑损益，使用真正的利息费用。进一步讲，即便没有汇兑损益，"财务费用"也不单纯是利息费用，而是"利息费用"与"利息收入"的代数和。当企业有着较多的存款利息收入时，"财务费用"也可能是个负值。必须注意的是，从技术上讲，作为利息保障倍数这一比率的分母，"利息费用"如果小于零，该比率实际上就没有意义了。这时，要么放弃使用该比率，要么对分母进行适当调整以使其变成正数。

（5）债务利息是用现金支付的，而企业的当期利润是依据权责发生制原则计算的，这意味着企业当期利润可能很高，但不一定具有支付能力。所以，在使用这一指标时，还应注意企业的现金流量与利息费用的数量关系。

从利润表角度进行分析只是反映了公司的利息偿付能力，而利息偿付能力毕竟只是长期偿债能力的一个方面，所以需要从资产负债表角度分析长期负债本金偿还能力。用于分析长期负债本金偿还能力的基本财务比率主要包括资产负债率、产权比率以及有形净值债务比率。

二、资产负债率

（一）资产负债率的含义

资产负债率，是指企业全部负债与全部资产的比率，即

$$资产负债率 = \frac{负债总额}{资产总额} \times 100\%$$

资产负债率表明企业的全部资金来源中有多少是由债权人提供的，或者说在企业的全部资产中有多少属于债权人所有。运用该指标，站在债权人角度可以说明债权的保证程度；站在所有者角度，既可以说明自身承担风险的程度，也能反映财务杠杆的效应；站在企业角度，既能反映企业的实力，也能反映企业的偿债风险。资产负债率也可衡量企业在发生清算时对债权人权益的保障程度。如果债权人认为负债对总资产比例过高，就会停止对企业发放贷款，企业也就无法获取贷款融资。资产负债率越低，股东权益所占的比例就越大，说明企业的实力越强，债权的保障程度越高；资产负债率越高，股东权益所占比例就越小，说明企业的经济实力越弱，偿债风险越高，债权的保障程度越低，债权的安全性越差，企业的潜在投资人越少。对于债权人来说，该比率越低越好，因为公司的所有者（股东）一般只承担有限责任，而当公司破产清算时，资产变现所得很可能低于其账面价值，所以如果此指标过高，债权人可能遭受损失。当资产负债率大于100%时，表明公司已经资不抵债，对于债权人来说风险非常大。

2020—2022年苏州瑞华云有限公司有关资料及资产负债率的计算见表7-15。

表7-15 2020—2022年苏州瑞华云有限公司资产负债率计算表　　金额单位：百万元

项目	2020年末	2021年末	2022年末
资产总额	7 372.71	7 107.06	6 777.50
负债总额	1 983.74	1 388.54	1 178.79
资产负债率/%	26.91	19.54	17.39

由表7-15可知，苏州瑞华云有限公司2020—2022年的资产负债率呈下降趋势，尽管2022年

末的资产总额有所下降，但负债总额的下降幅度更大，表明公司的长期偿债能力逐步增强。结合同行业情况看，该公司的资产负债率高于行业平均值。

(二) 资产负债率的影响因素及评价方法

各利益主体因不同的利益驱动从不同角度评价资产负债率。

（1）对企业债权人而言，他们最关心的就是提供的信贷资金的安全性，期望能于约定时间收回本息。这决定了债权人总是要求资产负债率越低越好，希望企业的每1元债务都有更多的资产做后盾。如果企业的主权资本较少，则表明投资者投入的份额不足，经营过程中创造和留存收益的部分较少，债权人就会感到其债权风险较大，可能做出提前收回贷款、转移债权或不再提供信贷的决策。

（2）对企业所有者来说，资产负债率高，有以下好处：一是当总资产报酬率高于负债利率时，由于财务杠杆的作用，可以提高股东的实际报酬率；二是不仅可用较少的资本取得企业的控制权且将企业的一部分风险转嫁给债权人，对企业来说还可以获得资金成本低的好处。但债务同时也会给投资者带来风险，因为债务的成本是固定的。当企业经营不善或遭受意外打击而出现经营风险时，由于收益大幅度滑坡，贷款利息还需要照常支付，损失必然由所有者承担，由此增加投资风险。对此，投资者往往用预期资产报酬率与借款利率进行比较判断，若前者大于后者，则表明投资者投入企业的资本将获得双重利益，即在获得正常利润的同时，还能获得资产报酬率高于借款利率的差额，这时资产负债率越大越好；若前者小于后者，则表明借入资本利息的一部分要用所有者投入资本获得的利润额来弥补，这时投资者希望资产负债率越低越好。

（3）从企业经营者角度来看，资产负债率的高低在很大程度上取决于经营者对企业发展前景的信心和对风险所持的态度。如果企业经营者对企业发展前景充满信心，且经营风格较为激进，认为企业未来的总资产报酬率将高于负债利率，则应保持稍高些的负债比率，这样企业会有足够的资金扩展业务，把握更多的投资机会，以获取更多的利润；反之，如果经营者认为企业前景不容乐观，或者经营风格较为保守，那么必然倾向于尽量使用自有资本，避免因负债过多而冒较大的风险，应保持稍低些的负债比率。尽管如此，即便是较为激进的经营者，也不能使负债比率过高，而应将其控制在适度水平上。由于债务成本可在税前扣除，具有财务杠杆收益功能，任何企业均不可避免地要利用债务，但如果当负债超出一定限度，则不能为债权人所接受，企业的后续贷款难以为继。随着负债的增加，企业的财务风险不断加大，进而危及主权资本的安全和收益的稳定，也会动摇投资者对经营者的信任。

企业资产负债率以多少为佳，并没有一个公认的标准。在分析和评价时，通常要结合企业的盈利能力、银行利率、通货膨胀率、国民经济景气程度、企业之间竞争激烈程度等多种因素，以及要与同行业平均水平、本企业前期水平及其预算水平进行比较。一般来讲，企业盈利能力较强或者企业资金周转速度较快，其可承受的资产负债率也相对较高；银行利率提高通常迫使企业降低资产负债率，而银行利率降低又会刺激企业提高资产负债率；在通货膨胀较高时期或者国民经济景气时期，企业也会倾向于维持较高的资产负债率；若同行业之间竞争激烈，则企业倾向于降低资产负债率，反之亦相反。因此，在不同的国家、不同的宏观经济环境下，资产负债率的合理水平或适度水平也是有较大差别的。

经验表明，资产负债率的适当范围为30%～70%。这一比率太高，意味着企业负债风险过大，面临着太大的偿债压力；比率太低，企业负债风险固然很小，但负债的财务杠杆效应利用率太低，不利于实现公司价值和股东财富的最大化。以往经验也表明，资产负债率存在显著的行业差异，因此，在分析该比率时，应注重与行业平均数的比较。此外，该比率会受到资产计价特征的严重影响，若被比较的某一企业有大量的隐蔽性资产（如大量按历史成本计价、早年获得的土地等），而另一企业没有类似的资产，则简单地比较就可能得出错误的结论。

三、产权比率

（一）产权比率的含义

产权比率是资产负债率的变形，是负债与权益的直接比较，即

$$产权比率 = \frac{负债总额}{股东权益}$$

产权比率反映由债权人提供的资本与股东提供的资本的相对比率关系，反映企业基本财务结构是否稳定。产权比率高，是高风险、高报酬的财务结构；产权比率低，是低风险、低报酬的财务结构。

产权比率也反映债权人投入资本受到股东权益保障的程度，或者说是企业清算时对债权人利益的保障程度。

2020—2022年苏州瑞华云有限公司有关资料及产权比率的计算见表7-16。

表7-16 2020—2022年苏州瑞华云有限公司产权比率计算表　　金额单位：百万元

项目	2020年末	2021年末	2022年末
股东权益	5 388.97	5 718.52	5 598.70
负债总额	1 983.74	1 388.54	1 178.79
产权比率	0.37	0.24	0.21

由表7-16可知，苏州瑞华云有限公司2020—2022年的产权比率呈下降趋势，尽管2022年末的股东权益有所下降，但负债总额的下降幅度更大，表明该公司的长期偿债能力逐步增强。结合同行业情况看，该公司的产权比率高于行业平均值。

（二）产权比率的影响因素及评价方法

产权比率与资产负债率都是用于衡量长期偿债能力的指标，具有共同的经济意义，两者可以互相补充。因此，对产权比率的分析可以参考对资产负债率的分析。在资产负债率分析时应当注意的问题，在产权比率分析中也应引起注意。

产权比率与资产负债率是有区别的。产权比率侧重于揭示债务资本与权益资本的相互关系，说明企业财务结构的风险性，以及股东权益对偿债风险的承受能力；资产负债率侧重于揭示总资产中有多少是靠负债取得的，说明债权人权益的保障程度。

股东权益就是企业的净资产，产权比率反映的偿债能力是以净资产为物质保障的。净资产中某些项目（如无形资产等）的价值具有极大的不确定性，且不易形成支付能力。因此，在使用产权比率时，必须结合有形净值债务比率指标做进一步分析。

四、有形净值债务比率

有形净值债务比率是产权比率的改进形式，是企业负债总额与有形资产的比率。有形资产，是指将无形资产、长期待摊费用从股东权益中扣除后的净资产。其表达式为

$$有形净值债务比率 = \frac{负债总额}{股东权益 - 无形资产}$$

有形净值债务比率实际上是产权比率的延伸，是更谨慎、保守反映债权人利益保障程度的指标。之所以要将无形资产从股东权益中扣除，是因为从保守的观点看，当企业处于破产状态时，无

形资产往往会发生严重贬值，因而不会像有形资产那样为债权人提供保障。而长期待摊费用本身就是企业费用的资本化，不能被用于偿债。因此，该比率可用于测量债权人在企业陷入财务危机或面临清算时的受保障程度。

2020—2022年苏州瑞华云有限公司有关资料及有形净值债务比率的计算见表7-17。

表 7-17　2020—2022年苏州瑞华云有限公司有形净值债务比率计算表　　金额单位：百万元

项目	2020年末	2021年末	2022年末
股东权益	5 388.97	5 718.52	5 598.70
无形资产	80.56	73.40	67.16
负债总额	1 983.74	1 388.54	1 178.79
有形净值债务比率	0.37	0.25	0.21

由表7-17可知，苏州瑞华云有限公司2020—2022年的有形净值债务比率呈下降趋势，尽管2022年末的股东权益有所下降，但负债总额和无形资产的下降幅度更大，表明该公司的长期偿债能力逐步增强。结合同行业情况看，该公司的有形净值债务比率高于行业平均值。

五、长期资产适合率

长期资产适合率＝（股东权益＋长期负债）/（固定资产净值＋长期投资净值）

该指标反映公司的长期资金占用与长期资金来源之间的配比关系。指标值大于1，说明公司的长期资金来源充足，短期债务风险小；指标值小于1，说明其中一部分长期资金由短期负债提供，存在难以偿还短期负债的风险。

六、营业现金流量与债务总额之比

从现金流量表角度分析企业的长期偿债能力，通常使用营业现金流量与债务总额之比。该比率反映了用营业现金流量偿还所有债务的能力。该比率值越大，企业的长期财务安全性就越高。

在该比率计算中，分子使用"营业现金流量"而非全部现金流量是因为从长期过程来看，营业现金流量较筹资和投资现金流量而言更具有可持续性；分母为"债务总额"，在保守计算中可以包括除股东权益之外的所有"负债与权益"项目，即将诸如"递延税贷项""可赎回优先股"等价于传统意义上的负债与股东权益之间的项目，包括在该比率计算的分母中。

不同行业的长期偿债能力有不同的表现，因为不同行业的经营风险不同，所能承担的财务风险也有所不同，表7-18是2022年部分上市公司的长期偿债能力指标行业平均值。

表 7-18　2022年部分上市公司的长期偿债能力指标平均值

公司名称	所属行业	资产负债率/%	产权比率	有形净值债务比率	长期资产适合率
深发展（000001）	金融行业	87.57	2 074.97	2 100.33	503.58
宝钢股份（600019）	钢铁行业	52.02	138.00	145.93	1.83
中国石化（600028）	化工行业	53.41	200.25	328.45	1.45
上海机场（600009）	仓储运输行业	42.23	211.20	254.62	1.21
深万科A（000002）	房地产行业	69.19	212.25	224.32	10.78

续表

公司名称	所属行业	资产负债率/%	产权比率	有形净值债务比率	长期资产适合率
大商股份（600694）	商业贸易行业	67.47	585.64	342.39	1.09
鲁泰A（000726）	纺织行业	62.47	251.21	427.25	1.33
华能国际（00902）	电力行业	48.87	194.53	287.78	1.54
北大荒（600598）	农业行业	54.03	298.39	1 543.71	1.54
神火股份（000933）	能源行业	45.97	111.11	117.57	1.34
振华港机（600320）	机械仪表行业	51.23	177.12	259.88	1.95
云南白药（000538）	医药行业	51.81	338.51	247.92	1.58
晨鸣纸业（000488）	造纸行业	71.53	199.50	220.01	0.86
冀东水泥（000401）	建材行业	89.55	169.49	191.65	1.18
上海汽车（600104）	汽车行业	57.94	282.26	277.55	1.31

七、影响长期偿债能力的其他因素

除了上述各种比率指标用以评价和分析企业的长期偿债能力以外，还有一些因素影响企业的长期偿债能力，在分析时必须给予足够的重视。

（一）长期租赁

当企业急需某种设备或资产而又缺乏资金时，可以通过租赁的方式解决。租赁有两种形式：融资租赁和经营租赁。

（1）融资租赁是由租赁公司垫付资金购买设备租给承租人使用，承租人按合同规定支付租金（包括设备买价、利息、手续费等）。一般情况下，在承租方付清最后一笔租金后，设备所有权归承租方所有。因此，在融资租赁形式下，租入的固定资产作为企业的固定资产入账管理，相应地，租赁费用作为长期负债处理。这种资本化的租赁，在分析长期偿债能力时已经被包括在债务比率指标的计算中。

（2）经营租赁是为了满足经营使用上临时性或季节性需要而发生的资产租赁。经营租赁是一种短期租赁，但是，如果企业的经营租赁量比较大、期限比较长或具有经常性，则构成了一种长期性筹资。这种长期性筹资虽然不包括在长期负债内，但到期时必须支付租金，会对企业的偿债能力产生影响。因此，如果企业经常发生经营租赁业务，则应考虑租赁费用对偿债能力的影响。

（二）担保责任

担保项目时间长短不一，有的涉及企业的长期负债，有的涉及企业的短期负债。在分析企业的长期偿债能力时，应根据有关资料判断担保责任带来的潜在的长期负债问题。

（三）或有项目

或有项目，是指在未来某个或几个事件发生或不发生的情况下会带来收益或损失，但现在还无法肯定是否发生的项目。或有项目的特点是现存条件的最终结果不确定，对它的处理方法取决于未来的发展。或有项目一旦发生就会影响企业的财务状况，因此，企业不得不对它们给予足够的重视，在评价企业的长期偿债能力时也要考虑它们的潜在影响。

项目小结

思考与练习

一、单项选择题

1. 企业营运能力分析的目的是（　　）。
   A. 评价企业资产的利用效率
   B. 评价企业负债经营的效果
   C. 分析企业资本利用的潜力
   D. 分析企业资产转换为现金及其等价物的时间

2. 衡量企业长期偿债能力的指标是（　　）。
   A. 流动比率　　　B. 现金比率　　　C. 资产负债率　　　D. 市盈率

3. 某公司 2022 年 12 月 31 日的资产负债表显示，流动资产总额为 2 000 万元，流动负债总额为 1 600 万元，则该公司 2022 年流动比率为（　　）。
   A. 1.125　　　B. 1.25　　　C. 1　　　D. 0.8

4. 某公司 2022 年 12 月 31 日的资产负债表显示，资产总额为 500 万元，负债总额为 400 万元，则该公司 2022 年资产负债率为（　　）。
   A. 50%　　　B. 125%　　　C. 60%　　　D. 80%

5. 企业权益乘数越大，长期偿债能力（　　）。
   A. 越强　　　B. 越弱　　　C. 不确定　　　D. 二者不相关

6. 下列属于速动资产的是（　　）。
   A. 存货　　　B. 现金　　　C. 无形资产　　　D. 长期债券投资

7. 某公司 2022 年 12 月 31 日的资产负债表显示，流动资产总额为 100 万元，其中，存货为 40 万元，流动负债总额为 80 万元。假设没有其他资产，则该公司 2022 年速动比率为（　　）。
   A. 0.75　　　B. 1.25　　　C. 1　　　D. 0.8

8. 某公司2022年12月31日的利润表显示，净利润为750万元，所得税为250万元，利息费用为500万元，则该公司2022年的利息保障倍数为（　　）。
   A. 3　　　　　　　　B. 2　　　　　　　　C. 1　　　　　　　　D. 0.5
9. 流动比率是（　　）。
   A. 静态分析指标　　　　　　　　　　B. 动态分析指标
   C. 外部分析指标　　　　　　　　　　D. 内部分析指标
10. 下列有关短期偿债能力指标判断正确的是（　　）。
    A. 企业营运资金越多越好
    B. 流动比率越高说明短期偿债能力越好，因此企业应该不断追求更高的流动比率
    C. 不同行业的速动比率会有很大差别，因此不存在统一的速动比率标准
    D. 现金比率高不能说明企业支付能力强，所以这个指标过高不一定是好事

二、多项选择题

1. 流动比率没有考虑的因素包括（　　）。
   A. 流动资产结构　　　　　　　　　　B. 长期资产结构
   C. 流动负债结构　　　　　　　　　　D. 短期资产结构
   E. 流动负债风险
2. 速动资产主要包括（　　）。
   A. 货币资金　　　B. 短期投资　　　C. 应收账款　　　D. 应收票据
   E. 存货
3. 对应收账款周转率的正确计算有较大影响的因素有（　　）。
   A. 季节性经营的企业使用这个指标时不能反映实际情况
   B. 大量使用分期付款结算方式
   C. 大量的销售为现销
   D. 企业提高应收账款回收效率
   E. 年末销售大幅上升或下降

三、判断题

1. 流动资产和速动资产是同一个概念。（　　）
2. 企业流动资产的数量和质量超过流动负债的数量和质量的程度，就是企业的短期偿债能力。（　　）
3. 存货属于流动资产。（　　）
4. 资产负债率属于静态指标。（　　）
5. 资产负债率越低越好。（　　）

四、计算分析题

1. 睿华公司2022年末流动资产总额为720万元，非流动资产总额为780万元，流动负债为230万元，非流动负债为370万元。
   要求：
   （1）计算睿华公司2022年末的资产负债率、股权比率。
   （2）根据计算结果分析股权比率与资产负债率之间的关系。
2. 睿太公司2020年、2021年、2022年的净利润分别为2 000万元、3 200万元、4 000万元；所得税率为25%；公司的利息费用分别为200万元、400万元、200万元。睿太公司所属行业2020—2022年利息保障倍数平均数分别为12、10、9。

要求：

（1）分别计算睿太公司2020—2022年的利息保障倍数。

（2）分析睿太公司利息偿付的保障程度。

3. 安泰公司2020年、2021年、2022年的经营活动现金流量分别为400万元、500万元、600万元；现金所得税支出分别为25万元、40万元、50万元；公司的现金利息费用分别为50万元、75万元、50万元。安泰公司所属行业2020—2022年的现金流量利息保障倍数平均数分别为12、11、16。

要求：

（1）分别计算安泰公司2020—2022年的现金流量利息保障倍数。

（2）分析安泰公司利息偿付的现金保障程度。

4. 东瑞公司2022年末流动资产余额为400万元，非流动资产余额为800万元，流动负债为200万元，非流动负债为600万元。该公司所处行业的资产负债率为50%。

要求：

（1）计算东瑞公司资产负债率。

（2）试根据行业资产负债率情况，分析东瑞公司长期偿债能力。

5. 安华公司2022年实现净利润1 000万元，本年资产总额为2 500万元，资产负债率为60%。

要求：

（1）计算安华公司的权益乘数。

（2）简要说明权益乘数反映的企业长期偿债能力情况。

6. 华耀公司2022年末资产总额为1 000万元，负债总额为700万元，本年实现净利润为100万元。

要求：

（1）计算华耀公司的资产负债率和权益乘数。

（2）简要说明资产负债率和权益乘数之间的关系。

7. G公司2022年7月的速动比率为1.2，该企业流动资产包括存货、货币资金、短期有价证券和应收账款4个项目，其中，应收账款占流动负债的比例为40%。

要求：计算G公司2022年7月的现金比率，并做简要评价。

五、企业偿债能力分析实例

A电器公司短期偿债能力分析，短期相关财务资料见表7-19、表7-20。

表7-19　2021—2022年A电器公司短期偿债能力分析表　　金额单位：元

项目	2021年末	2022年末
流动资产	3 564 173 045	4 301 560 750
速动资产	2 133 675 962	2 531 017 240
经营活动现金净流量	1 521 367 599	1 807 665 511
流动负债	3 982 780 318	3 243 552 173
流动比率		
速动比率		
经营现金比率		

表 7-20 A 电器公司 2022 年利润及资产负债部分简表

编制单位：A 电器公司　　　　　　　　　　2022 年 12 月 31 日　　　　　　　　　金额单位：元

项目	金额	项目	金额
主营业务收入	2 706 766 895.09	利润总额	233 078 983.23
主营业务成本	2 252 753 488.10	所得税	26 832 576.00
营业税金及附加	7 030 314.68	净利润	181 900 337.65
主营业务利润	446 983 092.31	资产	872 720 582.14
营业费用	31 115 574.99	负债	4 626 511 391.35
管理费用	219 583 432.98	股东权益	3 546 209 190.79
财务费用	6 515 967.38		
营业利润	195 413 320.98		
投资收益	3 806 648.25		
补贴收入	0.00		
营业外收入	589 117.10		
营业外支出	989 953.10		

要求：

（1）对 A 电器公司的短期偿债能力进行分析，主要侧重计算并分析流动比率、速动比率、经营现金比率，并结合流动资产和流动负债的具体项目对公司的短期偿债能力进行评价。

（2）对 A 电器公司的长期偿债能力进行分析，主要侧重分析资产负债率、股东权益比率、利息保障倍数、负债股权比率等指标。

（3）在企业财务分析实践中，评价短期偿债能力应注意哪些问题？你认为 A 电器公司的短期偿债能力如何？

（4）在企业财务分析实践中，评价长期偿债能力时是否应对企业盈利能力进行分析？长期偿债能力与盈利能力之间有何矛盾？如何解决这一矛盾？结合 A 电器公司的盈利能力，你认为 A 电器公司长期偿债能力如何？

ITEM 8

项目八 企业发展能力分析

任务描述

○熟悉企业发展能力的含义，了解企业发展能力分析常用的财务指标，掌握各种指标的计算方法、内涵、作用、影响因素、评价方法，学会利用多个发展能力指标综合分析评价企业的发展能力。

学习任务

○熟悉企业发展能力的含义；
○明确企业获利能力与发展能力的关系；
○了解企业发展能力的意义；
○明确企业发展能力分析的方法；
○对几种企业发展能力分析指标的理解、计算与应用；
○完成利用多个发展能力指标综合分析评价企业的发展能力。

技能目标

○理解企业发展能力的含义；
○分析企业发展能力的意义；
○选择正确的企业发展能力分析方法；
○根据企业发展能力分析指标的公式进行计算；
○正确理解企业发展能力分析各指标的内涵及评价；
○根据企业发展能力分析指标的计算结果进行综合分析评价。

知识目标

○企业发展能力的含义；
○企业发展能力分析财务指标的内涵；
○企业发展能力分析的方法；
○企业发展能力分析指标的计算；
○企业发展能力分析指标的评价。

项目导入

懂财务的人都会使用销售增长率、税前或税后利润、资产回报率、权益回报率或者每股盈利以及现金流等财务指标评估一家企业的业绩。一些资深分析员更会利用各种财务比率，如流动比率（流动资产与流动负债的比率）或者简单的库存周转率（每年销售额与平均库存的比率）等更深一层地考察企业的短期业绩。以这种传统方法评估企业的绩效，通常是财务数据越好看，说明企业越成功。问题是，在现实世界里，单纯从财务指标角度评估一家企业的业绩是不全面和不平衡的，如2016年美国发生的安然事件，就给全世界的管理界和财经界带来了震撼。1992年，"平衡计分卡"（Balanced Score Card）的两位创始人罗伯特·卡普兰和戴维诺顿建立这一新的评估和管理系统框架时，上述财务事件还未发生，但是他们已经认识到该问题的存在。

他们率先设问：如果衡量一家企业的短期业绩，财务指标可能是有用的，但若一家企业有长期的生存目标，那么光用财务指标衡量是否合理？传统财务衡量方法的最大弊端在于过分重视取得和维持短期财务结果，这样一来，可能使企业急功近利，在短期业绩提升方面投资过多，在长期价值创造特别是在使未来的增长得以实现的无形的知识资产方面投资过少。今天，每个人都必须认识到的现实是，有形资产是以加法形式增长的，而无形资产一旦得到合理的利用，其带来的价值就是以乘法形式增长的。

过去的管理以控制为中心，所以利用财务控制就成为自然而然的事情。简单来说，财务控制者不管客户是否满意，也不管企业的业务流程是否合理，更不管新产品开发对企业未来表现的影响，他们要管的只是财务业绩。不可避免的是，管理者不断受到压力，要求他们不断取得出色的短期财务绩效，更糟糕的是，要求取得短期财务绩效的压力可能会迫使企业减少各方面的开支。除了客户和市场开发外，这些开支还包括新产品的开发、工艺流程的改进、人力资源的开发、信息技术和数据系统的开发等。在短时间里，财务控制者把开支的这些削减当作收入的增加来报告，尽管这些削减侵蚀了企业资产并弱化了企业创造未来经济价值的能力。抑或是一家企业通过提价或降低服务水平来剥削客户，从而使短期财务结果最大化。这些现象非常普遍，都是仅用财务指标评估企业业绩的"后遗症"。在中国，甚至一些最优秀的企业都不能杜绝完全以财务结果为导向的短期行为。例如，一家知名的IT企业几乎每年都要进行一次机构大调整。业绩平平的总经理一般会被拿下，毫无建树的业务部门可能会被撤销。在以年为单位的考评体制下，这家企业的具体业务负责人不可能制定出执行期超过半年的战略。这种考评体制虽是对短期商业利益的有效保障，但必然形成对长期发展的漠视和战略能力的扼杀。

新希望集团刘永好曾经披露该集团中的一件事。新希望饲料在全国建立了几十家加工厂，在江西，由于新希望品牌一流，产品格外畅销，原料供不应求。新希望江西加工厂的总经理在好原料买不到的情况下，使用了高水分的玉米。江西加工厂确实赚到了钱——赚了500万元，但到了第二年，农民因为猪吃了新希望饲料不长肉，开始拒绝购买新希望饲料。直到现在，新希望集团在江西的销售量仍比其他省份少。新希望江西加工厂总经理的短期行为恰与总部推行的管理考核体制相关，因为他给下属企业定了500万元的利润指标。刘永好在进行案例总结时，把责任归结到企业道德，"可能我们赚了500万元，却损失了5 000万元，所以千万不要赚昧良心的钱"，但根源实际上在企业内部不合理的财务指标衡量体系上。

【请思考】
1. 什么才是经营企业至关重要的东西？是利润，还是持续发展？
2. 如何才能客观地评价一家企业的发展能力？
3. 有没有什么方法能够正确评价企业的发展能力？

任务一　企业发展能力分析认知

一、企业发展能力的含义

企业为了生存和竞争，需要不断发展。企业想要增加营运资本、更新改造工艺设备、扩大生产规模和应对市场竞争风险，需要有能力投资，有投资才能有较大发展。这就要求企业有能力筹集投资所需资金，只有资金充足才能保证企业稳步发展。企业筹集资金的途径有两条：一条是依靠企业经营，通过实现利润等内部渠道来筹集所需资金，即企业的自我发展能力；另一条是向外借款或发行债券、股票来筹集所需资金。企业通过外部筹集资金获得发展的能力称为"筹资发展能力"。企业的发展能力就是企业自我发展能力和筹资发展能力的组合。

一家企业的经营业绩集中表现为该企业的经营成果，企业经营成果的好坏又可以进一步分解为经营成果的规模和经营成果的稳定性。在财务评价中，运用盈利能力指标反映企业经营成果规模的大小，运用支付能力（偿债能力）指标反映企业经营成果的稳定性程度。分析企业资产的运用效率，可以考核一家企业管理效率的高低，管理效率越高，企业资产的周转速度就越快，资产的变现速度也就越快，支付能力就越强。

企业的支付能力、盈利能力和管理效率都是从不同侧面对企业发展能力的具体分解，较强的支付能力是实现企业发展的前提条件，较强的盈利能力则是实现企业发展的关键，而较高的管理效率又是提高盈利能力的必由之路。所以，增强企业的支付能力、盈利能力，提高企业的管理效率，都是为了满足企业未来生存和发展的需要，都是为了增强企业的发展能力。可以说，将发展能力进一步分解，就是企业的支付能力、盈利能力和管理效率；将支付能力、盈利能力和管理效率概括起来，就是企业的发展能力。

二、企业发展能力分析的意义

对企业发展能力分析的意义在于保证企业长远发展，控制企业经营中的短期行为。在企业的财务评价体系中，加入发展能力的考核指标，对完善现代企业制度和现代企业的理财目标，具有极其重要的意义。

第一，考核企业的发展能力，可以抑制企业的短期行为，有利于完善现代企业制度。企业的短期行为集中地表现为追求眼前利润，忽视企业资产的保值与增值。为了实现短期利润，有些企业不惜拼耗材设备，少计费用和成本。增加了对企业发展能力的考核后，不仅要考核企业目前实现的利润，还要考核企业资产的保值和增值情况，可以在一定程度上抑制企业的短期行为，真正增强企业的经济实力，有利于完善现代企业制度。

第二，考核企业的发展能力，有利于完善现代企业的理财目标。现代企业的理财目标应该是实现企业价值的最大化，为了实现这一目标，一方面要求企业追求利润，扩大财务成果；另一方面要求企业不断地改善财务状况，增强经营成果的稳定性。为此，不仅要分别对企业的财务状况和财务成果进行考核，更重要的是要将财务状况和财务成果结合起来，综合考核企业的发展能力。

三、企业发展能力分析方法

企业发展能力分析主要是计算一些财务指标的增长率。在计算增长率时，主要有以下两种计算方法。

(一) 同比分析

业绩趋势分析旨在发现和确认企业历史业绩的趋势，判断业已形成的趋势是否发生改变及其原因。最基本的趋势分析方法是同比分析。开展同比分析，应首先选择一个与被分析会计期间没有季节差异的会计期间作为基期，其次对各会计期间的财务数据进行对比。换句话说，同比分析就是将一个会计期间的财务数据与相隔1年或1年以上会计期间的财务数据进行对比，判断上市公司业绩的增减变动情况。

如2021年度与2020年度之间、2022年第一季度与2021年第一季度之间、2021年末与2020年末之间进行的财务数据对比都属于同比范畴。通常，财务报表项目的增减变动情况用"%"表示，如本年度主营业务收入为1 500万元，上年度为1 000万元，同比增长50%；财务比率的增减变动情况采用"百分点"表示，如本年度营业成本比率为76.24%，上年度为78.56%，同比下降2.32个百分点。

(二) 环比分析

虽然同比分析在判断企业业绩增减变动时具有消除季节性因素的优势，但也存在劣势。例如，由于年度财务报表不提供最近6个月或1个季度的数据，同比分析不能揭示公司距年终最近6个月或1个季度的业绩增减变动情况，而这段时期一旦发生业绩"拐点"，即较大幅度的增减变动，分析结论就可能形成误导。及时发现业绩"拐点"对投资决策极富意义，趋势分析的重点就是发现"拐点"。所谓环比分析，就年报而言，就是将下半年业绩数据与上半年业绩数据做比较。其中，下半年业绩数据可以用全年数据减去中期数据获得，将得数除以中期数，再乘以100%，便得出报告期环比增减变动比率或幅度。

例如，企业2022年全年主营业务收入为395 364万元，2022年中期主营业务收入为266 768万元，二者相减得出下半年主营业务收入为128 596万元，再用128 596万元除以266 768万元，乘以100%，便得出该企业报告期主营业务收入环比大幅滑坡48.21%的分析结果。通过环比分析可消除年报缺陷对投资者造成的误导。

任务二 企业发展能力分析指标

一、销售增长指标

营业收入是企业获利的源泉。一家企业只有保持销售的稳定增长，才能不断增加收入，提高盈利能力。只有盈利能力提高，利润增加，才能为企业占有市场、开发新产品、进行技术改造提供资金来源，促进企业的进一步发展。因此，销售增长指标是评价企业发展状况和发展能力的重要指标，主要包括营业收入增长率、三年营业收入平均增长率和企业可持续增长率。

(一) 营业收入增长率

营业收入增长率是反映企业销售增长情况的财务指标，是将本期的营业收入与上期的营业收入相比较，以说明企业营业收入的增长情况。

营业收入增长率计算公式为

$$营业收入增长率=\frac{本期营业收入-上期营业收入}{上期营业收入}\times100\%$$

不断增加的营业收入是企业生存的基础和发展的条件,因此,在各种反映企业发展能力的财务指标中,营业收入增长率指标是最关键的。因为,只有实现企业销售额的不断增长,企业的净利润增长率才有保证,净权益增长率才有保障,企业的规模扩大才能建立在一个稳固的基础之上。

营业收入增长率分析还应结合收入增长的具体原因,即要弄清楚企业销售增长的来源,这些来源包括:①销售更多的产品或服务(最容易的方法);②提高价格(需要强势品牌或垄断的市场地位才能维持长久);③销售新的产品和服务;④购买其他公司(特别注意,保持警觉)。

营业收入增长率可以用来衡量企业的产品生命周期,判断企业发展所处的阶段。一般来说,如果营业收入增长率超过10%,则说明企业产品处于发展期,将继续保持较好的增长势头,尚未面临产品更新的风险,属于发展型企业;如果营业收入增长率为5%~10%,则说明企业产品已进入稳定期,不久将进入衰退期,需要着手开发新产品;如果该比率低于5%,则说明企业产品已进入衰退期,保持市场份额已经很困难,营业利润开始滑坡,如果没有开发好的新产品,企业就会步入衰退。

2017—2022年苏州瑞华云有限公司有关资料及营业收入增长率的计算见表8-1。

表8-1　2017—2022年苏州瑞华云有限公司营业收入增长率计算表　　金额单位:百万元

项目	2022年	2021年	2020年	2019年	2018年	2017年
营业收入	16 623.43	15 449.48	11 688.37	11 553.52	11 441.82	4 828.38
营业收入增长率/%	7.60	32.18	1.17	0.98	136.97	

由表8-1可以看出,苏州瑞华云有限公司营业收入增长率在2018年经历了1次快速增长后,2019年和2020年的增长明显放缓,这可能与企业的发展周期有关。2021年和2022年企业再次进入快速增长期,显示出企业持续的发展能力。

2022年营业收入增长前15名的上市公司见表8-2。

表8-2　2022年营业收入增长前15名上市公司　　单位:%

公司名称	所属行业名称	营业收入增长率
大龙地产(600159)	房地产开发与经营业	4 551.76
金盘股份(000572)	综合类	1 308.45
中电广通(600764)	通信及相关设备制造业	516.17
武昌鱼(600275)	渔业	299.65
S藏药业(600211)	医药制造业	381.30
德塞电池(000049)	电器机械及器材制造业	279.57
新赛股份(600540)	种植业	198.77
思源电气(002028)	电器机械及器材制造业	178.34
ST银广夏(000557)	生物制品业	173.38
四川湖山(000801)	日用电子器具制造业	164.61
东华实业(600393)	房地产开发与经营业	161.94
ST新智(600503S)	计算机软件开发与咨询业	153.77

续表

公司名称	所属行业名称	营业收入增长率
宁波热电（600982）	电力、蒸汽、热水的生产和供应业	152.70
新湖创业（600840）	零售业	147.82
山东黄金（600547）	贵金属矿采矿业	146.79

需要注意的是，营业收入增长率仅反映近期营业收入的实际变动，无法确定未来的变动趋势。因此，在进行营业收入增长率分析时，应结合企业历年的营业收入水平、市场占有情况、行业未来发展及其他影响企业发展的潜在因素进行前瞻性预测。同时，在分析过程中，应确定比较的标准，分别与同类企业和同行业平均水平进行比较。

另外，营业收入增长率直接将本年营业收入与上年实际比较，会受到基数的影响。由于一些偶然性因素的存在，如自然灾害、生产事故等，上年或本年营业收入可能异常，造成营业收入增长率偏高或偏低。这样，如果上年营业收入特别小，即使本年营业收入出现较小的增长，也会出现较高的增长率，使营业收入增长率不能反映正常的变动，不利于进行比较。比如，某企业上年营业收入为 20 万元，而本年营业收入为 100 万元，则营业收入增长率为（100－20）/20×100%＝400%。显然，这与往年相比出现异常，不能因此认为企业具有很强的发展能力。

（二）三年营业收入平均增长率

为了消除由于营业收入短期波动对销售增长率指标产生的影响，可以通过计算营业收入的长期变动趋势分析评价企业的发展能力，即计算连续 3 年营业收入平均增长速度。3 年营业收入平均增长率表明企业营业收入连续三年的增长情况，反映了企业销售增长的长期趋势和稳定程度。其计算公式为

$$三年营业收入平均增长率 = \left(\sqrt[3]{\frac{本年营业收入总额}{三年前年度营业收入总额}} - 1 \right) \times 100\%$$

该指标反映企业营业收入连续三年的增长情况，避免了某些年份因受偶然性因素影响而使营业收入异常，导致对企业发展能力的错误判断。

（三）企业可持续增长率

营业收入的增加要求更多的各种类型的资产，这些必须付现购买。留存利润和附加的新借款项带来的仅仅是数量有限的现金。除非公司准备发行股票，否则在不过度使用公司资源的情况下，这个限量会封住公司所能取得增长率的上限，也就是可持续增长率。企业可持续增长率，是指在不增发新股并保持目前经营效率和财务政策条件下，销售所能增长的最大比率。

图 8-1 显示了快速成长公司的境况。它用两个长方形代表企业的资产负债表：一个表示资产，另一个表示负债及所有者权益。两个没有阴影的长方形代表年初的资产负债表。因为资产必须等于负债加股东权益，所以这些长方形的高度都是一样的。假如企业要在接下来的年度里增加销售，它就必须同样增加诸如库存、应收账款等资产以及提高生产能力。

图 8-1 新增销售要求的新增资产和新增筹资

图 8-1 中资产方的阴影部分代表用于支持新增销售必需的新增资产的价值。假定企业不发行新股票，增加资产需要的现金支出必须来自留存利润和增加负债。

由图 8-1 可以看出，在不改变资本结构的情况下，随着权益的增长，负债也应同比例增长，负债和权益的增长一起限定了资产所能扩展的速度，后者反过来限制了销售的增长速度。因此，一家企业的可持续增长率就是股东权益的增长率。其计算公式为

可持续增长率＝股东权益增长率＝股东权益本期增加／期初股东权益
＝销售净利率 × 总资产周转率 × 收益留存率 × 权益乘数[①]

由等式可以看出，企业的可持续增长率取决于企业的经营业绩和财务政策，如收益留存率取决于管理层对企业利润分配的程度，而权益乘数则反映了企业关于财务杠杆的政策。另外，如果企业的营业收入增长率没有按照可持续增长率增长，等式当中的一个或多个比率就必须改变。这意味着当一家企业以超过它的可持续增长率增长时，最好能够改善经营（提高销售净利率或总资产周转率）或准备转变它的财务政策（提高它的留存收益比率或财务杠杆）。

人们可以根据企业的销售增长率与可持续增长率的偏离程度以及造成这种偏离的原因对企业未来的销售增长情况进行分析。

（1）如果企业的销售增长率远高于可持续增长率，就应当进一步分析其原因。如果销售收入净利润或总资产周转率提高，则说明企业通过自身的利润增长为企业的加速增长提供了资金；如果企业的资产负债率提高，则说明企业是利用财务杠杆通过举债为企业的加速增长提供了资金，但这种销售增长率高于可持续增长率的高速增长很难持续下去。当企业的资产负债率处在一个比较高的水平时，企业就很难实现这种高速增长了。这时，企业若还希望销售收入继续高速增长，则可能需要通过增发新股或配股来实现。

（2）如果企业的销售增长率低于可持续增长率，则说明企业未能充分利用自身的经济资源。这时，企业可以偿还更多的银行贷款，以适当降低财务杠杆率，或寻找新的项目，以充分利用资源。否则，企业因拥有较多的现金资源很容易成为并购的对象。

由此可以得出以下结论。①超过企业可持续增长率的销售增长率会加速企业资源的消耗。这种销售增长率通常是无法持续的，不能简单地认为今后的销售增长率会等于当前的销售增长率。②低于企业可持续增长率的销售增长率会造成企业资源的浪费。企业应当更多地归还银行贷款，发放股利或寻找新的项目。③当企业的销售增长率高于可持续增长率时，企业因为资金短缺的原因可能会减少现金股利的支付。④企业销售收入增长率最大化不应成为企业的经营和财务目标，否则企业今后很可能会陷入资金紧张的财务困境。

2019—2022 年苏州瑞华云有限公司可持续增长率计算见表 8-3。

表 8-3 2019—2022 年苏州瑞华云有限公司可持续增长率计算表

项目	2019 年	2020 年	2021 年	2022 年
销售净利率 /%	3.44	3.16	2.39	1.44
总资产周转率 / 倍	1.61	1.58	2.13	2.39
收益留存率 /%	0.40	0.35	0.89	−0.50
权益乘数	2.55	1.50	1.42	1.29
可持续增长率 /%	5.65	2.62	6.43	−2.22

① 为分析方便，本书在部分指标项目的分析中选取了多期数据，这些数据均来自苏州瑞华云有限公司历年的财务报表，下文不再一一说明。

将表 8-3 中的可持续增长率与表 8-1 中的营业收入增长率进行比较可以发现，苏州瑞华云有限公司的营业收入增长率在 2019 年、2020 年低于可持续增长率，这两年企业靠自身能力维持企业增长，并有余力偿还一些债务，不断降低财务杠杆；公司的营业收入增长率在 2021 年和 2022 年都大于可持续增长率，那么公司是怎样应对营业收入增长率高于可持续增长率的呢？从表 8-3 中这两年前 4 个比率可以看出：2021 年，公司提高了总资产周转率和收益留存率，同时公司的财务杠杆还在不断下降，销售净利率下降至 2.39%，这些因素促使公司的可持续增长率维持在 6.43%，但公司的营业收入增长率却达到了 32.18%；2022 年，公司实行了高比例分配策略，利润分配大于当年净利润，为适应高的增长率，公司筹措了短期债务资金，这在前面的资产负债表分析中可以看出。

二、资产增长率指标

（一）总资产增长率

总资产是企业生产经营活动的物质条件，是企业用以取得收入的资源，也是企业偿还债务的保障。企业的资产规模与其经营规模是相适应的，资产规模扩大表明企业兴旺发达。通常情况下，发展能力强的企业都能保证资产的稳定增长，因此资产的增长可用于表明企业的发展状况和发展能力，也是实现企业价值的重要手段。资产增长是企业发展的一个重要方面，发展性高的企业一般能保持资产的稳定增长。评价企业资产增长率的指标及计算公式为

$$总资产增长率 = \frac{本年总资产增长额}{年初资产总额} \times 100\%$$

$$本年总资产增长额 = 年末资产总额 - 年初资产总额$$

总资产增长率指标是从企业资产总量扩张方面衡量企业的发展能力，表明企业规模增长水平对企业发展后劲的影响。总资产增长率指标大于零，说明企业本年度资产增加了，生产经营规模扩大了。总资产增长率越高，说明企业本年资产规模扩张的速度越快，获得规模效益的能力越强。但应注意资产规模扩张质与量之间的关系以及企业的后续发展能力，避免盲目扩张。影响企业规模变化扩张的因素主要有两个：一是企业对外举债；二是企业股东权益的增加，包括企业因实现盈利而增加了企业资产，企业因吸收新的投资而使自己的规模得到了扩张。具体是什么原因引起的企业规模扩张，在评价总资产增长率指标时应予以考虑。

2017—2022 年苏州瑞华云有限公司有关资料及总资产增长率的计算见表 8-4。

表 8-4 2017—2022 年苏州瑞华云有限公司总资产增长率计算表　　金额单位：百万元

项目	2017 年	2018 年	2019 年	2020 年	2021 年	2022 年
总资产	4 035.093	6 942.405	7 394.137	7 372.706	7 107.063	6 777.497
总资产增长率 /%		72.05	6.51	-0.29	-3.60	-4.64

由表 8-4 可知，苏州瑞华云有限公司的总资产增长率在经过 2018 年的快速增长后，2019 年保持了一定的增长，但 5 年中呈现出逐年下滑的趋势。这也许与企业所处的行业周期有关。

除了通过计算总资产增长率对总资产的增长情况进行分析外，还可以对各类具体资产的增长情况进行分析。可以计算以下指标：流动资产增长率、固定资产增长率、无形资产增长率及员工增长率。这些计算都是用本年增长额除以年初数额。

在分析企业资产增长现状和增长趋势时，应注意企业间的可比性问题。

（1）不同企业的资产使用效率不同，为保持净收益的同幅度增长，资产使用效率低的企业需要更大幅度的资产增长。

（2）不同企业采取的发展策略会体现出资产增长率的不同。
（3）会计处理方法的不同会影响资产增长率（影响资产的账面价值）。
（4）受历史成本原则的影响，资产总额反映的只是资产的取得成本而非现时价值。
（5）由于一些重要资产无法体现在资产总额中（如人力资产、某些非专利技术），使得该指标无法反映企业真正的资产增长情况。

在实际分析中，还应注意企业资产本期和上期中的偶然性因素对指标的影响。

（二）三年资产平均增长率

为避免资产增长率受资产短期波动因素的影响，可以通过计算连续三年的资产平均增长率反映企业较长时期的资产增长情况，从资产的长期增长趋势和稳定程度判断企业的发展能力。其计算公式为

$$三年资本平均增长率=\left(\sqrt[3]{\frac{年末资产总额}{三年前年末资产总额}}-1\right)\times 100\%$$

三年资产平均增长率指标消除了资产短期波动的影响，反映了较长时期内企业的资产增长情况，是反映企业发展能力的一个重要指标，该指标值大于零，反映企业资产呈现增长趋势，有能力不断扩大生产规模，有较大的发展潜力；该指标值越大，资产增长速度越快，发展的趋势越明显。

（三）固定资产成新率

固定资产成新率是企业当期平均固定资产净值同平均固定资产原值的比率，反映了企业拥有的固定资产的新旧程度，体现了企业固定资产更新的快慢和持续发展的能力。其计算公式为

$$固定资产成新率=\frac{平均固定资产净值}{平均固定资产原值}\times 100\%$$

该指标值高表明企业的固定资产比较新，技术性能比较好，可以为企业服务较长时间，对扩大再生产的准备比较充足，发展的可能性较大；反之，该指标值低，表明企业设备陈旧，技术性能落后，将严重制约企业未来的发展。

在利用固定资产成新率指标分析固定资产新旧程度时，应注意折旧方法不同、生产经营周期不同等因素对固定资产成新率的影响，如加速折旧法下的固定资产成新率小于平均年限法下的固定资产成新率；处于发展期的企业与处于衰退期的企业也会有不同的固定资产成新率。同时，也应注意不同企业之间的可比性。

三、资本扩张指标

权益资本是企业的家底，是企业的净资产，可为企业实现规模经营提供资金来源。企业实收资本的扩张既可来源于外部资金的加入，也可来源于留存收益的增长。外部资金的加入表明企业获得了新的资本，具备了进一步发展的能力；而留存收益的增长则反映了企业通过自身生产经营活动，使企业净资产规模不断扩大，表明了企业进一步发展的能力和后劲。评价企业资本扩张的主要指标有资本积累率、三年资本平均增长率等。

（一）资本积累率

资本积累率是本年股东权益增加额同年初股东权益余额的比率，是企业当年股东权益总的增长率，反映企业净资产当年的变动水平。其计算公式为

$$资本积累率=\frac{本年股东权益增加额}{年初股东权益余额}\times 100\%$$

较多的资本积累是企业发展强盛的标志,是企业扩大再生产的源泉,是评价企业发展潜力的重要指标。一家企业的股东权益扩大了,该企业就有能力继续举"债",企业的规模就可以进一步扩大,企业也就能够顺利地实现增长,企业对借入债务的偿还才有保障。该指标体现了企业资本的保全和增长情况。指标值越高,表明企业资本积累越多,应对风险和持续发展的能力越强。该指标值如为负值,则表明企业资本受到侵蚀,所有者利益受到侵害。在分析评价资本积累率时,应注意本期与上期权益资本变动的偶然性因素,特别是实收资本的变动对资本积累率的影响。

2018—2022年苏州瑞华云有限公司有关资料及资本积累率的计算见表8-5。

表8-5　2018—2022年苏州瑞华云有限公司资本积累率计算表　　金额单位:百万元

项目	2018年	2019年	2020年	2021年	2022年
股东权益	4 932.18	5 089.95	5 388.97	5 718.52	5 598.70
资本积累率		3.20	5.87	6.12	-2.10

由表8-5可知,苏州瑞华云有限公司的资本积累率近年来呈现稳步增长的趋势,尽管2022年有所下降,但从股东权益的数额来看,仍处在稳定状态。

(二) 三年资本平均增长率

资本积累率指标有一定的滞后性,仅反映当期情况,为反映企业资本保全增值的历史发展情况,了解企业的发展趋势,可以通过计算连续三年的资本平均增长率,从资本的长期增长趋势和稳定程度判断企业的发展能力。其计算公式为

$$三年资本平均增长率 = \left(\sqrt[3]{\frac{年末资产总额}{三年前年末资产总额}} - 1\right) \times 100\%$$

该指标越高,表明企业股东权益得到的保障程度越大,企业可以长期使用的资金越充裕,其抗风险和连续发展的能力越强。

在利用该指标分析时,应注意股东权益各类别的增长情况。实收资本的增长一般源于外部资金的加入,表明企业具备了进一步发展的基础,但并不表明企业过去具有很强的发展和积累能力;留存收益的增长反映出企业通过自身经营积累了发展后备资金,既反映了企业在过去经营中的发展能力,也反映了企业进一步发展的后劲。

四、利润增长率指标

企业的目标是生存、发展和获利,企业的生存与发展主要取决于企业是否盈利,因此,获利是企业发展的原动力。在评价企业发展能力时,还要关注企业的利润增长率指标,主要包括营业利润增长率、净利润增长率指标。

(一) 营业利润增长率

营业利润是企业经营活动中营业收入与营业成本、费用的差额和资产减值损失、公允价值变动收益、投资收益的总和。

营业利润增长率是企业本年营业利润增长额同上年营业利润的比率。营业利润增长率表示与上年相比企业营业利润的增减变动情况,是评价企业经营发展和盈利能力状况的综合指标。其计算公式为

$$营业利润增长率 = \frac{本年营业利润增长额}{上年营业利润} \times 100\%$$

主营业务利润增长率是本年主营业务利润较上年增长的程度。该比率越高，表明主营业务利润较上年增加得越多。主营业务利润增长率超过主营业务收入增长率越多，说明企业的主营业务收入弥补成本费用的能力越强，企业抵御价格降低、成本升高和销售下降的能力较强，进而说明企业主营业务的获利能力较强，能推动整个企业获得更多的利润。若该比率小于主营业务收入增长率，则说明企业取得的收入不能消化成本费用的上涨，主营业务的获利能力下降。

2017—2022年苏州瑞华云有限公司有关资料及营业利润增长率的计算见表8-6。

表8-6　2017—2022年苏州瑞华云有限公司营业利润增长率计算表　　金额单位：百万元

项目	2017年	2018年	2019年	2020年	2021年	2022年
营业利润	370.60	987.33	652.17	607.48	627.66	439.32
营业利润增长率/%		166.41	-33.95	-6.85	3.32	-30.01

由表8-6可以看出，苏州瑞华云有限公司的营业利润在2018年经历了1次快速增长后，2019年的增长快速下滑，甚至出现明显负增长，这可能与企业的发展周期有关；2020年继续下滑，2021年虽有增长但仍远低于2018年水平，2022年再次进入快速下滑期，显示出企业近几年的发展能力趋弱，这或许与近几年家电市场的激烈竞争有关。

（二）净利润增长率

企业发展的内涵是企业价值的增长，企业价值表现为给企业带来未来现金流的能力，因此，可以用净利润的增长近似代替价值的增长，以净利润增长分析企业发展能力。净利润增长率指标反映了企业获利能力的提高情况，反映了企业长期的盈利能力提升情况。净利润增长率公式表示为

$$净利润增长率 = \frac{本期净利润 - 上期净利润}{上期净利润} \times 100\%$$

净利润增长率指标是用来考核企业净利润，即税后利润增长情况的财务指标。净利润增长了，企业股东权益的增长才有保证，企业的增长才有根基。通常，企业发展所需资金基本来源有三个：一是投资者注入新资金，二是向金融机构举债，三是靠自我积累。对于投资者来说，注入新资金意味着风险和代价。而让企业向金融机构举债，不但需要支付筹资费用，增加经营的投资风险，而且举债不是企业单方面就能决定的事。所以，对企业而言，自我积累是最安全、代价最小的资金来源。企业自我积累的最大限度来源于企业的全部净利润，因此，只有净利润不断增长的企业，自我积累才能逐年增加。随着企业逐年积累的增加，发展资金增多，企业的经营规模不断扩大，发展后劲不断增强，发展前景将越来越好。

该指标值通常越大越好。企业的发展必然体现出净利润的增长，但二者不一定同步，净利润的增长可能滞后于企业的发展，这就使得净利润增长率无法真正反映企业的发展能力，只是近似替代。

2017—2022年苏州瑞华云有限公司有关资料及净利润增长率的计算见表8-7。

表8-7　2017—2022年苏州瑞华云有限公司净利润增长率计算表　　金额单位：百万元

项目	2017年	2018年	2019年	2020年	2021年	2022年
净利润	424.09	617.84	397.06	368.95	369.44	239.13
净利润增长率/%	—	45.69	-35.73	-7.08	0.13	-35.27

由表8-7可知，苏州瑞华云有限公司的净利润在经过2018年的快速增长后，2019年出现了较大幅度的下滑，2020年和2021年趋稳，2022年再次出现大幅下滑，说明企业的发展能力值得怀疑。这也许与企业所处的行业周期有关。

净利润增长率分析应注意以下问题。

（1）在分析净利润增长率时，应结合主营业务收入增长率情况综合判断。主营业务收入是公司在其主要业务或主体业务活动中取得的营业收入，在公司的营业收入中占有较高的比重，直接影响着公司的经济利益。因此，一般情况下，净利润增长率和主营业务增长率会保持正相关性，但是一些公司在投资收益，特别是证券投资收益中获利较多的时候，净利润增长很快，主营业务收入增长率却很低。这种情况的出现并不代表该公司有很好的发展预期，因为其投资收益的持久性无法预测。例如，海虹公司2022年第一季度的净利润同比增长率为1 161%，但是主营业务收入同比增长率为−18%。查看其2022年第一季度季财报会发现其2021年同期投资收益为−223万元，而2022年第一季度投资收益为12 400万元，由此使净利润相对2021年同期有了大幅度增长，但这种增长是没有持续性的。因此，在分析企业发展能力时，关注净利润增长率的同时，需注意主营业务的同期增长率应该与其保持一致，最好是略微高一点。

（2）在使用净利润增长率时，要尽量使用净利润年增长率，这样可以很好地排除掉一些周期性行业的季度净利润变化幅度较大的问题。如房地产、百货商业等行业都是季度性行业，它们在销售淡季或者财务回收淡季，季度净利润都极低，净利润增长率环比可能都是负数。因此，用净利润年增长率进行纵向或者行业横向比较才有意义。以先锋公司为例，该公司2022年第三季度净利润为−1309万元，但是2022年财报显示其净利润为4 040万元。因为行业的资金回笼都集中在第四季度，所以如果仅用净利润季度增长率做纵向比较，就会发现该企业没有连续稳定的净利润增长率，不具备成长性。但是，如果使用净利润年增长率做纵向比较，就会发现这是一个发展性极好的企业，有着连续5年15%以上的净利润年增长率。

所以，在使用净利润增长率时，净利润计算周期的选择很关键。一般公司的周期选择建议用年净利润作为基准，至少3年的连续纵向比较才能比较好地反映该公司的连续盈利能力，用它判断公司的成长性时会比较准确。

（3）净利润季增长率的应用。净利润季增长率一般在两种情况下比较适用：一是刚上市的公司，可能没有连续3年的财务报表可供参考使用，这时可用环比净利润季增长率判断公司是否具有高成长性；二是上市公司扭亏为盈的时候，在还没有出现连续3年的净利润正增长时，使用净利润季增长率的同比和环比判断该公司是否具备高成长性特征。例如，天威公司2018年净利润年增长率为负，2019年净利润年增长率为正，但2018年到2020年的净利润平均年增长率还是为负，没有出现连续3年的净利润年增长率稳定提升。但是，看到2021年的净利润季增长率时，发现2021年的净利润季增长率同比和环比都在15%以上，因此可以判断该公司在2021年可能刚进入高成长期。后期该公司2021年的年报和2022年的年报都证实了这个观点的正确性。

（4）注意偶发性变动因素的影响。有时候，企业的年净利润或者季净利润都会出现突然的变化，比如突然增加，然后又回到原来的增长轨道。这样的偶发性变动应该在净利润增长率计算中剔除掉，不能作为计算连续增长率的依据，否则会产生偏差。

五、反映上市公司发展能力的特殊指标

（一）股利增长率

从该模型的表达式可以看出，股利增长率越高，企业股票的价值越高。股利增长率就是本年每股股利增长额较上年每股股利增长的比率。其计算公式为

$$股利增长率 = \frac{本年每股股利增长额}{上年每股股利} \times 100\%$$

投资者从企业获得的利益分为资本利得（股价的增长）和股利两类，投资者在退出前从企业获

得利益的唯一来源就是股利。虽然企业的股利政策是综合各种因素的结果，但股利的持续增长一般被理解为企业的持续发展。

（二）三年股利平均增长率

三年股利平均增长率表明企业股利连续三年增长的情况，体现了企业的发展潜力。其计算公式为

$$三年股利平均增长率=\left(\sqrt[3]{\frac{本年每股股利}{三年前每股股利}}-1\right)\times 100\%$$

（三）每股收益增长率

每股收益是上市公司财务报表中最重要的指标，是本年净利润与年末普通股股份总数的比值，反映普通股的获利能力。上市公司股票的每股收益越多，说明该上市公司的盈利能力越强，股东获取投资报酬就越有保障。如果将股票的市价与每股收益进行比较，还可以得到市盈率指标。此指标可以反映投资者对单位净利润愿意支付的价格，进而反映该上市公司股票投资报酬的高低和风险的大小。

每股收益增长率指标反映了普通股可以分得利润的增长程度。通常，该指标值越高越好。每股收益增长率可以反映股东权益增长情况。其计算公式为

$$每股收益增长率=\frac{本期每股收益-上期每股收益}{上期每股收益}\times 100\%$$

2017—2022 年苏州瑞华云有限公司资料及每股收益增长率的计算见表 8-8。

表 8-8　2017—2022 年苏州瑞华云有限公司每股收益增长率　　金额单位：元

项目	2017 年	2018 年	2019 年	2020 年	2021 年	2022 年
每股收益	0.750	0.770	0.500	0.460	0.309	0.200
每股收益增长率 /%		2.67	−35.06	−8.00	−32.83	−35.28

由表 8-8 可知，苏州瑞华云有限公司的每股收益增长率呈逐年下滑趋势，说明公司的发展陷入衰退期。

企业可持续发展能力的内涵界定

企业有多种不同的划分标准，按照其生存状态和发展趋势，可将其分为四类（见图 8-2）：一是既无持续性又无发展性的企业。这类企业在市场中只是昙花一现、惊鸿一瞥，不会引起人们的注意，研究价值不大。二是持续存活但发展性差的企业。这类企业长期维持原有的经营模式和经营规模，企业经营业绩、资产的数量和质量没有显著增长，可谓"百年小店型"。三是持续性差、发展迅速的企业。这类企业通常在短期内实现了资产的迅速膨胀，但是由于各种原因很快又从市场中销声匿迹，可谓"巨婴型"的短命企业。如曾经红极一时的巨人集团、秦池集团就可归入此类。四是可持续发展型企业，也是本文重点讨论的对象。所谓可持续发展型企业，是指企业在市场竞争中持续存活、发展性好，由小到大、由弱到强，量的扩张和质的提升齐头并进。从美国《财富》杂志最近几年的统计数据来看，世界 500 强企业中，排名前 50 的企业寿命大多是百年以上，最长的达 700 年。美国目前有杜邦、麦当劳、可口可乐等百岁企业 1 万余家。随着时间的推移，这些企业的规模越来越大，抗风险能力也越来越强，灵活性和可控性也不断提高。

图 8-2 企业价值增长与可持续性的关系

企业生命周期理论认为,企业的生命周期是一个由初创期、成长期、成熟期和衰退期四个阶段构成的闭区间。导致企业进入衰退期的原因主要有：产品或服务市场的萎缩（如消费者偏好的改变）、企业技术创新滞后、企业组织形态的自然老化、核心人物的离去或是多种因素交错形成。要避免企业进入生命周期的衰退期，唯有变革与创新，这也是衡量企业是否具备可持续发展能力的根本标准。当企业缺乏创新能力时，企业寿命的极大值只能由生命周期的闭区间得出。而可持续发展型企业则具备打破闭区间这个硬约束的能力，通过创新不断培育出新的竞争优势，随着竞争优势的不断产生和更迭，企业生命周期将是一个由发展走向发展的开区间，企业的可持续发展能力则是各个竞争优势连续积分的过程（见图 8-3），企业进入周而复始的发展期。

图 8-3 企业发展期图示

因此，企业可持续发展能力的内涵可以概括为三个特征：发展性、持续性和创新性。发展性表现为企业经营业绩的提高、组织规模的扩大、资产数量和质量的增长，从而实现企业价值的增长，体现价值维度的发展；持续性是指企业在时间维度上的发展，超过同行企业的平均寿命；创新性是以技术、产品（服务）、管理、组织、文化的变革为指标，知识和创新是企业发展的基本动力。发展性、持续性和创新性三者之间的关系密不可分，发展性是企业在持续发展基础之上的发展，持续性是企业在发展过程中的持续，创新性则对企业的持续性和发展性都有重要贡献。也就是说，企业的可持续发展要体现质和量两个维度的同步增长。

资料来源：崔勇，段勇，赵文晋，等.企业可持续发展评价指标体系和评价方法的初探[J].科学技术与工程，2005（8）：496-500.

📋 案例体验

2022 年上半年上市空调企业经营现状分析

随着 2022 "冷年"的提前结束，国家信息中心正式发布了"2022 年度空调白皮书"，该白皮书数据显示，"今年上半年，重点城市空调销售量同比增长 16.72%，而销售额同比增长

14.31%。空调产品的平均价格略有上升，但呈逐月持续下降趋势"。这一数据再次证实了空调市场销量不断攀升，而销售额却增长乏力的现状，大量的特价机型和低端机型占据了新增市场份额的较高比重，而厂商尽管经受着原材料涨价、竞争环境恶化、非理性竞争行为增多的一再考验，却依然无法抵御来自流通渠道的对整个市场价格走势的巨大影响力。

白皮书同时显示，"2022年空调市场的品牌集中度进一步提高。2022年，空调市场消失了27个品牌，在现存的69个品牌中销量市场占有率低于0.5%的有37个，而市场份额前三品牌的销售额和销售量占有率已经分别达到52.96%和53.07%"。由于利润空间的持续紧缩，只有拥有高产能和大产销量的厂商才能凭借规模效益在更加激烈的竞争环境中生存。而空调市场的集中度也必然进一步提升，拥有雄厚实力的厂商对行业发展走向将起到决定性影响，空调行业进入大品牌时代。而纵观2022年上半年国内主营空调上市企业的业绩，则不同程度显露出发展过程中的疲态，整个空调行业正在从快速发展期进入行业发展调整期。

表8-9为2022年上半年各主营空调上市企业中期报告的各项指标，分别从盈利能力、发展能力、偿债能力和营运能力等方面对企业的经营状况进行了简要分析，以便对整个空调行业的整体发展走势做微观的了解。

表8-9 2022年上半年空调企业主要财务指标　　　　金额单位：百万元

项目	格力	海尔	美的	科龙	长虹	春兰
主营业务收入	92.56	95.55	153.79	45.58	72.21	18.79
净利润	2.68	1.48	2.44	-4.87	2.16	0.06
总资产	143.65	73.51	126.68	99.98	152.60	51.53
债务总额	117.80	13.85	88.27	75.10	54.49	19.31
主营业务成本	75.68	84.00	125.62	41.45	61.05	15.43
空调业务收入	89.18	51.35	95.00	25.96	12.13	1.87
股东权益	25.85	59.66	38.41	74.22	98.11	32.22

一、盈利能力分析

2022年初，家电上市企业的平均利润水平与收入增长基本保持同步；而进入第二季度后，行业利润同比增幅出现大幅下降。从表8-10中主营空调产品的格力、海尔、美的、科龙、长虹、春兰来看，其主营业务利润率分别为2.90%、1.55%、1.59%、-10.68%、2.99%、0.31%，仅格力、长虹两家超过了行业平均利润率（2.18%），其他几家的利润率水平并不乐观，尤其科龙由于管理层出现严重问题而错过了空调旺季，出现了严重亏损的局面。

从表8-10中各上市企业的主营业务毛利率来看，格力、海尔、美的、科龙、长虹、春兰的主营业务毛利率分别为18.17%、12.08%、18.32%、9.06%、15.45%、17.88%。其中，成功剥离了小家电产品的美的不但实现了经营上的扭亏为盈，也取得了较好的业绩。格力的专业化路线和自建营销渠道为格力赢得了近30%的市场份额，较高的主营业务毛利率和主营业务利润率表现出很强的盈利能力。长虹主营业务毛利率表现稍弱，但其主营业务利润率排名第一，这一方面是其渠道整合效应的显现，另一方面是其在科龙让出部分市场空间后出色地发挥出了二线品牌的潜力。

表 8-10　2022 年上半年主要空调企业毛利率　　　　　　　　　　单位：%

项目	格力	海尔	美的	科龙	长虹	春兰
主营业务利润率	2.90	1.55	1.59	-10.68	2.99	0.31
主营业务毛利率	18.17	12.08	18.32	9.06	15.45	17.88

二、发展能力分析

面对国内空调市场的日趋饱和，空调厂商为消化日益扩张的产能，无一例外地将出口作为提升效益的增长点。2022 年，美的空调海外销量高达 430 万台，稳居行业首位。而格力、海尔、长虹的外销比重也分别达到了 24%、18%、16.5%。外销成为拉动国内空调企业业务收入持续增长的重要手段。

从表 8-11 各品牌主营业务收入增长率来看，美的发展速度最快，达到 56.05%；而格力也有大幅提升，为 37.66%。相比较而言，海尔的发展速度较慢，仅为 10.39%，且其空调产品的毛利率也低于其他品牌（科龙除外）的水平（15%～19%），可见海尔空调的成本控制能力较弱。与 2021 年同期水平相比，各品牌的空调产品毛利率除格力外均呈下降趋势，格力也仅增加了 0.01 个百分点，空调产品的成本压力有增无减。

从表 8-11 各品牌净利润增长率来看，长虹发展最快，高达 231.35%，美的也有较大增幅，春兰和海尔的净利润大幅减少。从搜集到的其他资料得知，空调企业由于受到原材料价格上涨和连锁渠道议价的双重压力，制造环节利润进一步被压缩，行业平均利润开始向上下游转移。尽管美的净利润较高，但对其上半年净利润贡献较大的是投资收益，行业利润的降低开始诱发企业自身投资结构的调整。

表 8-11　2022 年上半年主要空调企业净利润增长率　　　　　　单位：%

项目	格力	海尔	美的	科龙	长虹	春兰
主营收入增长率	37.66	10.39	56.05	-7.56	12.65	29.50
净利润增长率	22.32	-22.19	43.53	-405.88	231.35	-78.52

三、偿债能力分析

从表 8-12 中各家电主要上市企业的资产负债率来看，2022 年，大部分企业存在较沉重的债务负担，其中，格力和科龙分别为 82.00%、75.12%，美的资产负债率也高达 69.67%。但较高的资产负债率同时表明了企业对本行业有着较好的远景预期，其扩张经营能力较强，有较高的概率赚到更多的利润。由此可见，美的和格力的发展策略可能更为主动，而海尔则较为保守。

从表 8-12 中各家电主要上市公司负债权益比来看，海尔的负债权益比最小，长期债务偿还能力最强，而科龙、美的、格力的还债风险较高。

表 8-12　2022 年上半年主要空调企业负债权益比　　　　　　　单位：%

项目	格力	海尔	美的	科龙	长虹	春兰
资产负债率	82.00	18.84	69.67	75.12	35.71	37.47
负债权益比	470.82	25.15	308.21	339.36	56.33	63.96

四、营运能力分析

存货周转率是衡量和评价企业购入存货、投入生产、销售收回等各环节管理状况的综合性指标。存货周转率高，说明存货周转快，公司控制存货的能力强，存货保管成本低，经营效率高。从2022年上半年各企业的存货周转率来看，除海尔表现出较高的存货管理水平外，其他企业的存货管理成本居高不下，仍需要通过不断加强内部存货管理缩减财务费用（见表8-13）。

表8-13 2022年上半年主要空调企业存货周转率　　　　单位：次

项目	格力	海尔	美的	科龙	长虹	春兰
存货周转率	2.18	9.60	3.42	1.37	1.10	1.91

项目小结

练习与思考

一、单项选择题

1. 反映企业发展情况的指标是（　　）。
   A. 销售增长率　　　　　　　　　　B. 总资产收益率
   C. 资产负债率　　　　　　　　　　D. 总资产周转率
2. 企业本年的销售增长率如果大于零，则说明（　　）。
   A. 企业本年的销售收入有所增长　　B. 企业本年的销售收入有所下降

C. 企业本年的销售增长速度较慢　　　　D. 企业市场前景不好
3. 企业本年的销售增长率如果小于零，则说明（　　）。
A. 企业本年的销售收入有所增长　　　　B. 企业本年的产品销售不出去
C. 企业本年的销售增长速度较快　　　　D. 企业市场前景不好
4. 股利政策的核心是（　　）。
A. 每股股利　　　B. 每股利益　　　C. 市盈率　　　D. 股利支付率

二、多项选择题

1. 企业营业增长能力分析包括（　　）。
A. 对销售增长的分析　　　　B. 对资产规模增长的分析
C. 对净资产规模增长的分析　　D. 对利润增长的分析
E. 对股利增长的分析
2. 与股本相关的盈利能力的指标有（　　）。
A. 每股权益　　　B. 每股股利　　　C. 净资产收益率
D. 股利支付率　　E. 市盈率
3. 可以用来分析企业发展能力的有（　　）。
A. 企业竞争能力　　　　B. 企业周期
C. 行业周期　　　　　　D. 企业发展能力财务比率
E. 行业竞争

三、判断题

1. 每股收益相等的两家公司，股利支付率越高的公司，每股股利越低。（　　）
2. 与股东能够获得企业增长的好处相比，债权人只能获得固定的利息。（　　）
3. 企业的股东是企业盈利增长风险和收益的最终承担者。（　　）
4. 企业股东比债权人更关心企业的盈利状况。（　　）
5. 每股收益相等的两家公司，市盈率越高的公司，每股市价越低。（　　）

四、计算分析题

1. I公司和阳安公司2022年每股收益均为0.4元，I公司本年有关会计资料如下：发行在外的普通股数为1 500万股，每股全年平均市场价格是8元。阳安公司本年有关会计资料如下：发行在外的普通股数为1 500万股，每股全年平均市场价格是32元。假定两家公司处于同一行业。

要求：

（1）分别计算I公司和阳安公司的市盈率。

（2）分析两家公司的盈利和风险状况。

2. 光美公司2019年、2020年、2021年平均固定资产净值分别为150万元、175万元、200万元，固定资产原值分别为325万元、340万元、360万元。

要求：

（1）计算光美公司2019—2021年的固定资产成新率。

（2）分析运用固定资产成新率时需要注意的问题。

3. 子阳公司2018年、2019年、2020年、2021年的销售收入分别为500万元、750万元、800万元、700万元。

要求：

（1）计算子阳公司2010—2021年每年的销售增长率。

（2）分析子阳公司所处的生命周期。

4. 华伟公司2019年、2020年、2021年、2022年的销售收入分别为5 800万元、5 974万元、6 272.2万元、6 649.1万元，该行业2020—2022年的销售增长率分别为2%、3%、3%。

要求：

（1）计算华伟公司2020—2022年每年的销售增长率。

（2）根据给出的行业销售增长率，分析华伟公司销售增长情况。

五、企业发展能力分析实例

从行业的成长性看投资价值。《新财富》2009年的研究报告中提出，传统行业胜过"新经济"，并取代"信息技术"成为成长性最好的行业。

"汽车零部件"行业是成长性最好的行业，基本成长率达5.68%。不过，推动"汽车零部件"行业迅速发展的"汽车"行业成长性并不高，只有2.31%，比上年的2.51%还要低。这可能与上市公司的行业代表性有关。

工业板块的"公路和铁路运输"（第二位）和"运输基础设施"（第四位）、能源板块的"石油和天然气"（第三位）以及材料板块的"金属和矿业"（第五位）也位列成长性的前5。

这5个行业的158家排名公司中共有25家公司入选100强。

5个行业的净利润现金含量均超过100%。在经常性总资产回报率最高的5个行业中，该5个成长性最好的行业就占了4个。"汽车零部件"还是30个行业中派现比例最高的行业，其股利支付率高达30%；"运输基础设施"则是毛利率最高，应收账款最少的行业，其主营业务利润率高达53%，应收款项只占总资产的4.23%；"石油和天然气"是有息负债率最低的行业；"公路和铁路运输"行业市盈率最低，净利润现金含量最高。

而2008年成长性最好的属于"信息技术"板块的"通信设备"行业和"软件"行业，但2019年其成长率已经落后到第八位和第六位。两个行业的净利润现金含量仍然不够理想，"应收账款"也仍然较多。

计算机和家电所属的行业成长性最差，相比上年，"计算机和外设"的成长率进一步下降，从2.34%降至1.61%，成为2009年成长性最差的行业。其经常性总资产回报率也是所有行业中最低的。

家电所属的"家庭耐用品"行业的成长率则基本维持2008年的水平，成长性仅稍高于"计算机和外设"，居倒数第二位。

经常性总资产回报率、股利支付率、有息负债率、毛利率、主营业务收入现金含量、应收款项占总资产的比例等指标在这两个行业中基本处在同一水平，这也反映了两个行业目前处在比较成熟的发展阶段，市场竞争都非常激烈，公司较多，不可能保持很高的成长性。100强的行业构成：100强中相对数量（占行业排名公司的比例）最多的3个行业分别是"公路和铁路运输""运输基础设施""石油和天然气"。100强中绝对数量最多的行业仍然是"金属和矿业"行业，排第二位是"医药"行业，而"运输基础设施""纺织品""服饰和奢侈品""电力""化学制品"行业均以6家公司数量并列第三位。没有入围100强的行业共有5个："建筑材料""电气设备""建筑和工程""生物技术""多板块公司"。"机器机械""家庭耐用品""综合"行业均只有1家公司进入100强。

从上市地点来看，100强中，深市上市公司有42家，沪市上市公司有58家。从地区分布来看，广东最多，共有16家入围；山东有13家；上海有9家。

资料来源：www.hexun.com。

要求：

（1）"评价企业的成长能力，行业因素是关键"，即看一家企业的成长性，先要看它所属行业的成长性。你认为这句话有道理吗？

（2）关注文中提到的行业和公司，选一个自己感兴趣的行业和公司，收集其财务报告和相关信息，并跟踪调查，看其后续的发展能力是否如文中所说。

ITEM 9

项目九 综合财务分析

📇 任务描述

○将有关财务指标按其内在联系结合起来，系统、全面、综合地对企业的财务状况和经营成果进行剖析、解释、评价，说明企业整体财务状况和经营成果的优劣。通过学习，使学生了解综合财务分析的特点、类型，掌握综合财务分析的方法，能根据分析内容写出财务分析报告。

🎯 学习任务

○熟悉综合财务分析的特点、类型；
○掌握财务比率综合评分法；
○掌握沃尔比重评分法；
○掌握杜邦分析法；
○能根据常用综合财务分析方法的分析内容写出财务分析报告。

👥 技能目标

○运用财务比率综合评分法进行财务报表综合分析；
○运用沃尔比重评分法进行财务报表综合分析；
○运用杜邦分析法进行财务报表综合分析；
○结合分析内容写出财务分析报告。

📄 知识目标

○综合财务分析的特点、类型；
○财务比率综合评分法的程序；
○沃尔比重评分法的分析方法及相关综合分析；
○杜邦分析法的分析方法及相关综合分析；
○财务分析报告的撰写。

📄 项目导入

苏州瑞华云有限公司2021年的有关财务资料见表9-1、表9-2。

表 9-1 资产负债表（简表）

编制单位：苏州瑞华云有限公司　　　　2021年12月31日　　　　金额单位：万元

项目	年初余额	年末余额
流动资产：		
货币资金	4 000	5 000
短期投资	27 000	29 500
应收账款	33 800	32 400
减：坏账准备	1 600	1 900
应收账款净额	32 200	30 500
存货	36 200	23 600
流动资产合计	99 400	88 600
长期投资	49 400	44 300
固定资产：		
固定资产原价	58 900	58 100
减：累计折旧	6 100	7 800
固定资产净值	52 800	50 300
无形及递延资产	2 500	1 900
资产总计	204 100	185 100
流动负债	101 100	79 800
长期负债	200	600
负债合计	101 300	80 400
股东权益合计	102 800	104 700
负债及股东权益总计	204 100	185 100

注：公司拥有普通股 40 000 万股，每股面值 1 元。2021 年 12 月 31 日每股市价为 10 元。

表 9-2 利润表（简表）

编制单位：苏州瑞华云有限公司　　　　2021年度　　　　金额单位：万元

项目	本年金额
一、主营业务收入	205 000
减：主营业务成本	164 000
主营业务税金及附加	200
二、主营业务利润	40 800
加：其他业务利润	1 200
减：营业外费用	16 000
管理费用	14 400
财务费用	2 100
三、营业利润	9 500
加：投资收益	26 700
营业外收入	6 600
减：营业外支出	5 100
四、利润总额	37 700
减：所得税	11 310
五、净利润	26 400

注：财务费用全部为利息支出。

> 【请思考】
> 1. 计算该公司流动比率、速动比率、资产负债率、保障利息倍数、长期资产适合率、应收账款周转率、存货周转率、销售净利率、总资产报酬率、净资产收益率。
> 2. 通过对上述指标的分析你能判断出该公司经营管理上可能存在的问题吗？

任务一　综合财务分析认知

财务分析的最终目的在于全面、准确、客观地揭示企业的财务状况和经营成果，并借以对企业经济效益的优劣做出合理评价。显然，仅计算几个简单的、孤立的财务比率，是不可能做出合理、公允的综合性评价的。只有将各种不同报表、不同指标的分析与评价融为一体，才能从总体意义上把握企业的财务状况和经营成果的优劣。

一、综合财务分析的含义

综合财务分析就是将有关财务指标按其内在联系结合起来，系统、全面、综合地对企业的财务状况和经营成果进行剖析、解释、评价，说明企业的整体财务状况和经营成果的优劣。

财务指标有很多，而每个单项财务指标只能说明问题的某一方面，且不同财务指标之间可能会有一定的矛盾或不协调性。如偿债能力很强的企业，盈利能力可能会很弱；或偿债能力很强的企业，营运能力可能比较弱。所以，只有将一系列的财务指标有机地联系起来，成为一套完整的体系，相互配合，做出系统的评价，才能对企业经济活动的总体变化规律做出本质的描述，对企业的财务状况和经营成果做出总括性的评价。综合财务分析的意义也正在于此。

二、综合财务分析的特点

综合财务分析是相对于财务报表单项分析而言的，与单项分析相比较，综合财务分析具有以下特点。

（一）分析方法不同

单项分析通常把企业财务活动的总体分解为各个具体部分，认识每一个具体的财务现象，可以对财务状况和经营成果的某一方面做出判断和评价；而综合财务分析则是对个别财务现象从财务活动的总体上进行归纳综合，着重从整体上概括财务活动的本质特征。因此，单项分析具有实务性和实证性，是综合分析的基础；综合分析是对单项分析的抽象和概括，具有高度的抽象性和概括性。如果不把具体问题提高到理性高度来认识，就难以对企业的财务状况和经营业绩做出全面、完整、综合的评价。因此，综合分析要以各单项分析指标及各指标要素为基础，要求各单项指标要素及计算的各项指标真实、全面和适当，设置的评价指标必须能够涵盖企业盈利能力、偿债能力及营运能力等诸多方面总体分析的要求。只有把单项分析和综合分析结合起来，才能提高财务分析的质量。

（二）分析重点和基准不同

单项分析的重点和比较基准是财务计划、财务理论标准，而综合分析的重点和基准则是企业整体发展趋势。因此，单项分析把每个分析指标放在同等重要的位置来处理，而不考虑各种指标之间的相互关系。综合分析强调各种指标之间有主辅之分，一定要抓住主要指标。只有抓住主要指标，才能抓住影响企业财务状况的主要矛盾，在主要财务指标分析的基础上对其辅助指标进行分析，才能分析透彻，把握准确、详尽。各主、辅指标功能应相互协调匹配，在利用主、辅指标时，还应特别注意主、辅指标间的本质联系和层次关系。

（三）分析目的不同

单项分析的目的是有针对性的，侧重于找出企业财务状况和经营成果某一方面存在的问题，并提出改进措施；综合分析的目的是要全面评价企业的财务状况和经营成果，并提出具有全局性的改进意见。显然，只有综合分析获得的信息才是最系统、最完整的，单项分析仅涉及一个领域或一个方面，往往达不到这样的目的。

企业不同生命周期的财务特征

生理学家把人的生命周期分为三个阶段：生长发育期、成长期和老年期。经济学家也给企业赋予了"生命"的含义，将企业生命周期划分为初生期、成长期、成熟期和衰退期四个阶段。在企业生命周期的各个阶段，企业呈现出不同的财务特点，具有不同的财务特征。分析者在进行综合财务分析时要认真研究企业所处的生命周期阶段的特点，避免在分析时就指标论指标而不考虑企业所处的不同生命周期阶段对指标的影响。

一、企业初生期的财务特征

一般来说，在企业创立阶段，投入大，收入低，发展速度不稳定，失败概率高，经营风险最大，财务结构可能不尽合理。例如，资产负债率较高，自有资产比率较低。长期偿债能力不足，筹资和投资指标不高在这一阶段都是正常现象。因为，处于创业期的企业，基本无企业积累，为扩大企业规模、开发产品、发展业务和开辟市场等，较多的举债经营有时是必需的，其结果必然导致企业在短期内长期偿债能力不足和筹资及投资指标值不高。

二、企业成长期的财务特征

进入成长期的企业，实力逐步增强，主导产品已研制成功，经营风险有所降低。这一时期，为扩大企业规模、开发新产品、发展业务和开辟市场等，较多的举债经营仍然是必需的，其结果必然导致企业在短期内偿债能力不足，财务结构仍可能不尽合理。此时，企业积累仍然有限，但因企业处于成长期，已经有盈利，故其筹资和投资指标应有所改善。

在公司发展阶段，因公司急于抢占市场，扩大生产能力，投资规模猛增，负债急剧膨胀，财务风险日益增大，且成为威胁企业生存的主要因素。因此，在这一阶段对财务风险的控制成为管理工作的重中之重。相应地，对企业的评价也更加注重揭示企业财务风险类的指标，如资产负债率、流动比率、负债结构和资产结构等。

三、企业成熟期的财务特征

进入成熟期后，公司发展速度变慢，甚至停滞不前，但此时公司市场形象已形成，客户较为固定，盈利能力和现金流入量都较高，负债总额占资金来源的比重也会相应降低，短期偿债能力和长期偿债能力均较强，财务风险降低。这一阶段，企业整体财务结构已趋向合理，其筹资和投资指标一般表现得非常好，且有较强的盈利能力、资产管理能力、成本费用控制能力和成长能力。

在成熟阶段，公司经营的基本目的应是如何长期保持这种稳定的状态，故财务评价更偏重当前盈利能力与风险水平的协调。此外，由于处于该阶段的公司很可能已开始步入衰退期，在分析中还应注意公司机动财力指标。该指标可用现金净流入量表示，机动财力意味着企业应付变化所具有的潜力。当然，也应注意对企业创新和开拓意识的分析，因为这意味着企业保持稳定发展的能力，这种能力主要依靠产品品种结构变化、销售费用变化和生产成本变化等指标判断。

四、企业衰退期的财务特征

进入衰退阶段，公司生产工艺已呈落后状态，产品逐渐被市场淘汰，生产萎缩，各种负担沉重，亏损严重，负债增加，财务状况逐步恶化。但此时短期偿债能力和长期偿债能力应该还较强，筹资和投资指标较好，而成长能力不足，这些都是正常现象。

在公司衰退阶段，公司面临着破产衰亡和重获新生两种前途的选择。因此，在分析中更倾向于判定公司将面对哪种命运。这种判断的主要指标包括产品结构调整能力、研究开发和销售费用的变化状况等。

由于企业在生命周期的不同阶段有不同的财务特征，对企业的不同阶段也应有不同的分析评价标准。企业应根据所处发展时期的不同，相应地选择财务分析指标，这样更符合企业的实际情况。当企业处于初生阶段时，应该主要使用销售增长率和经营现金流量等财务指标加以评价。此外，还要充分重视客户满意度和服务质量等非财务指标。当企业处于成长阶段时，应主要采用销售增长率、目标市场收入增长率、投资收益率等财务指标加以评价。当然，还应关注创新能力和产品质量等非财务指标。当企业处于成熟阶段时，应主要采用净利润、经营现金流量净额、经营现金流量净额与净利润的比率等财务指标加以评价，这一阶段至关重要。当企业处于衰退阶段时，应主要采用净利润和经营现金流量等财务指标加以评价。

资料来源：李志远.财务分析禁忌70例[M].北京：电子工业出版社，2006.

任务二　综合财务分析方法

一、财务比率综合评分法

（一）财务比率综合评分法概述

财务比率反映了企业财务报表各项目之间的对比关系，以此揭示企业财务状况。但是，财务比率只能反映企业某一方面的财务状况。为了进行综合性的财务分析，可以编制财务比率汇总表，将反映企业财务状况的各类财务比率集中在一张表中，这样能一目了然地反映企业各方面的财务状况。并且，在编制财务比率汇总表时，可以考虑把不同时期或不同企业的财务比率进行纵向或横向比较分析。

企业财务状况的比较分析思路主要有两种。

（1）将企业本期的财务报表或财务比率同过去几个会计期间的财务报表或财务比率进行比较。这是纵向比较，可以分析企业的发展趋势。

（2）将本企业的财务比率与同行业平均财务比率或同行业中先进企业的财务比率相比较。这是横向比较，可以了解企业在同行业中所处的水平，以便综合评价企业的财务状况。这种方法经常在企业的综合财务分析中使用。不过，这种方法存在两个缺点：①需要企业找到同行业平均财务比率或同行业中先进企业的财务比率等资料作为参考标准，但在实际工作中，这些资料可能难以找到；②只能定性地描述企业的财务状况，如比同行业平均水平略高、与同行业平均水平相当或略低，而不能用定量的方式评价企业的财务状况如何。因此，为了克服这两个缺点，可以采用财务比率综合评分法。

（二）运用财务比率综合评分法应遵循的程序

采用财务比率综合评分法进行企业财务状况的综合分析，一般遵循以下程序。

1. 选定评价企业财务状况的财务比率

在选择财务比率时，一要具有全面性，要求反映企业偿债能力、营运能力和获利能力的三大类财务比率都应当包括在内；二要具有代表性，即要选择能够揭示企业财务状况的重要的财务比率；三要具有变化方向的一致性，即当财务比率增大时表示财务状况的改善，当财务比率减小时表示财务状况的恶化。

2. 确定各项财务比率的标准评分值

根据各项财务比率的重要程度，确定其标准评分值，即重要性系数。各项财务比率的标准评分值之和应当等于100分。各项财务比率评分值的确定是财务比率综合评分法的一个重要前提，直接影响到对企业财务状况的评分。对各项财务比率的重要程度，不同的分析者会有截然不同的态度，一般来说，应根据企业经营活动的性质、企业的生产经营规模、市场形象和分析者的分析目的等因素确定。

3. 确定各项财务比率评分值的上限和下限

确定各项财务比率评分值的上限和下限，就是最高评分值和最低评分值。这主要是为了避免个别财务比率的异常对总分造成不合理的影响。

4. 确定各项财务比率的标准值

财务比率的标准值，是指各项财务比率在本企业现时条件下最理想的数值，亦即最优值。财务比率的标准值，通常可以参照同行业的平均水平，并经过调整后确定。

5. 计算企业在一定时期内各项财务比率的实际值

经过一定时期的经营，企业的财务状况和经营成果会通过财务报表展现出来。这时，可以借助财务报表计算企业在一定时期各项财务比率的实际值，目的是和各项财务比率的标准值进行对比。

6. 计算关系比率

关系比率，是指各项财务比率实际值与标准值的比率，即关系比率等于财务比率的实际值除以标准值。

7. 计算各项财务比率的实际得分

各项财务比率的实际得分是关系比率与标准值的乘积，每项财务比率的得分都不得超过上限或下限，各项财务比率实际得分的合计数就是企业财务状况的综合得分。企业财务状况的综合得分反映了企业综合财务状况是否良好。如果综合得分等于或接近100分，就说明企业的财务状况是良好的，达到了预先确定的标准；如果综合得分低于100分很多，就说明企业的财务状况较差，应当采取适当的措施加以改善；如果综合得分超过100分很多，就说明企业的财务状况很理想。

二、沃尔比重评分法

沃尔比重评分法是由财务状况综合评价的先驱者之一亚历山大·沃尔提出的。他在20世纪初出版的《信用晴雨表研究》和《财务报表比率分析》中提出了"信用能力指数"的概念，把若干个财务比率用线性关系结合起来,以此评价企业的信用水平。他首先选择七种财务比率,分别给定了其在总评价中所占的比重,总和为 100 分;其次确定标准比率并与实际比率相比较,评出每项指标的得分;最后求出总评分,以此对企业的财务状况进行排队或做出评价。

沃尔比重评分法采用的七种指标分别是流动比率、负债资本比率(净资产/负债)、固定资产比率(资产/固定资产)、存货周转率(销售成本/存货)、应收账款周转率(销售额/应收账款)、固定资产周转率(销售额/固定资产)和主权资本周转率(销售额/净资产),分别给予 25%、25%、15%、10%、10%、10% 和 5% 的权重,总和为 100 分。用沃尔比重评分法对苏州瑞华云有限公司 2022 年的财务状况进行评分,结果见表 9-3。

表 9-3 苏州瑞华云有限公司 2022 年沃尔比重评分法分析表 单位:%

财务比率	比重(1)	标准比率(2)	实际比率(3)	相对比率 (4)=(3)÷(2)	评分 (5)=(1)×(4)
流动比率	25	2	5.3	2.7	68
负债资本比率	25	1.5	4.7	3.1	78
固定资产比率	15	2.5	4.5	1.8	27
存货周转率	10	8	16.7	2.1	21
应收账款周转率	10	6	16.4	2.7	27
固定资产周转率	10	4	11	2.8	28
主权资本周转率	5	3	3	1	5
合计	100				254

利用沃尔比重评分法,得出对苏州瑞华云有限公司 2022 年的财务状况评分结果是 254 分。按照沃尔比重评分法的原理,得分越高,企业总体价值就越高,表明该公司的财务状况是优秀的。

沃尔比重评分法解决了在分析公司各项财务指标时如何评价其指标的优、良、差,以及公司整体财务状况在同行业中的地位等问题。但原始意义上的沃尔比重评分法有两个缺陷:一是选择这 7 种比率及给定的比重,在理论上难以证明,缺乏说服力;二是从技术上讲,由于评分是相对比率与比重相"乘"计算出来的,当某一个指标严重异常(过高或过低,甚至是负数)时,会给总评分带来不合逻辑的重大影响。因而,在采用此方法进行财务状况综合分析和评价时,应注意以下几个方面的问题:①同行业的标准值必须准确无误;②标准分值的规定应根据指标的重要程度合理确定;③分析指标应尽可能全面,采用指标越多,分析的结果越接近现实。尽管沃尔比重评分法在理论上还有待证明,在技术上也需要完善,但它在实践中具有较为广泛的应用价值。

三、杜邦分析法

(一)杜邦分析法的含义及分析步骤

利用财务比率综合评分法,虽然可以了解企业各方面的财务状况,但是不能反映企业各方面财务状况之间的关系,无法揭示企业各种财务比率之间的相互关系。实际上,企业的财务状况是一个完整的系统,内部各因素是相互依存、相互作用的,任何一个因素的变动都会引起企业整体财务状况的改变。财务分析者必须深入了解企业财务状况内部的各项因素及其相互关系，才能较全面地揭示企业财务状况的全貌。

杜邦分析法，又称"杜邦分析体系"，是利用各主要财务比率之间的内在联系综合分析企业财务状况的方法。杜邦分析法，是美国杜邦公司于1910年首先采用的。这种方法主要是利用一些基本财务比率指标之间的内在数量关系，建立一套系列、相关的财务指标的综合模型，从投资者对企业要求的最终目标出发，经过层层指标分解，从而系统地分析了解影响企业最终财务目标实现的各项因素的作用。

杜邦分析法的内容可用杜邦分析图表示，如图9-1所示。

图9-1 杜邦分析图

杜邦分析法主要反映了以下几种主要的财务比率关系。

（1）净资产收益率与总资产净利率及权益乘数之间的关系。

$$净资产收益率＝总资产净利率 \times 权益乘数$$

$$权益乘数＝平均总资产 \div 平均净资产＝1 \div （1－资产负债率）$$

（2）总资产净利率与销售净利率及总资产周转率之间的关系。

$$总资产净利率＝销售净利率 \times 总资产周转率$$

$$销售净利率＝净利润 \div 营业收入$$

$$总资产周转率＝营业收入 \div 平均资产总额$$

杜邦分析法在揭示上述几种关系之后，再将净利润、总资产进行层层分解，这样就可以全面、系统地揭示企业的财务状况以及财务系统内部各个因素之间的相互关系。杜邦分析图提供了下列主要财务指标关系的信息。

（1）净资产收益率是一个综合性最强的财务比率，是杜邦分析法的核心。它反映所有者投入资本的获利能力，同时反映企业筹资、投资、资产运营等活动的效率，它的高低取决于总资产利润率和权益总资产率的水平。决定净资产收益率高低的因素有三个方面：权益乘数、销售净利率和总资产周转率。权益乘数、销售净利率和总资产周转率三个比率分别反映了企业的负债比率、盈利能力比率和资产管理比率。

（2）权益乘数主要受资产负债率影响。负债比率越大，权益乘数越高，说明企业较高的负债程度能带来较多的杠杆利益，但同时会给企业带来较大的风险。总资产净利率是一个综合性的指标，同时受到销售净利率和总资产周转率的影响。

(3)总资产净利率说明企业资产利用的效果。影响总资产净利率的因素有产品价格、单位成本、产量和销量、资金占用量,可以利用它们分析经营中存在的问题,提高销售利润率,加速资金周转。

(4)销售净利率反映了企业利润净额与销售收入的关系。从这个意义上看,提高销售净利率是提高企业盈利能力的关键所在。要想提高销售净利率:一要扩大销售收入,二要降低成本费用。而降低各项成本费用开支是企业财务管理的一项重要内容。各项成本费用开支的列示,有利于企业进行成本费用的结构分析,加强成本控制,以便为寻求降低成本费用的途径提供依据。该指标可以进一步分解为销售毛利率、销售税金率、销售成本率、销售期间费用率等因素指标。

(5)总资产周转率反映资产总额的周转速度。资产总额周转越快,反映企业销售能力越强。该指标可以进一步分解为长期资产周转率、流动资产周转率、应收账款周转率等因素指标。

综上所述,杜邦分析法以净资产收益率为主线,将企业在某一时期的销售成果以及资产营运状况全面联系在一起,层层分解,逐步深入,构成一个完整的分析体系。它能较好地帮助管理者发现企业财务和经营管理中存在的问题,为改善企业经营管理提供十分有价值的信息,因而得到普遍的认同并在实际工作中得到广泛的应用。

但是,杜邦分析法毕竟只是财务分析方法的一种,作为一种综合分析方法,其并不排斥其他财务分析方法。相反,与其他分析方法结合,不仅可以弥补自身的缺陷和不足,而且弥补了其他方法的缺点,使得分析结果更完整、更科学。比如,以杜邦分析为基础,结合专项分析,可进行一些后续分析以便对有关问题做更深、更细致的分析了解;也可结合比较分析法和趋势分析法,将不同时期的杜邦分析结果进行趋势化对比,从而形成动态分析,找出财务变化的规律,为预测、决策提供依据;或者与一些企业财务风险分析方法结合,进行必要的风险分析,为管理者提供决策依据。

另外,从杜邦分析图可以看出,净资产收益率和企业销售规模、成本水平、资产营运、资本结构有着密切的联系。这些因素构成一个相互依存的系统,只有把系统内这些因素的关系协调好,才能使净资产收益率达到最大值。

(二)杜邦分析法应用实例

以苏州瑞华云有限公司2021年和2022年的杜邦分析图为例进行分析(见图9-2、图9-3)。

图9-2 2021年苏州瑞华云有限公司杜邦分析图(金额单位:百万元)

图 9-3　2022 年苏州瑞华云有限公司杜邦分析图（金额单位：百万元）

从苏州瑞华云有限公司 2021 年和 2022 年的杜邦分析图可以看出，苏州瑞华云有限公司净资产收益率 2021 年为 6.43%，2022 年为 4.27%，2021 年比 2022 年高 2.16 个百分点。其主要原因如下。

（1）苏州瑞华云有限公司 2022 年资产净利率和权益乘数都比 2021 年低，而资产净利率的下降速度快于权益乘数的下降速度，说明苏州瑞华云有限公司净利润的下降是其净资产收益率下降的主要原因。

（2）苏州瑞华云有限公司 2021 年销售净利率比 2022 年高，根本原因是 2021 年的净利润比 2022 年多 13 031 万元，而营业收入方面 2021 年却比 2022 年少 1 173 95 万元。

杜邦分析法是一种分解财务比率的方法，而不是建立新的财务分析指标，它主要用于各种财务比率的分解。前面的例子，就是通过对资产净利率的分解来诊断企业存在的问题。总之，杜邦分析法和其他财务分析方法一样，关键不在于指标的计算，而在于对指标的理解和运用。

改进沃尔比重评分法之探讨

由于沃尔比重评分法将彼此孤立的偿债能力和营运能力指标进行了组合，做出了较为系统的评价，对评价企业财务状况具有一定的积极意义。但是，由于现代企业与沃尔时代的企业相比，已发生了根本性变化，无论是指标体系的构成内容，还是指标的计算方法和评分标准，都有必要进行改进和完善。

一、改进指标构成内容，完善评分指标体系

沃尔比重评分法选用的七项指标，可分为两大类，即偿债能力（包括流动比率和负债资本比率）和营运能力（包括固定资产比率、存货周转率、应收账款周转率、固定资产周转率和主权资本周转率），显然已远不能适应评价现代企业财务状况的需要。虽然财政部于 1995 年颁布了一套经济效益评价指标体系，包括获利能力指标、偿债能力指标、营运能力指标和社会贡献指标四大类共十项指标，但仍然无法全面、客观评价一家企业的财务状况，其指标设置和计算方法均存在较大缺陷。

一个科学、合理的财务评价指标体系，除上述获利能力指标、偿债能力指标和营运能力指标以外，成长能力指标也是评价一家企业财务状况优劣的重要指标，尤其是在市场竞争日

趋激烈的现代社会。相反，社会贡献指标不必纳入财务状况评价指标体系，因为无论是投资者，还是债权人，关心的都不是社会贡献能力，只有政府在评价企业经济效益时才对此比较重视。因此，整个指标体系应由获利能力、偿债能力、营运能力和成长能力四个指标组成。

（一）获利能力指标

获利能力指标应包括净资产收益率、资产报酬率、销售收益率和净利润现金含量四项，如果是股份制企业，则还应包括每股净收益。销售收益率、资产报酬率、净资产收益率和每股净收益，它们均是从数量上反映企业的获利能力。净利润现金含量（经营活动现金净流量/净利润）则是从质量上评价企业的获利能力，反映了当期实现的净利润中有多少是有现金保证的。

（二）偿债能力指标

偿债能力指标应包括流动比率、负债资本比率和经营净现金比率（经营活动现金净流量/负债总额）三项。流动比率是评价企业短期偿债能力的常用指标；负债资本比率是现行产权比率的倒数，是评价企业长期偿债能力的重要指标；经营净现金比率是衡量企业承担全部债务的能力。

（三）营运能力指标

营运能力指标应包括资产周转率、应收账款周转率和存货周转率，取消原沃尔比重评分法中的固定资产周转率和净资产周转率。

（四）成长能力指标

成长能力指标应包括销售增长率、人均净利润增长率和资本保值增值率三项，其中，资本保值增值率在财政部1995年颁布的经济效益指标体系中被列入了获利能力指标范围，但根据该指标本身的特点，列入成长能力更为合适。

二、改进指标计算方法和评分标准，完善评分方法

上述指标体系中各指标的计算方法，虽然有些在财政部1995年颁布的经济效益指标体系中已有规定，其他一些指标目前也有一些通行的计算方法，但仍有相当一部分指标的计算方法是值得商榷和探讨的，主要有净资产收益率、销售收益率和资本保值增值率。

（一）净资产收益率

净资产收益率是反映企业获利能力的综合性指标，其一般的计算公式为

$$净资产收益率 = 净利润 / [(期初净资产 + 期末净资产)/2]$$

这一计算方法没有考虑到利润分配对期末净资产的影响。因为，企业在利润分配中，在向投资者分配利润时，若采取股票股利的形式分配，则净资产不受影响；若采取现金股利的形式分配，则将转为应付利润，从而减少期末净资产，最终影响净资产收益率。这样，同一家企业，如果利润分配方案不同，就会产生不同的净资产收益率。因此，净资产收益率可改为

$$净资产收益率 = 净利润 / [(期初净资产 + 利润分配前的期末净资产)/2]$$

（二）销售收益率

销售收益率是企业净利润（净收益）与销售收入净额的比率。原沃尔比重评分法中没有该指标。财政部1995年颁布的经济效益指标体系中称作"销售利润率"，其计算公式为

$$销售利润率 = 利润总额 / 销售收入净额$$

很显然，这一指标并不能反映企业最终的获利能力，因为利润总额包含了所得税，虽然所得税也是企业新创造价值的一部分，但它是流向国家的，并不能反映投资者和债权人所关

心的获利水平。因此，宜采用销售收益率指标，其计算公式为

$$销售收益率＝净利润／销售收入净额$$

（三）资本保值增值率

资本保值增值率是考核经营者对投资者投入资本保值和增值能力的指标，目前一般的计算公式为

$$资本保值增值率＝期末股东权益总额／期初股东权益总额$$

若该指标值等于100%，说明资本保值；若该指标值大于100%，则说明资本增值。但是，这样的计算方法显然无法真实地反映企业的资本保值增值情况。因为，一方面资本保值必须是经营者运用存量资产进行各项经营活动而产生的期末净资产大于期初净资产的差额（但在经营期间发生追加投资、接受捐赠、资本（股本）溢价和法定财产重估升值等客观原因导致的净资产增加，是不能被视为资本增值的，按以上公式计算，属于资本增值的内容，甚至在企业出现严重亏损时，其结果也能大于100%）。另一方面，期初和期末的股东权益是在两个不同时点上，按照货币时间价值和通货膨胀原理是不能直接进行对比的，缺乏可比性，必须在考虑时间价值和通货膨胀的基础上进行对比，才能取得真实、可靠的信息，从而对企业财务状况做出正确的评价。

除指标体系的构成和指标的计算方法以外，各指标的"标准评分"和"标准比率"的确定必须在实践中不断积累和不断修正，才能取得较为理想的标准评分和标准比率。根据我国企业的实际情况，目前四类指标的标准评分可分别按45、25、15、15分分配，表9-4即为改进后的沃尔比重评分法对某公司财务状况所做的综合评分。

表9-4　某公司财务状况综合评分

指标	标准评分	标准比率	实际比率	比率差异	行业最高比率	最高评分	最低评分	每分比率	调整分	综合评分
	（1）	（2）	（3）	（4）=（3）−（2）	（5）	（6）	（7）	（8）=[（5）−（2）]/[（6）−（1）]	（9）=（4）/（8）	（10）=（1）+（9）
一、盈利能力										
净资产收益率	15	12	10	−2	20	22.5	7.5	1.07	−1.87	13.13
资产报酬率	10	8	7	−1	15	15	5	1.40	−0.71	9.29
销售收益率	10	6	5	−1	15	15	5	1.80	−0.56	9.44
净利润现金含量	5	150	140	−10	200	7.5	2.5	20.00	−0.50	4.50
每股净收益	5	0.3	0.25	−0.05	0.6	7.5	2.5	0.12	−0.42	4.58
二、偿债能力										
流动比率	10	200	210	+10	300	15	5	20.00	+0.50	10.50
负债资本比率	10	150	130	−20	200	15	5	10.00	−2.00	8.00
经营净现金比率	5	70	75	+5	100	7.5	2.5	12.00	+0.42	5.42
三、营运能力										
资产周转率	5	250	240	−10	450	7.5	2.5	80.00	−0.13	4.87
应收账款周转率	5	600	900	+300	1 200	7.5	2.5	240.00	+1.25	6.25

续表

指标	标准评分	标准比率	实际比率	比率差异	行业最高比率	最高评分	最低评分	每分比率	调整分	综合评分
	(1)	(2)	(3)	(4)=(3)−(2)	(5)	(6)	(7)	(8)=[(5)−(2)]/[(6)−(1)]	(9)=(4)/(8)	(10)=(1)+(9)
存货周转率	5	800	1 000	+200	1 300	7.5	2.5	200.00	+1.00	6.00
四、成长能力										
销售增长率	5	20	15	−5	40	7.5	2.5	8.00	−0.63	4.37
人均净利润增长率	5	10	8	−2	25	7.5	2.5	6.00	−0.33	4.67
资本保值增值率	5	10	6	−4	25	7.5	2.5	6.00	−0.67	4.33
合计	100					150	50			95.35

需要注意的是，标准比率的确定一般以行业平均数为基础，然后再进行适当的理论修正。在对每项指标进行评分时，必须规定上限和下限，以减少个别指标的异常变动对总分造成不合理的影响，通常上限定为正常评分值的1.5倍，下限定为正常评分值的1/2。同时，计算得分时不宜采用"乘"的方法，而应采用"加"或"减"的方法，以避免沃尔比重评分法中因相"乘"而产生的不合逻辑影响。

任务三 财务分析报告的撰写

一、财务分析报告的性质和作用

（一）财务分析报告的性质

财务分析报告是反映企业财务状况和财务成果意见的报告性书面文件。撰写财务分析报告是对财务分析工作进行概括和总结的重要环节。财务分析人员将财务分析评价结果向财务报表的使用者报告，以便他们通过财务分析报告了解企业的财务状况、经营成果、发展前景以及存在的障碍，从而做出科学、合理的决策；同时，财务分析报告也是财务分析人员分析工作的最终成果，其撰写质量的高低，直接反映出报表分析人员的业务能力和素质。可见，财务分析报告是财务报表使用者做出决策的依据，也是财务分析人员工作能力的最好体现。

（二）财务分析报告的作用

财务分析报告是投资者、债权人、经营者、政府有关部门及其他财务报表使用者客观了解企业财务状况和经营成果必不可少的资料，历年的财务分析报告也是企业进行财务管理动态分析、科学预测和决策的依据。因此，对于各类财务报表使用者而言，财务分析报告具有十分重要的作用。财务分析报告的重要作用表现在以下几个方面。

（1）有利于掌握和评价企业的财务状况、经营成果和现金流量现状。

（2）有利于制定出符合客观经济规律的财务预算。

（3）有利于改善企业经营管理工作，提高财务管理水平。

二、财务分析报告的类型及特点

了解财务分析报告的分类有助于掌握各类分析报告的特点，按不同的要求撰写财务分析报告。财务分析报告可按以下不同标准进行分类。

(一) 财务分析报告按分析的内容范围分类

财务分析报告按分析的内容范围分类，可分为综合分析报告、专题分析报告和简要分析报告三种。

1. 综合分析报告

综合分析报告又称"全面分析报告"，是企业通过资产负债表、利润表、现金流量表、财务报表附表、财务报表附注及财务情况说明书、财务和经济活动所提供的信息及内在联系，运用一定的科学分析方法，对企业的业务经营情况，利润实现和分配情况，资金增减变动和周转利用情况，税金缴纳情况，存货、固定资产等主要财产的盘盈、盘亏、毁损变动情况，及对本期或以后时期财务状况将发生重大影响的事项等，做出客观、全面、系统的分析和评价，并进行必要的科学预测和决策而形成的书面报告。一般在进行年度或半年度分析时采用这种类型的报告。

综合分析报告具有内容丰富、涉及面广，对财务报表使用者做出各项决策有深远影响等特点。它具有以下两个方面的作用。

（1）为当前企业财务管理及宏观上的重大财务决策提供科学依据。由于综合分析报告几乎涵盖了对企业财务各项指标的对比、分析和评价，能够对企业经营成果和财务状况一目了然，及时发现存在的问题，为企业的经营管理者做出当前和今后的财务决策提供了科学依据，也为政府部门、企业主管部门、投资者、债权人提供了多方面的财务信息。

（2）作为今后进行财务管理动态分析时的重要历史参考资料。综合分析报告主要在进行半年度、年度分析时撰写，必须对分析各项具体内容的轻重缓急做出合理安排，既要全面，又要抓住重点，还要结合上级主管部门和财税部门的具体要求进行，切忌力量均等、事无巨细、面面俱到。

2. 专题分析报告

专题分析报告又称"单项分析报告"，是指针对某一时期企业经营管理中的某些关键问题、重大经济措施或薄弱环节等进行专门分析后形成的书面报告，具有不受时间限制、一事一议、易被管理者接受、收效快的特点。因此，专题分析报告能总结经验，引起领导和业务部门重视所分析的问题，从而提高管理水平。专题分析报告有助于对宏观、微观财务管理问题做进一步研究，为做出更高层次的财务管理决策提供有价值的思路。

专题分析的内容很多，如关于企业清理积压库存、处理逾期应收账款的经验，对资金、成本、费用、利润等方面的预测分析，处理母子公司各方面的关系等问题，均可进行专题分析，从而为各级领导做出决策提供现实依据。

3. 简要分析报告

简要分析报告是对主要经济指标在一定时期内存在的问题或比较突出的问题，进行简要的分析，进而对企业财务活动的发展趋势以及经营管理的改善情况进行判断并形成的书面报告。

简要分析报告具有简明扼要、切中要害的特点。通过分析，能反映、说明企业在分析期内业务经营的基本情况，以及企业累计完成各项经济指标的情况，并预测企业今后的发展趋势。简要分析报告主要适用于定期分析，可按月、按季度进行编制。

(二) 财务分析报告按分析的时间分类

财务分析报告按分析的时间分类，可分为定期分析报告和不定期分析报告两种。

1. 定期分析报告

定期分析报告一般是指由上级主管部门或企业内部规定的每隔一段相等的时间应予编制和上报的财务分析报告。如每半年、年末编制的综合财务分析报告就属于定期分析报告。

2. 不定期分析报告

不定期分析报告，是指从企业财务管理和业务经营的实际需要出发，不做时间规定而编制的财务分析报告。如上述专题分析报告就属于不定期分析报告。

三、财务分析报告的撰写

一般而言，企业应按半年、全年财务决策的要求各撰写一份综合分析报告。简要分析报告和专题分析报告可根据需要随时撰写。在撰写财务分析报告时需要重视以下几个方面的问题。

（一）财务分析报告撰写步骤

1. 撰写前的准备工作

（1）搜集资料阶段。分析人员可以在日常工作中，根据财务分析内容要点，经常搜集积累有关资料。这些资料既包括间接的书面资料，也包括从直属企业取得的第一手资料。财务分析人员应搜集的资料具体包括：①各类财务资料；②各类业务资料；③各类报纸、杂志公布的行业资料；④其他资料。

（2）整理核实资料阶段。各类资料搜集齐全后，要对其加以整理核实，保证其合法性、正确性和真实性，同时根据所规划的财务分析报告内容进行分类。整理核实资料是财务分析工作中的中间环节，起着承上启下的作用。在这一阶段，分析人员应根据分析的内容要点做些摘记，合理分类，以便查找和使用。

应该指出，搜集资料和整理核实资料不是截然分离的两个阶段，一般可以边搜集边核实整理，相互交叉进行。但切忌临近撰写分析报告时才开始搜集资料，应把这项任务贯穿在日常工作中，这样才能搜集到内容丰富、涉及面广、有参考价值的资料，在进行分析时胸有成竹，忙而不乱。

2. 财务分析报告的选题

财务分析报告的形式多种多样，因此报告的选题没有统一的标准和模式，一般可以根据报告针对的主要内容和提供的核心信息确定报告的选题，如"某季度财务分析""负债情况分析""税法变更对企业效益的影响分析"等都是比较合适的选题。报告的选题应能准确地反映出报告的主题思想。报告的选题一经确定，就可以围绕选题搜集资料、整理资料并编制财务分析报告。

3. 财务分析报告的起草

资料整理完毕，选题确定后，就可以进入财务分析报告的撰写阶段，而财务分析报告撰写的首要工作就是报告的起草。财务分析人员需要具备较强的综合素质，才能胜任编制财务分析报告这一重要工作。

报告的起草应围绕报告的选题并按报告的结构进行，特别是专题分析报告，应将问题分析透彻，真正地分析问题、解决问题。对综合分析报告的起草，最好先拟写报告的提纲，提纲必须能反映综合分析报告的主要内容，然后只需要在提纲框架的基础上，依据搜集、整理的资料选择恰当的分析方法，起草综合分析报告。

4. 财务分析报告的修订

财务分析报告形成初稿后，可交由财务分析报告的直接使用者审阅，并征求使用者的意见和建议，充实补充新的内容，使之更加完善，最后由直接使用者审定即可定稿。

（二）财务分析报告的结构

财务分析报告的结构大致如下。

1. 标题

标题应简明扼要，准确反映报告的主题思想。标题是对财务分析报告最精练的概括，既要确切地体现分析报告的主题思想，又要用语简洁、醒目。由于财务分析报告的内容不同，其标题没有统一的标准和固定的模式，应根据具体的分析内容而定。如"某月份简要财务报表分析报告""某年度综合财务分析报告""资产使用效率分析报告"等都是较合适的标题。财务分析报告一旦拟定了标题，就应围绕其搜集的资料进行分析并撰写。

2. 报告目录

报告目录应当显示财务分析报告分析的内容以及所在的页码。

3. 重要提示

重要提示主要是针对本期报告新增的内容或必须加以重点关注的问题事先做出说明。

4. 报告摘要

报告摘要是概括公司综合情况，让财务报告使用者对财务分析报告有一个总体认识，是对本期财务分析报告内容的高度浓缩，要求言简意赅、点到即止。

5. 正文

正文是财务分析报告的最主要部分，全面、细致地反映出所要分析的内容。正文内容具体包括：说明段、分析段、评价段以及具体改进措施和建议。

总之，财务分析人员应明确财务分析报告的作用，了解不同类型报告的特点，重视撰写报告的几个问题，不断提高自己的综合业务水平，做好财务分析工作，这样才能当好企业经营管理者的参谋和助手。

四、财务分析报告的编制要求

财务分析是以企业财务报告等会计资料为基础，对企业的财务状况和经营成果进行分析和评价的一种方法。财务分析的作用，从最初评价借款人的偿债能力到现在已经有了充分的发展。它既可以正确评价企业的过去，也可以全面反映企业的现状，还可以通过对过去与现状的分析评价估计企业的未来发展状况与趋势。这些作用不仅有利于企业内部生产经营管理，也有利于企业外部债权人做出正确的贷款决策、赊销决策以及投资者做出正确的投资决策等。而这一作用能否得到充分发挥还有赖于财务分析及其最终的载体，即财务分析报告质量的高低。为了最终得到一份高质量的财务分析报告，在财务分析及其分析报告编制过程中应注意以下几个问题。

（一）财务分析报告应满足不同报告使用者的需要

在实际工作中，因为财务分析报告的使用者有各自不同的要求，所以分析的内容应有一定的区别。例如，企业外部投资者所做出的投资分析报告要提供与有关企业能否投资方面的分析资料，而企业内部经营者却想得到企业整体经营状况的分析结论。因此，要做好分析工作，应先明确分析的目的，这样才能抓住重点，集中分析与分析目的直接相关的信息，从而提高分析效率，避免不必要的成本浪费。在具体工作中，要注意与分析报告使用者进行沟通，了解他们最想得到的信息是什么，针对这些信息提出分析应解决的主要问题，如投资分析报告应解决投资项目的可行性、未来的盈利能力等问题，而贷款分析报告则应将重点放在企业的还款能力以及贷款的使用效率等方面。确定了分析的内容以后，还要确定分析的范围并根据分析的范围和分析报告使用者的不同，确定分析报告的详略程度以及专业化程度。若分析范围仅限于一个车间、部门或小厂，则分析应尽量详细、具体；若分析范围扩大到一个集团公司，分析的内容就可以总括一些。同样地，若分析报告使用者本身是专业人士，分析报告自然就应该专业一些；若分析报告使用者是非专业人士，分析报告的文字就应该尽量简明、通俗。如上市公司的财务分析报告，由于使用者是广大投资者，其中有许多投资者对财务知识了解不多，太专业就会降低其对分析报告的理解程度，甚至会出现误导投资者的现象。

（二）财务分析报告必须具备真实性

真实性是财务分析报告质量好坏的重要评价标准。很难想象，一份虚假、失真的分析报告会导致什么样的分析结论，又会给予报告使用者什么样的决策指导。要完成一份真实可靠的分析报告，得出正确的分析结论，与有效的分析密不可分。这不仅要求在分析资料的搜集过程中保证分析资料的真实性，也要求在具体分析时选择科学而高效的分析技术和方法。

要保证分析资料真实可靠，应先注意资料来源的权威性、合法性，并且尽可能通过实际考证确保资料的真实性。如对企业财务数据资料的分析应关注审计师出具的审计报告，这对企业报表的真实性、合理性有重要的说明作用。较常用的信息资料来源有政府机关（包括财政部、商务部等）公布的数据、各行业协会公布的信息、一些专业的商业组织（如投资咨询公司、资信评级公司等）公布的数据以及一些专业计算机数据库提供的信息等。另外，还要注意尽可能全面搜集分析需要的所有资料，以避免"偏听偏信"。由于财务分析的基本资料是企业各财务报表，在具体分析过程中，应先进行会计分析，即从会计数据揭示其实际含义。分析中，不仅包括对各财务报表及相关会计科目内涵的分析，而且包括对会计原则与政策变更的分析、会计方法选择与变动的分析、会计质量及变动的分析等。实质上，会计分析是为了明确会计信息的内涵和质量，毕竟会计数据本身由于会计货币计量假设以及会计职业判断等原因有着一定的局限性。要正确分析一家企业，必须通过会计分析还原其业务，同时要求分析人员熟悉企业的业务，深刻领会数据背后的业务背景，从而揭示业务中存在的问题，据此判断经济业务发生的合理性、合规性，由此写出的分析报告也就能真正为业务部门提供有用的决策信息。

传统的财务分析更注重定量分析方法，即借助数学模型，从数量上测算、比较和确定企业各项财务指标变动的数额，以及各财务指标变动的原因和各因素影响力的大小。该方法既运用于事前预测分析，又运用于事中控制分析，还运用于事后总结分析。具体的定量分析方法主要有比较分析法、比率分析法、因素分析法、损益平衡分析法、线性规划分析法、回归分析法、指数分析法、净现值分析法、现金流量分析法等。定量分析是财务分析的基础和重要步骤。这种分析方法既有科学性，也有局限性。特别是，在预测分析中，基本上都是以假设历史条件或过去资料的数学模型在今后继续存在为前提的。因此，预测分析的值基本上是近似值，虽有指导性作用，但也有一定的误差。预测的结果只有在起决定性作用的各种条件未来不发生变化的情况下才是可靠的。显然，这是不可能的。因为自然条件的变化，生产技术的发展，社会消费习惯和方式的改变，市场情况的变化，国际、国内政治和经济形势，企业内部职工和管理人员的素质等的变化，都会影响未来的经济活动。而定性分析则是对企业各项财务指标变动的合法性、合理性、可行性、有效性进行科学的论证和说明。这一步骤就是对定量分析的结果，根据国家有关财务制度、法规和政策进行相互联系的研究，考虑各种不可计量的因素加以综合论证，并对定量分析结果进行切合实际的修正。如在评价企业综合绩效时，除了计算反映企业盈利能力、营运能力等一系列财务比率外，还应加上对于经营者基本素质、产品市场占有能力、顾客满意度、在岗职工素质等定性方面的评议指标。而银行在对贷款企业进行分析时，除了考虑其还款能力、盈利能力外，还需要考虑贷款企业对于还款的态度、以前贷款的归还情况等。常用的定性分析方法有经验判断法、会议分析法、专家分析法和类比分析法等。

（三）财务分析报告必须重点明晰

财务分析报告要求内容条理清晰、表述顺畅、没有语法错误，不易使人误解。这就要求报告的行文尽可能流畅、通顺、简明、精练，避免口语化、冗长化。基于这一原则，要完成一份高质量的财务分析报告，必须有一条清晰的思路，建立一个好的框架。报告是分析者与使用者交流的载体，若分析者的思路不清，分析报告条理混乱，就会导致使用者不知分析者所云，难以做出正确的决策。在分析的第一个步骤中，分析者已经通过分析目的明确了要解决的具体问题，后面就要按照解决这些问题的先后顺序设立好分析的框架结构，最有利于说明问题、解决问题的分析应排在最前面，然后按重要性依次进行分析。如投资分析报告，首先应分析投资的盈利能力，其次分析投资的风险大小。若分析贷款的可行性，则应先分析贷款企业短期偿债能力，然后预计该企业未来可利用和处置的现金，这就需要对企业的获利能力进行分析。

在具体分析时，财务分析报告的框架可以按"报告目录—重要提示—报告摘要—具体分析—问题重点综述及相应的改进措施"内容和顺序安排。其中，"报告目录"告诉报告使用者本报告分析的内容及所在页码；"重要提示"主要是针对本报告须加以关注的问题事先做出说明，旨在引起报告使用者的高度重视；"报告摘要"是对本报告内容的高度浓缩，一定要言简意赅，点到为止。无论是"重要提示"还是"报告摘要"，都应在其后标明具体分析所在的页码，以便报告使用者及时查阅相应的分析内容。以上三部分非常必要，其目的是让报告使用者在最短的时间内获得对报告的整体性认识以及了解报告中将告知的重大事项。"问题重点综述及相应的改进措施"主要是对报告"具体分析"部分中揭示出的重点问题进行集中阐述，旨在将零散的分析集中化，再次给报告使用者留下深刻印象。"具体分析"是报告分析的核心内容，该部分的写作水平如何，决定了报告的分析质量和档次。要想使这部分内容写得很精彩，首先是有一条好的分析思路。如分析一家跨国公司的经营情况，该公司在世界各地分别有多家分公司。财务报告的分析思路是公司总体指标分析—总公司情况分析—各分公司情况分析。每一部分应对最近几年经营情况进行比较分析，在具体分析时，按盈利能力分析—销售情况分析—成本费用控制情况分析展开。如此层层分解，环环相扣，各部分间及每部分内部都存在着紧密的联系。

（四）财务分析报告必须体现出重要性原则

财务分析报告要求在编制过程中，根据其重要程度做到详略得当。如上所述，重要的、对决策有影响的内容不仅要详细反映，而且要放在报告前面；可作为决策参考、不太重要的内容则放在报告后面做较为简略的反映。在具体确定重要分析内容时，可采用交集原则揭示异常情况。例如，某公司下属有10家销售分公司，为分析这10家分公司的销售情况，可选择一个反映销售情况的指标，如销售收入额，然后分别计算最近几个月各分公司的销售收入增长额和增长率，选取增长额和增长率都较高或都较低的分公司作为主要分析对象，并进行重点分析。只要头脑中有重要性原则的意识，分析人员就会始终"抓重点问题、主要问题"。

（五）财务分析报告必须及时提供给使用者

由于财务分析报告是用于评价企业经营状况、作为相关决策依据的重要信息来源，而影响企业经营的内外部经济环境都在不断变化，企业面对的是复杂多变的市场，在这个大市场里，任何宏观经济环境的变化或行业竞争对手政策的改变都会或多或少地影响企业的竞争力，甚至决定企业的命运，所以，报告的时限性非常强。在分析中，应尽可能地立足当前、瞄准未来，以便分析报告发挥预测的作用。

另外，在编制财务分析报告的过程中，还应遵守成本效益原则，要在本着圆满完成分析任务的前提下，尽量利用较为便利的分析手段简化工作。一些基于财务报表进行的较为繁杂的定量分析可以利用计算机进行，财务软件中大多有财务分析这一模块。利用财务软件，以企业不同时期、不同单位报表数据为依据，从经营业绩、成本、资产结构合理性、偿债能力、盈利能力、发展潜力、管理水平、现金流量、经营健康状况、经营风险大小等多方面，对企业经营和财务状况进行分析诊断，从而得出财务分析和经营诊断报告，以满足不同客户的需求。但这一技术存在局限性，它不仅不能提供所有必需的信息（如缺少企业会计政策和原则方面的信息、缺少附注和其他解释性的信息、缺少对数据的追溯性调整等），不能帮助调整会计数字使它们具有可比性或满足分析的特定需要，而且不具备一名合格的、有洞察力的财务分析师必备的直觉判断和敏锐洞察力。因此，尽管财务软件分析可以提高分析效率，但是不能完全取代人工分析。

综上所述，要完成一份高质量的财务分析报告不仅需要明确分析目的，搜集真实可靠且全面的信息，掌握较高水平的财务分析基本技术和方法，还需掌握分析报告的一些写作技巧，合理安排分析报告的框架结构，清晰地反映分析的思路和结论。本着上述原则进行报告的编制，便能达到分析的目的，满足报告使用者的需求。

项目小结

思考与练习

一、单项选择题

1. 杜邦分析法的核心是（　　）。
   A. 净资产收益率　　　　　　　　B. 销售净利率
   C. 总资产周转率　　　　　　　　D. 权益乘数

2. 反映企业营运能力的重要指标是（　　）。
   A. 净资产收益率　　　　　　　　B. 销售净利率
   C. 总资产周转率　　　　　　　　D. 权益乘数

3. 总资产与净资产的比率是（　　）。
   A. 权益乘数　　　　　　　　　　B. 净资产收益率
   C. 总资产收益率　　　　　　　　D. 可持续增长率

4. 以下分析指标与净资产收益率无关的指标是（　　）。
   A. 销售净利率　　　　　　　　　B. 总资产收益率
   C. 总资产周转率　　　　　　　　D. 权益乘数

5. 根据沃尔比重评分法的分析原理，评价企业综合财务状况的指标体系不包括（　　）。
   A. 净资产收益率　　　　　　　　B. 权益乘数
   C. 总资产周转率　　　　　　　　D. 销售增长率

6. 衡量企业运用股东权益获取净利润的能力是（　　）。
   A. 净资产收益率　　　　　　　　B. 资产负债率
   C. 总资产周转率　　　　　　　　D. 销售增长率

7. 下列反映企业发展能力大小的指标有（　　）。
   A. 三年资本平均增长率　　　　　　B. 资本保值增长率
   C. 资产增长率　　　　　　　　　　D. 资产负债率
8. 下列有关综合分析财务指标公式错误的是（　　）。
   A. 净资产收益率＝净利润/净资产×100%
   B. 资产负债率＝负债/总资产×100%
   C. 总资产周转率＝营业收入/总资产平均余额
   D. 销售增长率＝(本年营业收入总额＋上年营业收入总额)/上年营业收入总额×100%
9. 杜邦分析法的源头和核心指标是（　　）。
   A. 净资产收益率　　　　　　　　　B. 资产净利率
   C. 权益乘数　　　　　　　　　　　D. 总资产收益率
10. 沃尔比重评分法中，最常见的财务比率标准值是（　　）。
    A. 企业的历史水平　　　　　　　　B. 竞争对手的水平
    C. 国外先进企业的水平　　　　　　D. 同行业的平均水平

二、企业财务综合分析实例

FT公司是一家生产汽车的公司，表9-5是FT公司2021—2022年的有关财务数据，该公司2021—2022年财务比率见表9-6。

表9-5　2021—2022年FT公司有关财务数据　　金额单位：万元

年份	净利润	销售收入	资产总额	负债总额	全部成本
2021	10 284.04	411 224.01	306 222.94	205 677.07	403 967.43
2022	12 653.92	757 613.81	330 580.21	215 659.54	737 045.24

表9-6　2021—2022年FT公司财务比率

年份	净资产收益率/%	权益乘数/%	资产负债率/%	资产净利率/%	销售净利率/%	总资产周转率/%
2021	0.102	3.049	0.672	0.034	0.025	1.34
2022	0.112	2.874	0.652	0.039	0.017	2.29

要求：
（1）请用杜邦分析法解释表9-6中FT公司的财务指标变动原因。
（2）请用杜邦分析法对FT公司的净资产收益率及其分解指标进行分析。

ITEM 10

项目十
财务报表的"粉饰"与识别

📋 任务描述

○ 了解财务报表"粉饰"的动机、原因,知道财务报表"粉饰"的常用手段,能正确进行财务报表粉饰的识别工作。

🎯 学习任务

○ 了解财务报表"粉饰"的常见动机;
○ 说出几种常见的财务报表"粉饰"手段;
○ 认清财务报表"粉饰"带来的危害;
○ 进行财务报表"粉饰"的识别工作。

👥 技能目标

○ 分析财务报表"粉饰"的原因;
○ 熟知财务报表"粉饰"的手段;
○ 掌握财务报表"粉饰"识别的常用方法。

📄 知识目标

○ 财务报表"粉饰"的深层原因;
○ 财务报表"粉饰"的目的;
○ 财务报表"粉饰"的危害;
○ 财务报表"粉饰"的手段;
○ 财务报表"粉饰"识别的方法。

📋 项目导入

2018年11月9日,江南嘉捷电梯股份有限公司(以下简称"嘉捷电梯")首发申请通过了证监会发审委的审核,即将登陆上海主板市场。尽管距离资本市场之门仅一步之遥,但是媒体及业界对其的多方质疑并没有停止,而且在其招股说明书中再次发现以下问题。

(1)嘉捷电梯招股说明书显示,公司应收账款周转率从2017年开始出现了较大幅度下降。而根据公司主营业务收入与应收账款周转率对比图,公司的应收账款从2016年的2.02亿元增长到2017年的3.12亿元,增长幅度高达54%;而主营业务收入则从2016年的12.87亿元增长到2017年的15.06亿元,增幅仅为17%。主要业务收入增长远低于应收账款增长,而应收账款周转率却能大幅下降，这些明显不合逻辑。

（2）嘉捷电梯使用的主要能源消耗为电力，根据该公司电梯产量与用电量对比图，2015—2017年电梯产量分别为4 715台、7 202台、8 629台，不过用电量显得非常蹊跷。2015年和2016年，该公司生产数量均增加了近1倍，而用电量却基本相同，这让人怀疑该公司数据的真实性，也间接印证了该公司存在调节收入的问题。

专业人士指出，从这两组不正常的数据来看，该公司"粉饰"财务报表的可能性很大。而"粉饰"财务报表无非是使公司的财务数据更好看，更容易过关，这在A股上市公司中已屡见不鲜。

而在前不久，嘉捷电梯刚被爆出原大股东江南集团在股权转让和增资过程中的举动，有违商业诚信。2013年，江南集团与奥的斯合作时曾与对方签订了"不竞争条款"，即江南集团及其关联机构均不得从事电梯业务。让人惊讶的是，2013年，江南集团在未与奥的斯断绝业务往来、"不竞争条款"仍然有效的情况下，却通过其他途径增资嘉捷电梯4 160万元。直到2014年江南集团才与奥的斯解除合资合同。业内人士指出，江南集团在还未与奥的斯解除合资合同的情况下，迫不及待地通过其他途径增持嘉捷电梯，显然有违诚信。

如果大股东都可以公然违约，违背商业诚信，那么存在调节收入，"粉饰"财务报表的情况也就不难理解了。

【请思考】
嘉捷电梯"粉饰"财务报表的目的是什么？对比什么部门能起到监管作用？

任务一　财务报表"粉饰"的动机

一、财务报表"粉饰"的根本动机

（一）追求自身效用最大化

经济人的特点之一就是追求自身效用的最大化，因此理性经济人如果认为提供虚假会计信息能够使自身效用最大化，他们就会提供虚假会计信息。

（二）违规成本低廉

从虚假会计信息产生的角度来看，制作虚假会计信息成本很低。比如，伪造一套完整的交易事项所需的凭证成本对一家企业来说可以忽略；虚假会计信息的不对称性和使用者的非专业性，使虚假会计信息被发现的可能性较小。生产力的发展引发了产权裂变，使所有者和经营者相互分离，同时产生了与现代企业制度相适应、体现资本所有权与经营权分离与整合的组织机制——委托代理制和"股东大会—董事会—经理层"分层授权的产权控制模式。经理层和大股东作为公司管理者控制了会计信息的生成与披露；中小股东由于股权比例小而远离企业最终控制权，在会计信息的占有上处于先天劣势，只能以间接的方式获取信息监督经理层和大股东的履约情况，是会计信息的需求方。正是为了满足众多且分散的中小投资者对会计信息的强烈需求，上市公司才采用了公开披露的方式提供财务报表。但是，在两权分离的情况下，客观存在着所有者和经营者之间、大股东和中小股东之间利益不一致的矛盾。而经营者与大股东作为经济人，在信息不对称的情况下，有动机利用掌握的信息优势为自身谋取利益，直接对财务报表进行"粉饰"，以达到不公平侵占中小股东利益的目的。因此，利益不一致是财务报表粉饰产生的经济诱因，信息不对称是财务报表"粉饰"产生的客观环境。

二、财务报表"粉饰"的具体动机

（一）报酬契约动因

西方国家上市公司一般是通过契约规定高级管理人员的报酬，将报酬和公司的经营业绩挂钩。在我国，目前没有统一的上市公司管理层报酬制度。从已经公开的情况看，我国上市公司管理层报酬的制定大致可以归纳为三类：①由董事会自主决定，并与业绩挂钩；②依据当地政府的有关规定制定；③由控股公司给高管发工资。总之，无论薪酬由谁发放，都是与其业绩或国有资产保值增值情况有关。因此，用来反映企业经营业绩的会计信息就十分重要，为取得更多的报酬，上市公司管理层就会选择"粉饰"财务报告。

（二）为了发行股票早日上市

通过对已经披露的虚假会计信息案例进行分析发现，虽然我国法律对企业上市有着严格的规定，但是发行股票可以在短期内筹集到数亿元资金，这样巨大的诱惑驱使企业为了获得外界的投资通过财务报表造假欺骗舆论和外界。

股票发行的一种情况是首次发行（IPO）。根据《中华人民共和国公司法》等法律规定，如果企业要发行股票争取上市，就必须连续 3 年盈利，而且经营业绩要比较突出，这样才有可能通过证监会的审批[①]。除此以外，股票发行价格的高低也与盈利能力有关。这样，准备上市的企业为了多募集资金，必须"塑造"业绩优良的形象，其主要手段就是在设计股份制改革方案的时候，对财务报表进行造假。

股票发行的另一种情况是后续发行（配股）。上市企业希望能够后续发行，要先符合配股条件，就是企业最近 3 年的净资产收益率每年必须在 6% 以上。特别是，有些企业 3 年时间中只有一两年达到要求，它们迫切需要伪造报表，以求顺利过关。

（三）避免被停牌或摘牌的动机

上市公司的经营即使出现很小的亏损也可能产生巨大的负面影响。随着《亏损上市公司暂停上市和终止上市实施办法》的施行，那些濒临亏损边缘的上市公司被停牌或摘牌的可能性越来越大。为此，上市公司可能会利用一些手段制造虚假信息以提升经营业绩，"扭亏为盈"逃脱被摘牌的厄运。

（四）为了偷逃税款或者操纵股价

所得税的上缴是在会计利润的基础上，通过纳税调整进行计划的。具体方法是，将会计利润调整为应纳税所得额，再乘以企业所适用的所得税率。有的企业为了达到偷税、漏税，减少或者推迟纳税的目的，往往会对财务报表进行造假。当然，也有企业愿意虚增利润"多缴税"。这样做的目的是造成一种假象，表明自己的"盈利能力"不错，同时也为了操纵股价。

（五）为了某种政治企图

有些企业的财务报表主要是提供给主管部门和政府部门的，换句话说是给上级部门看的。对于这种企业而言，"粉饰"财务报表就是为了某种政治企图。

（六）为推卸企业和个人的责任

（1）企业在调整高级管理人员的时候，一般要对其进行离任审计。在进行离任审计的时候，高级管理人员可能会根据"需要"对财务报表进行调节，暴露或者不暴露业已存在的许多问题。另外，

---

① 2023 年 2 月 17 日，我国正式实施股票发行注册制。

高级管理人员为了明确责任或者推卸责任，往往会大刀阔斧地对陈年老账进行清理，这时候同样也会在财务报表上造假。

（2）每当会计制度发生重大变化的时候，企业就会根据新制度的要求，重新编制和调整财务报表。而这也是财务报表造假的好机会，因为可以通过这种方式，提前消化潜亏，并将责任归咎于新的会计准则和会计制度。

（3）当企业发生天灾人祸如遭遇自然灾害，或者是高级管理人员被卷入经济案件的时候，企业很可能会利用这种机会对财务报表进行造假，以便推卸责任。

任务二　财务报表"粉饰"的手段

一、利用资产重组调节利润

资产重组是企业为了达到优化资本结构、调整产业结构、完成战略转移等目的实施的资产置换和股权置换。然而，资产重组现已被滥用，以致提起资产重组人们立即联想到做假账。近年来，在一些企业，特别是上市公司中，资产重组确实被广泛用于"粉饰"财务报表。不难发现，许多上市公司扭亏为盈的"秘诀"就在于资产重组。典型做法是：①借助关联交易，由非上市的国有企业以优质资产置换上市公司的劣质资产；②由非上市的国有企业将盈利能力较高的下属企业廉价出售给上市公司；③由上市公司将一些闲置资产高价出售给非上市的国有企业。

例如，苏州瑞华云有限公司将6 926万元的土地使用权以21 926万元的价格卖给母公司，确认了15 000万元的利润；同时，将所属一家企业的整体产权（账面净值为1 454万元）以9 414万元的价格出售给母公司，确认了7 960万元的利润。这两笔资产重组的利润总额为22 960万元。资产重组具有使上市公司一夜"扭亏为盈"的神奇功效，其"秘方"就在于：一是利用时间差，如在会计年度即将结束前进行重大的资产买卖，确认暴利；二是通过不等价交换，即借助关联交易，在上市公司和非上市的母公司之间进行"以垃圾换黄金"的利润转移。

二、利用关联交易调节利润

我国的许多上市公司是由国有企业改组而成的。在股票发行额度有限的情况下，上市公司往往通过对国有企业局部改组的方式设立。股份制改组后，上市公司与改组前的母公司及母公司控制的其他子公司之间普遍存在着错综复杂的关联关系和关联交易。利用关联交易"粉饰"财务报表、调节利润已成为上市公司乐此不疲的"游戏"。利用关联交易调节利润的主要方式如下。

（1）虚构经济业务，人为抬高上市公司业绩和效益。例如，一些股份制改组企业因主营业务收入和主营业务利润达不到70%，通过将商品高价出售给其关联企业，使其主营业务收入和利润"脱胎换骨"。

（2）采用高于或低于市场价格的方式进行购销活动、资产置换和股权置换，如前面所举的资产重组案例。

（3）以"旱涝保收"的方式委托经营或受托经营，抬高上市公司经营业绩。如××股份公司以800万元的代价向关联企业承包经营一个农场，在不到1年时间内获取了7 200万元的利润。

（4）以低息或高息发生资金往来，调节财务费用。如××股份公司将12亿元的资金（占其资产总额的69%）拆借给其关联企业。虽然不能肯定其资金拆借利率是否合理，但有一点是可以肯定的，该股份公司的利润主要来源于与关联企业资金往来的利息收入。

（5）以收取或支付管理费或分摊共同费用的方式调节利润，如财务共享科技有限公司。利用关联交易调节利润的最大特点是，亏损大户可在一夜之间变成盈利大户，且关联交易的利润大多体现为"其他业务利润""投资收益""营业外收入"，但上市公司利用关联交易赚取的"横财"，往往带有间发性，通常并不意味着上市公司的盈利能力发生实质性的变化。利用关联交易调节利润的另一个特点是，交易的结果是非上市的国有企业的利润转移给了上市公司，导致国有资产的流失。

三、利用资产评估消除潜亏

按照会计制度的规定和谨慎原则，企业的潜亏应当依照法定程序，通过利润表予以体现。然而，许多企业，特别是国有企业，往往在股份制改组、对外投资、租赁、抵押时，通过资产评估将坏账、滞销和毁损存货、长期投资损失、固定资产损失以及递延资产等潜亏确认为评估减值，冲抵"资本公积"，从而达到"粉饰"财务报表、虚增利润的目的。例如，一家国有企业于××××年改组为上市公司时，连续3年报告的净利润分别为2 850万元、3 375万元和4 312万元。审计发现：①在连续3年的应收款项中，账龄超过3年，无望收回的款项共计7 563万元；②过期变质的存货，其损失约3 000万元；③递延资产中含逾期未摊销的待转销汇兑损失为1 150万元。若考虑这些因素，则该企业过去3年并没有连续盈利，根本不符合上市条件。但是，该企业以股份制改组进行的资产评估为"契机"，将这些潜亏全部作为资产评估减值，与固定资产和土地使用权的评估增值18 680万元相冲抵，使其在过去3年仍然体现高额利润，从而达到顺利上市的目的。

四、利用虚拟资产调节利润

根据国际惯例，资产是指能够带来未来经济利益的资源。严格地说，不能带来未来经济利益的项目，即使符合权责发生制的要求被列入资产负债表，也不是真正意义上的资产，由此就产生了虚拟资产的概念。所谓虚拟资产，是指已经实际发生的费用或损失，由于企业缺乏承受能力而暂时挂列为"待摊费用""递延资产""待处理流动资产损失"和"待处理固定资产损失"等资产科目。利用虚拟资产科目作为"蓄水池"，不及时确认、少摊销已经发生的费用和损失，也是国有企业和上市公司"粉饰"财务报表、虚盈实亏的惯用手法。其"合法"的借口包括权责发生制、收入与成本配比原则、地方财政部门的批示等。例如，××股份公司年度报告了近2 000万元的净利润，但该公司根据当地财政部门的批复，将已经发生的折旧费用、管理费用、退税损失、利息支出等累计约14 000万元挂列为"递延资产"。若考虑这些因素，××股份公司实际上发生了严重的亏损。

五、利用利息资本化调节利润

根据现行会计制度的规定，企业为在建工程和固定资产等长期资产支付的利息费用，在这些长期资产投入使用之前可予以资本化，计入这些长期资产的成本。利息资本化本是出于收入与成本配比原则，区分资本性支出和经营性支出的要求。然而，在实际工作中，有不少国有企业和上市公司滥用利息资本化的规定，蓄意调节利润。如某公司将某项目工程建设期间的借款及应付债券的利息8 064万元，在该项目已投入使用的情况下仍然予以资本化，结果被注册会计师出具了否定意见的审计报告。

六、利用股权投资调节利润

由于我国的产权交易市场还不发达，对股权投资的会计规范尚处于初级阶段，有不少国有企业和上市公司利用股权投资调节利润。典型的做法是盈利的被投资企业，采用权益法核算；亏损的被投资企业，即使股权比例超过20%，也是采用成本法核算。如一些上市公司迫于利润压力，经常在会计年度即将结束之际与关联公司签订股权转让协议，按权益法或通过合并财务报表，将被收购公司全年的利润纳入上市公司的财务报表。值得庆幸的是，财政部会计司已发布了通知，明确规定股权转让时，收购日之前被收购企业实现的利润只能作为收购成本，收购企业不得将其确认为投资收益。这一规定，无疑将抑制国有企业和上市公司利用股权投资调节利润，"粉饰"财务报表的行为。

七、利用其他应收款和其他应付款调节利润

根据现行会计制度的规定，其他应收款和其他应付款科目主要用于反映除应收账款、预付款项、应付款项、预收账款以外的其他款项。在正常情况下，其他应收款和其他应付款的期末余额不应过大。然而，在审计过程中发现，许多国有企业和上市公司的其他应收款和其他应付款期末余额巨大，往往与应收账款、预付款项、应付款项和预收账款的余额不相上下，甚至超过这些科目的余额。之所以出现这些异常现象，主要是因为许多国有企业和上市公司利用这两个科目调节利润。事实上，注册会计师界已经将这两个科目戏称为"垃圾桶"（因为其他应收款往往用于隐藏潜亏）和"聚宝盆"（因为其他应付款往往用于隐瞒利润）。

八、利用时间差（跨年度）调节利润

一些上市公司为了在年度结束后交给股东一份"满意"的答卷，往往借助时间差调节利润。传统的做法是在12月虚开发票，次年再以质量不合格为由冲回。较为高明的做法是借助与第三方签订"卖断"收益权的协议，提前确认收入。例如，××股份公司于2021年12月5日与美国一家公司签订协议，以3 500万元的价格向美国公司购买了一批硬件，同时，美国公司同意以12 000万元的价格出售开发出的软件，合同约定交货的时间为2022年6月和9月。2021年12月25日，该上市公司与一家外贸公司签订协议，以9 600万元的价格"卖断"软件，同时，确认5 100万元的利润。鉴于该股份公司尚未提供商品或劳务，风险与报酬尚未转移，上述收益的确定显然是不成立的。即使与外贸公司签订的协议成立，9 600万元也只能作为预收账款，只有等到2022年6月和9月才能根据提供的商品或劳务逐步确认收益。可见，该上市公司实质上是利用与外贸公司签订的所谓"协议"，进行跨年度的利润调节。

任务三　财务报表"粉饰"的识别

一、造成虚假财务报表的原因

一般来说，造成虚假财务报表的原因主要有以下两大类。
（1）对财务报表数据进行人为的编造。
（2）会计方法的选择导致虚假财务报表的编制。
对于由于这两大类原因编制的虚假财务报表，分别有不同的鉴别方法。

二、财务报表"粉饰"的预警信号

科学技术日新月异，但能够经得起几百年历史检验的技术和方法为数甚少，复式簿记便是其中

之一。沿用了 500 多年的复式簿记之所以长盛不衰，主要是因为它固有的平衡机制及对经济交易和事项的来踪去迹具有无与伦比的解释能力。也正是这种独特的簿记方法的存在，使保持高度审慎的财务报表使用者能够发现财务报表舞弊和"粉饰"的征兆。此外，人类固有的局限性（如喜欢炫耀的心理、追求享乐的冲动和千虑一失的疏忽大意）也注定使大多数财务报表的舞弊和"粉饰"会留下蛛丝马迹。这些征兆和蛛丝马迹在会计记录与财务报表上的异常体现，就是所谓的"预警信号"。实践表明，关注预警信号是识别财务报表舞弊和"粉饰"的有效方法。财务报表"粉饰"的预警信号主要有以下几个。

（一）当业绩不良时，出现非预期的会计方法的改变

在企业经营恶化的时候，管理者会利用会计政策选择性地美化财务报表。当上市公司面临亏损的时候，更是会通过"粉饰"财务报表的方式避免被 PT、ST 乃至退市。因此，当上市公司突然出现会计政策、会计方法的改变时，应当予以充分的关注。如果企业的会计利润和经营现金流量之间的差距扩大，则说明企业的会计政策或会计估计发生变化，值得警惕。

（二）在企业的特殊计划期，出现毛利率或净利率的大幅上升

如前所述，企业对财务报告进行造假的动机之一就是最大限度地获得资本金，既包括在证券市场上首次公开发行，也包括上市后的再融资。一些上市公司在经营业绩不佳时，往往采用虚增利润的方法取得或保留再融资资格。根据证券法及相关法律规定，企业上市以及上市后配股及增发新股，都必须符合一定的条件，其前后年度的净资产收益率都必须达到一定的标准。在这种规定面前，当企业计划上市或再融资时，在实际净资产收益率无法符合标准的情况下，可能会通过人为"粉饰"财务报告的方式使净资产收益率各年度正好达到有关规定的要求，从而编造虚假的会计信息。

（三）报表的主要项目金额前后各期发生异常

上市公司财务报告的主要项目金额会由于经营业务的影响而在不同的会计期间发生变动。真实的财务报告主要项目金额的变动一般表现为有规律的正常变动，而且上市公司能就变动原因做出合理的解释。报表主要项目金额的前后各期发生异常变动往往意味着该财务报告存在人为造假的可能性。虚假财务报告主要项目金额变动较大，而且上市公司很难对这种异常变动做出合理的解释。在报表审计中，若发现报表主要项目金额前后各期发生异常变动应特别注意，并将异常变动项目作为审计重点。

（四）高级管理层的无故离职

通常认为，财务危机会促使企业更换高管层。如安然公司在危机爆发前四五个月就相继出现 CEO 辞职、CFO 离去的现象。管理层的重要人员突然或连续变更，尤其是集体辞职，通常是企业存在财务危机的明显标志。

（五）非经常性损益占利润总额的比重较高

一些上市公司在经营业绩出现滑坡的情况下，往往利用资产置换、股权置换、内部关联交易、债务重组、非货币性交易等手段，增加非经常性利润，以此"粉饰"财务报告。审计人员在审计财务报告时，若发现非经常性损益占利润总额的比重较高，就应注意该报表的真实性。

本书将可能出现在资产负债表及利润表上的财务报表"粉饰"的预警信号依会计科目分别加以汇总，见表 10-1。

表 10-1 会计科目及其隐藏的会计造假预警信号汇总

科目	预警信号
现金	1. 现金大幅减少 2. 部分现金使用受限制

续表

科目	预警信号
应收账款	1. 巨额过期的应收账款 2. 应收账款与营业收入的变化比例有显著的不匹配情形 3. 应收账款周转率越来越低 4. 关系企业的应收账款甚高 5. 过分依赖于一两位大客户
存货	1. 突然改用其他存货计价政策，如后进先出法 2. 存货与营业收入的变化比例有显著的不相当情形 3. 存货周转率越来越低 4. 以存货为担保品 5. 存货呆滞评价不合理或有大幅变化
投资	1. 过于频繁的长、短期投资买卖 2. 未适当确认投资损失 3. 以显著不匹配的对价买卖长期投资 4. 与关系人的股权买卖情形过于频繁
固定资产	1. 折旧计提方式的突然改变 2. 不适当的使用年限 3. 固定资产的大幅增加或冲销 4. 固定资产的增减与产量的增减有显著不匹配的情形 5. 不适当地将维护与修缮费用或利息资本化
无形资产	1. 无形资产占总资产的比例过高 2. 无形资产的取得成本不合理 3. 不适当的摊销年限
负债	1. 负债占该公司总资产的比例过高 2. 高估或低估售后服务保证等估计负债
营业收入及毛利	1. 营业收入成长及毛利率呈现异常的变化或与产业整体变化不符 2. 第四季度的营业收入有大幅增加的趋势 3. 产生非属主要营业项目的营业收入过大
费用	1. 费用的增减与营业收入的增减变化不匹配 2. 与过去财务报表相比，某些费用科目产生异常的变化 3. 将应资本化的开办费、研发费等在当期一次认列为费用
营业外收支	产生金额巨大的营业外收支

三、财务报表"粉饰"的识别方法

（一）审计意见分析法

企业的财务报表，按是否经过审计划分，可分为经过注册会计师审计的财务报表和未经过注册会计师审计的财务报表两类。一般来说，经过注册会计师审计的财务报表的可信度要高于未经过注册会计师审计的财务报表。在进行财务报表识别之前，要对财务报表进行可信度分析。在可信度分析中，要充分考虑注册会计师发表的审计意见，并对已经过和未经过注册会计师审计的财务报表进行详略程度不同的可信度分析。一般而言，对已经过注册会计师审计的财务报表，需结合审计报告意见，重点分析财务报表的"粉饰"状况；对未经过注册会计师审计的财务报表，除了分析财务报表"粉饰"状况外，还需要判断财务报表中是否存在技术性错误等。

审计报告是注册会计师根据独立审计准则的要求，在经过必要的审计程序后对被审计单位财务报表出具的审计意见的书面报告，是投资者判断公司财务报表的重要依据。阅读审计报告重点关注审计报告类型。如果注册会计师出具了无保留意见的标准审计报告，基本上可以排除报告"粉饰"的可能性。当然，如果注册会计师与被审计单位串通一气、弄虚作假，则另当别论。如果注册会计师出具的是带有说明性无保留意见的审计报告，或有保留意见、否定意见或无法表示意见的审计报告，则有理由怀疑公司有"粉饰"报表和操纵利润行为的可能，应对审计报告说明段中涉及的事项予以充分关注，从这些事项分析企业可能存在的"粉饰"财务报表的手段方式，了解其对财务状况和经营成果的影响。另外，在分析审计意见时还应注意：一是有些注册会计师发表的审计意见可能不恰当，如避重就轻、轻描淡写等；二是个别上市公司在对外报告时披露的注册会计师审计意见与实际发表的意见不一致；三是对注册会计师的报告说明段中的说明事项应认真阅读，因为这些事项直接反映了公司"粉饰"报表的方式及对财务报表数据的影响。

对人为编造财务报表数据的识别，主要采取搜集信息、查找证据、对企业报表进行对比分析、查账核实等手段。具体来说有以下方法。①通过不同的渠道搜集同一时点的财务报表，对比异同点，对差异的数据提出质疑。②核对各财务报表内部的平衡关系和报表之间的钩稽关系，找出疑点。③与企业平时的经营状况进行对比，找出关键或重要财务项目的漏洞、疑点。例如，当企业经营状况出现问题时，有些报表科目的数字和平时的数字相比可能会大很多，也可能小很多，对于这样的情况应该进行深入的查证，以发现其中的问题。④现场调查，进行账表、账账、账证和账实核对，账表、账账、账证和账实之间都应该是相符的。如果不相符，则肯定存在问题。

（二）主要项目分析法

企业在编制虚假财务报表时总是与某些重点科目关系密切。这些重点科目主要涉及"应收账款""其他应收款""其他应付款""存货""投资收益""主营业务收入""营业外收入"等。主要项目分析法，是指通过对以上项目进行重点分析，发现"粉饰"财务报表行为的一种方法。如果这些会计科目的数值出现异常变动或科目之间的数值变动幅度不一致，则有可能存在会计造假行为。例如，应收账款增长幅度与收入增长幅度不一致。一般情况下，主营业务收入增加的同时应收账款也会增加，但由于各行业的特性和竞争程度不同，主营业务增长幅度与应收账款增长幅度之间存在差异，如果应收账款增幅惊人而收入幅度不明显甚至减少，则有可能是关联企业占用上市公司的巨额款项，结果是应收账款的回收期比正常往来的回收期长，甚至是应收账款永远无法收回。又如，收入增幅与存货增幅不一致。伴随着主营业务收入的增加，应收账款或货币资金增加，同时主营业务成本和存货也必然增加，如果公司收入增幅巨大而存货增幅不明显甚至减少，则存在伪造收入和应收账款，达到人为操纵利润的可能性。

另外，企业的增值税、营业税和所得税与收入、利润不相符。按税法计算方式可知，企业的增值税、营业税和收入保持一定关系，所得税和利润保持一定关系，虽然应纳税所得额与利润之间有一定的调整差异，但差异太大就要引起注意。例如，主营业务收入很大而应交税费却很少，很可能存在公司虚构收入而又未缴纳税款的问题，或支付的所得税与利润总额和所得税率之积相差太大，说明公司的利润总额存在虚假成分的可能性较大。

识别会计方法选择形成的虚假报表的方法：在这种情况下，公司往往做到了报表平衡及账表、账账、账证等相符，因此在识别方法上宜采取更深入的操作。

1. 对重点会计科目进行分析

企业在对报表进行"粉饰"时，常运用"应收账款""其他应收款""其他应付款""存货""投资收益""无形资产""补贴收入""减值准备"等会计科目。如果这些会计科目出现异常变动，我们就必须考虑该公司是否存在利用这些科目进行利润操纵的可能性。例如，对于"应收账款"科目来说，如果这一科目下的金额过大，但是公司的收入又很小的话，这家企业就可能存在问题，如抽逃出资，很多抽逃出资的情况都是将账务记入了"其他应收款""应收账款"等科目。

2. 对合并报表进行分析

对合并报表进行分析，是指将合并财务报表中的母公司数据和合并数据进行比较分析，判断公司公布的财务数据是否真实的一种方法。有的公司采用的"粉饰"报表手法比较"高明"，往往是通过子公司实现利润虚构。

3. 对或有事项进行分析

或有事项，是指过去的交易或事项形成的一种状况，其结果需通过未来不确定事项的发生或不发生予以证实。常见的或有事项有未决诉讼、未决索赔、税务纠纷、产品质量保证、商业票据背书转让或贴现、为其他单位提供债务担保等。根据会计谨慎性原则，尤其应对或有损失进行确认或披露，因为或有损失会对企业利润造成一定影响。但是，一些上市公司往往对巨额担保事项隐瞒不报，以减少负债、虚增利润，因此对或有事项应加以注意。

（三）不良资产剔除法

虚假财务报告的一个共有特征是多计资产、少计负债，或多计收入、收益，少计费用、成本和损失。因此，剔除资产负债表中的不良资产是识别虚假财务报告的有效方法之一。不良资产，是指那些不能给公司带来经济利益的资源，包括待摊费用、待处理财产损失、开办费、长期待摊费用等虚拟资产、可能发生潜亏的资产（如超过3年的应收账款、存货跌价和积压损失、投资损失和固定资产损失等）。在具体运用不良资产剔除法时，一要将不良资产总额与净资产比较，如果不良资产总额接近或超过净资产，则表明公司利润或资产可能存在夸大和泡沫现象，同时表明公司的持续经营能力有问题；二要将当期不良资产的增加额和增幅与当期利润总额和利润增幅进行比较，如果前者超过后者，则说明公司当期利润有水分。

（四）关联交易剔除法

据前文所述，企业往往利用关联交易调节利润，编制虚假财务会计报告。关联交易中可能会滋生大量不等价交易、虚假交易，不仅损害大量中小投资者的利益，而且有可能造成国有资产的流失。关联交易剔除法就是将来自关联企业的营业收入和利润总额剔除后，计算各种分析指标值。通过这种分析，可以了解某一特定企业自身获取利润能力的强弱，以判断这一企业的盈利在多大程度上依赖关联企业，从而分析其利润来源的稳定性、未来的成长性等。在实际工作中，应当根据实质重于形式原则合理判断是否存在关联方关系以及关联交易对财务状况和经营成果的影响，关注关联交易的定价政策，分析企业是否以不等价交换的方式进行关联交易，是否以公允价值进行交换。其分析要点如下。

（1）是否存在购销价格反常、售后短期内又重新购回、低价售给无须经手的中间企业、货款久拖不还、货款未清又赊欠等购销业务。

（2）是否存在资金拆借低于或高于市场利率、借给不具备偿还能力的企业、逾期不还等资金融通业务。

（3）是否存在劳务、咨询、管理费价格不合理，对不存在或无法实现的咨询服务付费等费用支出业务。

（4）是否存在反常的投资收益、利息收入、租金收入。

除转移价格和管理费用分摊之外，其余调节利润的方法产生的利润大多体现在"其他业务利润""投资收益""营业外收入""财务费用"等具体项目中。识别时，首先要计算各项目中关联交易产生的盈利分别占项目总额的比例和这些项目占利润总额的比例，判断企业盈利能力对关联企业的依赖程度；其次要分析这些关联交易的必要性和公正性；最后将非必要和欠公正的关联交易产生的利润，从企业利润总额中剔除，以反映这些项目的正常状况。

（五）偶然因素剔除法

企业利润的来源既包括营业收入，也包括投资收益、营业外收入和补贴收入。其中，主营业务收入直接涉及企业的核心竞争问题，反映企业的主要盈利能力。而其他业务收入、投资收益、营业外收入和补贴收入往往受到许多偶然因素的影响，不能为公司提供稳定、长期的利润来源，并极易为公司所操纵。因此，偶然因素剔除法将来源不稳定、不可能经常发生的非经常性损益从企业利润总额中剔除，以分析和评价偶然因素导致的非主营业务利润是否对企业利润增长的贡献过大，客观地判断和评价企业盈利能力的高低和利润来源的稳定性。通过关注非经常性损益项目占利润总额的比重大小及其变化，判断企业是否拥有具备核心竞争力的主营业务，是否具有较好的发展前景。

项目小结

练习与思考

一、思考题

1. "粉饰"财务报表会带来哪些危害？
2. 从哪些方面可以有效预防"粉饰"财务报表的情况？
3. "粉饰"财务报表的鉴别方法有哪些？
4. 及时分辨出财务报表的真伪有哪些重大意义？
5. 试举例说明企业"粉饰"财务报表的动机。

6. 关联交易中滋生了大量不等价交易、虚假交易，如何加以甄别？

7. 为什么说企业利用借款费用资本化方法来调节利润的手段相对比较"隐秘"？

8. 试举例说明企业如何利用应收账款调节营业收入。

9. 财务报表舞弊有哪些预警信号？在分析我国上市公司的财务报表时，尤其应当关注哪些可能表明存在财务报表舞弊的预警信号？

二、综合实践训练题

1. 某公司销售 A 商品，期初有 A 商品存货 100 件，进货单价为 450 元/件。本期分 3 次购入 900 件，第一批 300 件的进货单价为 420 元/件，第二批 300 件的进货单价为 460 元/件，第三批 300 件的进货单价为 500 元/件。本期卖出 500 件，期末结存 500 件。

要求：计算当该公司的存货发出计价方法由先进先出法改为加权平均法后，对报表数据的影响是多少？

2. 某公司某年度利润表中"利润总额"为 11 500 万元。其中，"其他业务利润"为 2 000 万元，"投资收益"为 3 000 万元，"营业外收入"为 3 500 万元。在财务报表附注及其明细表中反映，2 000 万元其他业务利润中有 1 600 万元来自关联企业交付的商标使用费，3 000 万元投资收益中有 2 800 万元来自向关联企业转让的股权投资收益，3 500 万元营业外收入中有 2 500 万元来自用房产向关联企业置换流水生产线的收益。

要求：请根据所学知识对其做出正确评价。

3. 某公司某年度实现利润总额 11 000 万元，其中，本年度将账面价值为 6 000 万元的土地使用权作价 9 000 万元卖给母公司，并将账面净值为 3 000 万元的股权作价 8 000 万元从母公司换回 8 000 万元的优质资产。

要求：根据所学知识对其做出正确评价。

4. 某公司某年度利润表反映的利润总额为 6 000 万元，但长期待摊费用增加 3 400 万元。根据长期待摊费用明细表，增加的 3 400 万元长期待摊费用由如下项目组成：①当年折旧费用 1 500 万元；②当年管理费用 1 200 万元；③当年广告费用 700 万元。

要求：利用所学知识对上述情况予以调整。

5. 某公司 2019 年的应收账款中，让厂家以"欠商品返利款未付"形式向公司打欠条，据调查共有 3 笔，分别为 50 万元、80 万元和 140 万元，然后据此以应收款的名目做成盈利入账。

要求：根据所学知识对上述情况做出判断。

参 考 文 献

［1］中华人民共和国财政部制定. 2006 企业会计准则［M］. 北京：中国时代经济出版社，2002.
［2］https://finance.sina.com.cn/.
［3］https://www.cs.com.cn/.
［4］https://www.eastmoney.com/.
［5］安玉华. 企业财务报表与分析［M］. 上海：上海人民出版社，1995.
［6］曹军，刘翠侠. 财务报表编制与分析实务［M］. 北京：清华大学出版社，2004.
［7］程方锋. 企业财务分析［M］. 大连：东北财经大学出版社，1999.
［8］董和春. 上市公司报表结构分析［M］. 北京：石油工业出版社，2002.
［9］李心合，赵华. 财务报表阅读与分析［M］. 上海：立信会计出版社，2001.
［10］李昕，孙艳萍. 财务报表分析［M］. 大连：东北财经大学出版社，2017.
［11］李志远. 财务分析禁忌 70 例［M］. 北京：电子工业出版社，2006.
［12］刘姝威. 上市公司虚假财务报表识别技术［M］. 北京：经济科学出版社，2002.
［13］刘兴榜. 财务报表编制与分析方法［M］. 北京：中国审计出版社，2000.
［14］刘永中，金才兵. 如何读懂财务报告［M］. 广州：广东经济出版社，2004.
［15］鲁爱民. 财务分析（第 3 版）［M］. 北京：机械工业出版社，2015.
［16］欧阳光中，项红周. 财务报表分析［M］. 上海：复旦大学出版社，2000.
［17］企业会计准则编审委员会. 企业会计准则案例讲解 2017 年版［M］. 上海：立信会计出版社，2017.
［18］王淑萍，王蓉. 财务报告分析（第 4 版）［M］. 北京：清华大学出版社，2016.
［19］吴革. 财务报告粉饰手法的识别与防范［M］. 北京：对外经济贸易大学出版社，2003.
［20］希金斯. 财务管理分析［M］. 北京：北京大学出版社，1998.
［21］杨瑞龙. 高科技股投资价值分析：信息产业集［M］. 深圳：海天出版社，2000.
［22］张先治，陈友邦. 财务分析［M］. 大连：东北财经大学出版社，2004.
［23］张先治. 财务分析（第 9 版）［M］. 大连：东北财经大学出版社，2019.
［24］张新民. 企业财务报表分析案例点评［M］. 杭州：浙江人民出版社，2006.
［25］张远录，刘秀春. 财务报表分析［M］. 北京：机械工业出版社，2006.